面對大海的時候

龍應台——編著

感謝

楊澤和人間副刊的老友

無遠弗居的中時電子報

時報出版的朋友，尤其是意志力驚人的美瑤

育虹、長壽、緒文、宗德、清龍、聖芬、隆溪

南方朔、向陽、鑄九、明輝、周渝、黃粱

我的第一聽者飛飛

還有那我無法回信的溫暖的讀者

【序】

硫酸不能烤蛋糕

——如何教孩子再「相信」

解構的年代

八〇年代寫《野火集》時，被「請」去吃飯，那位掌管意識形態的國民黨官員對我說：「你寫的，是禍國殃民的東西。」

他很明白：我，還有許多比我勇敢比我早慧的前輩和同輩們，在進行主流價值的拆解。主流價值，譬如愛國。爲什麼要愛國？國如果不可愛呢？國的形成如果沒有人民共識呢？譬如不能「侮辱元首」。元首爲什麼不能侮辱？誰來界定「侮辱」？元首應該憑什麼來讓人民尊敬？

譬如讀書報國。讀書爲什麼要報國？可不可以讀書爲了自己？可不可以根本不讀書，只是生活？無所事事可不可以作爲生存的理由？譬如「犧牲小我，完成大我」。誰決定何謂「大我」？「大我」不是爲了「小我」才存在的嗎？「小我」犧牲了，還有沒有「大我」？

譬如「大有爲」的政府。「大有爲」的政府就是危害最大的政府，進步的最大障礙。譬

如新聞要「自律」、國家要「安定」。新聞自律是箝制言論的藉口，國家安定是愚民統治的幌子。

譬如「孝順爲齊家之本」、「助人爲快樂之本」、「忠勇爲愛國之本」、「服從爲負責之本」等等，沒有一項不是可以徹底推翻或局部顚覆的價值觀。

「三年級」、「四年級」的我們，活在一個鋼鐵打成的機器裡，於是我們用盡心機地去拆，拆，拆，那是一個「解構」的年代。現在三十歲的人，當時大約十歲，不會認識鋼鐵的強大也不易體會解構的艱辛，就如同我們不盡理解我們的先行者面對顚沛流離和殖民統治的心境一樣。當「六、七年級」的人進入耳聰目明、人格定形的二十歲時，原來的鋼鐵價值被拆得差不多了，九〇年代的「主流」價值已經接近我們當年的追求：強調個人價值，從而漸漸演繹出自由重於自律，進步重於安定，解放重於守成，享受重於責任，個人，重於集體。七〇年代的大學生談家國重任，九〇年代、二十一世紀初的大學生談自我完成。「只要我喜歡，有什麼不可以」，在八〇年代以前幾乎不可能的一種處事態度，變成流行的哲學。

每一個少年大概都曾經拆過音響，打開盒子，鬆掉螺絲釘，卸下所有的零件讓機器徹底解體。解構帶來快樂。但是，解構當然不是終極目的，建構才是：要在有限的條件下組成一個高品質的音響，重新建構卻困難得很。

在重新建構的過程中，什麼可以，什麼不可以，沒有範本可依循，也沒有標準可評斷。

從壕美鳳到「非常光碟」，從軍校學生作弊到林毅夫的叛逃處理，從李登輝上法庭到核四或統獨的公投拉鋸，是和非，像雨水不小心滴到墨，一片模糊，看不出界線，只剩下個人立場的選擇。黑和白的概念被抽掉，所有的事情都在一個灰色混沌區中攪拌，理直氣壯地發生，大剌剌地存在。

這，不就是你們這一代人當年的主張嗎？有什麼不對嗎？

沒有線的風箏

沒什麼不對。混亂，是「大破」和「大立」之間必經的過程。當原來的「忠孝仁愛信義和平」因爲僵化空洞而被丟棄，每一件事情其實都在挑戰這個社會重建價值的能力：「外籍新娘」的人權尊嚴和台灣人的種族偏見怎麼拉鋸？政治操弄和公共利益之間怎麼平衡？國家安全和個人自由的界線怎麼釐清？自由和自律怎麼可能並存？有沒有更高的價值和商品化抗衡？在現代化的語境裡，個人的修身還有沒有意義？公民道德在各種價值的矛盾中，究竟指的是什麼？在許多曾經被尊敬的價值已經成爲被訕笑、被鄙視的東西之後，在解構了「道德」之後，我們究竟還需不需要「道德」？

在「不相信」之後，是不是還得找回「相信」？

從前做了太多的起立敬禮，今天，總統走進來，許多人卻不站起來。有人說，對，這就

是民主的表現。我卻認爲這是失禮——失禮的原因這裡不論。我或許不欣賞、甚至全力反對這個做總統的人，但是只要他擁有「總統」這個公器，被投以全民的期待，被託以全民的信任，我就必須以禮相待——尊重這個公器其實是尊重那賦予公器意義的人民；站不站起來，不是民主的問題，是文明的問題。

從前被灌輸了太多的國家認同，今天，談國家固然被視爲絕對的落後，即使談文化認同都可以被恥笑。要國家幹什麼，有人說；文化認同是什麼，也有人說。「我的孩子到澳洲讀國中，美國讀高中，英國上大學，讀博士，國際人的認同才是眞正的身分證。」

國際化是現代化中極重要的一環，但是在這樣一派輕鬆的「國際主義」邏輯裡，我卻看見深層的問題：有「辦法」的人，都把孩子送往先進英語國家受教育，於是紐澳英美的學校擠滿了來自中國、韓國、台灣、香港的孩子。學費可以高得離譜，而排隊候補的亞洲孩子成千上萬。也就是說，英語國家在教育上經過長期的耕耘已經打好基礎，亞洲人來享用現成，但是，當有現成的可以利用時，亞洲人本國的教育基礎又由誰去長期的耕耘呢？英美教育出來的孩子成材之後，繼續耕耘英美文化土壤的多，回頭來灌溉亞洲本土的少，於是強勢文化越強，弱勢文化繼續弱。大量的亞洲少年被送往國外就學，所凸顯的不是國際化的多元含意，反而是亞洲本土教育文化基礎的不健全，反而是強弱文化的對比與一元化的繼續。

與國際接軌是一種競賽，誰越快學會全球性思維，誰就越進步，但是，所謂國際主義，

如果脫離了本土與傳統的觀照，就變成一種文化的虛無主義。風箏飛得再高，線，必須握在自己手裡，否則，怎麼知道那是誰的風箏呢？

堅持本土和傳統重要，不是出於狹義的民族主義，而是希望比較弱勢的文化傳統不至於被全球化統一，被現代化淘空，從而保持世界的豐富多元。

教孩子相信

從前被賦予太多的責任，今天，直率的年輕人對我說，龍應台，你們「三、四年級」的人背負了「救國救民」的十字架，但是我們「六、七年級」的人，對不起，不想背你們的十字架。我們唯一的十字架是「如何在成千上萬yahoo交友的照片中，找到一個自己最麻吉的伴侶。」

我啞然失笑。

誰說我們這一代人都是憂國憂民的呢？大學時代，有那麼多同齡人選擇過自己的日子：整天打麻將的、通宵跳舞的、到處找「麻吉伴侶」的、出了國就誓死不歸的、立志「玩物喪志」的、吃喝玩樂無所不爲的……不管哪個時代，認眞地心懷家國社會的總是少數，那少數中，學而有成的，又是少數；學而有成還對家國之思持之有恆而且加以實踐的，更是少數中的少數。社會的進步，是這些少數執著的人鍥而不捨的推動，發揮影響而造成的。大多數的

人，就搭了進步的便車，順勢前行。

即使只是一個燈光迷炫、樂鼓沸騰的酒吧舞場，也不會憑空而來。在舞場存在以前，有人努力過，使這樣的狂歡文化被容許而不是被取締。然後，在「狂歡」的背後，必須有人制訂法規，有人做消防檢查，有人處理噪音，有人組織音響，有人籌備樂隊，有人清理垃圾，有人設計下水道。每一百個享受狂歡的人背後可能有一千個默默工作的人。

假設說「三、四年級」的人解決掉了專制的問題，現在的社會，是不是一個沒有問題以至於年輕人無可發揮的社會？怎麼可能？貧富不均，是非混淆、公平與正義不明、權力與責任的規則混亂。我看見的是一個更複雜、更難理解、需要更高智慧去面對的未來。如果「六年級」的人覺得他們唯一的十字架就是尋找「麻吉伴侶」，那麼他的「輕」可能正是他不堪負荷的「重」呢。

沉重的「十字架」，不管是哪一個時代，總是在的；願意看見它而且去背負它的人，不管是哪一個時代，哪一個「年級」，總是少數人。重點是，那少數人不能沒有。

搭便車是容易的，但總得有人開車，而且是清醒地開，因爲上車的可能是一群盡情完成自我、狂歡歸來的醉客。

凡是在謊言中長大的人，「不相信」是琢磨出來的智慧。可是「不相信」像硫酸一樣，可以溶解掉謊言，卻不能拿來爲孩子烤蛋糕。要建立讓孩子世世代代生長的家園，是不能靠

硫酸的。我們需要「相信」：相信政治人物的誠實，相信文明的不可或缺，相信自己腳踩的土地有人灌溉，相信沉重的十字架有人背起，相信在翻來覆去喧嘩浮躁的潮流中還是有一些恆久不變的東西，怎麼顛倒都不被腐蝕，譬如責任、品格、道德、勇氣……

教孩子重新學會「相信」——這十字架你說輕嗎？

華文世界公共論壇

〈在紫藤廬和Starbucks之間〉一系列文章在人間副刊發表，同步在廣州《南方周末》、新加坡《聯合早報》、吉隆坡《南洋商報》和《星洲日報》、香港《明報》刊出，在網路上則像電線嗤嗤走火似地流傳，引起整個華文世界的討論和辯論，廣度遠遠超過八〇年代的《野火集》。顯然文章所碰觸的問題——現代化與傳統文化的緊張，國家認同與文化認同的競合，價值的失落與人心的迷惘等等，正是一個讓人隱隱疼痛又說不明白的點。一個文本，不同地區的華文世界卻各有解讀，爲二十一世紀初的台灣留下一幅輪廓鮮明的素描，更令人期待一個視野寬廣的華文世界公共論壇的浮現。那怒斥我的、指教我的、鼓勵我的文字，我低頭感謝，像秋天採蘋果的農人，感謝天地遼闊。

面對大海的時候

輯一
五十年來家國

在紫藤廬和Starbucks之間

——台灣的內向性

一位居龍頭地位的電子企業家告訴我，一九六八年，他曾經陪同他的美國的企業總裁來台灣考察，思索是否要把他們第一個亞洲分廠設在台北。考察結果卻是把分廠設到新加坡去。原因？當時的台北顯得很閉塞，對國際的情況很生疏，普遍的英語能力也差。換言之，國際化的程度太低。

二〇〇二年，孤星出版社（Lonely Planet）出版了專門介紹台灣的英語版旅遊書。作者用功不深，對台北市的新發展似乎沒什麼概念，但是整體印象他是有的。台北，他寫著，是亞洲最難接近的城市之一。意思是說，台北顯得閉塞，與國際不太接軌，英語能力也差，以至於，國際的旅遊者很難在這個城市裡悠遊自在。

三十五年過去了，台灣還是一個閉塞、國際化不足的地方？

是的。有經驗的人一眼就可以看出台灣的內向性。中正機場裡外國旅客非常少。首都的英語街道標示一團混亂。報紙的國際新聞五分鐘就可以讀完，有線電視的新聞報導更像是一種全國集體懲罰：小孩吞下釘子的報導時間十倍於伊索匹亞百萬人餓死的消息，南投的一隻

狗吃檳榔的鏡頭比阿根廷的總統大選更重要。八國領袖舉行高峰會議，示威者的裸體大大地刊出，但是示威者究竟爲了什麼理念而示威？不置一詞。一天二十四小時，這個國家的人民被強灌影像，政客的嘴臉、口沫、權力鬥爭的舉手投足，鉅細靡遺地注入，就像記憶晶片植入動物體內一樣。國際間所重視的問題——戰爭、生態、貧窮、飢餓、新思潮的出現、舊秩序的突變、大危機的潛伏等等，在這裡，彷彿都不存在。

不對呀，你辯駁，台北是很國際化的。Starbucks咖啡館的密度居世界第一，二十四小時便利商店佔據每一個街角。最流行的嘻哈音樂和服飾到處可見，好萊塢的電影最早上市。生活的韻律也與國際同步：二月十四日買花過情人節，十月底戴上面具參加「萬聖節」變裝遊行，十一月有人吃火雞過感恩節，十二月市府廣場上萬人空巷載歌載舞慶祝耶誕節；年底，則總統府都出動了，放煙火、開香檳，倒數時，親吻你身邊的人。

民選的新政府甚至要求政府公文要有英文版，公務員要考英文，全民學英語，而最後的目標則是：把英語變成正式的官方語言。

誰說台灣閉塞？

變得跟誰一樣？

究竟什麼叫「國際化」呢？

如果說，「現代化」指的是，在傳統的文化土壤上引進新的耕法——民主制度、科學精神、工業技術等等，從而發展出一種新的共處哲學與生活模式。如果說，「全球化」指的是，隨著科技與經濟的跨越國界，深層的文化體系，始料所未及地，也衝破了國家與民族的傳統界線。原來沿著那條線而形成的千年傳統——種種律法、信仰、道德、價值，面對「全球化」，不得不重新尋找定義。「現代化」是很多開發中國家追求的目標；「全球化」是一個正在急速發生的現實，在這個現實中，已開發國家盤算如何利用自己的優勢，開發中國家在趁勢而起的同時暗暗憂慮「自己不見了」的危險。

那麼，「國際化」是什麼呢？按照字義，就是使自己變得跟「國際」一樣，可是，誰是「國際」呢？變得跟誰一樣呢？把英語變成官方語言，是要把台灣變成英國美國，還是印度菲律賓？還是香港新加坡？當執政者宣布要將別國的語言拿來作自己的官方語言時，他對於自己國家的安身立命之所在、之所趨，有沒有認眞地思考過呢？

牧羊人穿過草原

一九七八年我第一次到歐洲；這是啓蒙運動、工業革命的發源地，先進國家的聚集處，我帶著滿腦子對「現代化」的想像而去。離開機場，車子沿著德法邊境行駛。一路上沒看見預期中的高科技、超現實的都市景觀，卻看見他田野依依，江山如畫。樹林與麥田盡處，就

是村落。村落的紅瓦白牆起落有致，襯著教堂尖塔的沉靜。斜陽鐘聲，雞犬相聞。綿延數百里，竟然像中古世紀的圖片。

車子在一條鄉間小路停下。上百隻毛茸茸圓滾滾的羊，像下課的孩子一樣，推著擠著鬧著過路，然後從草原那頭，牧羊人出現了。他一臉鬍子，披著蓑衣，手執長杖，在羊群的簇擁中緩緩走近。夕陽把羊毛染成淡淡粉色，空氣流動著草汁的酸香。

我是震驚的；我以爲會到處看見人的「現代」成就的驕傲展現，但是不斷撞見的，卻是貼近泥土的默不作聲的「傳統」。穿過濃綠的草原，這牧羊人緩緩向我走近，就像《舊約聖經》裡的牧羊人走近一個口渴的旅人。

爾後在歐洲的長期定居，只是不斷見證傳統的生生不息。生老病死的人間禮儀——什麼時辰唱什麼歌、用什麼顏色、送什麼花，對什麼人用什麼遣詞與用句，井井有條。春夏秋冬的生活韻律——暮冬的化裝遊行以驅鬼，初春的彩繪雞蛋以慶生，夏至的廣場歌舞以休憩，耶誕的莊嚴靜思以祈福。千年禮樂，不絕如縷，並不曾因「現代化」而消失或走樣。至於生活環境，不論是羅馬、巴黎還是柏林，爲了一堵舊時城牆、一座破敗教堂、一條古樸老街，都可能花大成本，用高科技，不計得失地保存修復，爲了保留傳統的氣質氛圍。

傳統的「氣質氛圍」，並不是一種膚淺的懷舊情懷。當人的成就像氫氣球一樣向不可知的無限的高空飛展，傳統就是綁著氫氣球的那根粗繩，緊連著土地。它使你仍舊樸實地面對

生老病死，它使你仍舊與春花秋月冬雪共同呼吸，使你的腳仍舊踩得到泥土，你的手摸得到樹幹，你的眼睛可以爲一首古詩流淚，你的心靈可以和兩千年前的作者對話。

傳統不是懷舊的情緒，傳統是生存的必要。

我發現，自己原來對「現代化」的預期是片面的。先進國家的「現代化」是手段，保護傳統是目的。譬如在環境生態上所做的鉅額投資與研發，其實不過是想重新得回最傳統最單純的「小橋流水人家」罷了。大資本、高科技、研究與發展，最終的目的不是飄向無限，而是回到根本——回到自己的語言、文化，自己的歷史、信仰，自己的泥土。

文化的進退失據

於是我看見：越先進的國家，越有能力保護自己的傳統；傳統保護得越好，對自己越有信心。越落後的國家，傳統的流失或支離破碎就越厲害，對自己的定位與前景越是手足無措，進退失據。

台灣的人民過西洋情人節但不知道Valentine是什麼；化裝遊行又不清楚Carnival的意義何在；吃火雞大餐不明白要對誰感恩；耶誕狂歡又沒有任何宗教的反思。凡節慶都必定聯繫著宗教或文化歷史的淵源；將別人的節慶拿來過，有如把人家的祖宗牌位接來祭拜，卻不知爲何祭拜、祭拜的是何人。節慶的熱鬧可以移植，節慶裡頭所蘊含的意義卻是移植不來的。

節慶變成空洞的消費，而自己傳統中隨著季節流轉或感恩或驅鬼或內省或祈福的充滿意義的節慶則又棄之不顧。究竟要如何給生活賦予意義？說得出道理的人少，手足無措的人，多。

台灣的領導人要把英語變成官方語言，更是眞正的不知所云。語言難道是一支死的木棍，伸手拿來就可以使？

語言不是木棍，語言是活生生的千年老樹，盤根錯節、深深扎根在文化和歷史的土壤中。移植語言，就是移植文化和歷史，移植價值和信念，兩者不可分。殖民者爲了更改被殖民者的價值觀，統治的第一步就是讓被殖民者以殖民者的語言爲語言。香港和新加坡就這樣成爲英語的社會。嫻熟英語，通曉英語世界的價值觀與運作模式，固然使新加坡和香港這樣的地方容易與國際直接對話，但是他們可能也要付出代價，文化的代價。英語強勢，可能削弱了本土語言文化——譬如漢語或馬來語——的發展，而英語文化的厚度又不足以和紐約或倫敦相提並論，結果可能是兩邊落空，兩種文化土壤都可能因爲不夠厚實而無法培養出參天大樹。

國際化，是知識

本國沒有英語人口，又不曾被英語強權殖民過，爲什麼宣稱要將英語列爲官方語言？把英語列爲官方語言在文化上意味著什麼後果？爲政者顯然未曾深思。進退失據，莫此爲甚。

不是移植別人的節慶，不是移植別人的語言，那麼「國際化」是什麼？它是一種知己知彼。知己，所以要決定什麼是自己安身立命、生死不渝的價值。知彼，所以有能力用別人聽得懂的語言、看得懂的文字、講得通的邏輯詞彙，去呈現自己的語言、自己的觀點、自己的典章禮樂。它不是把我變得跟別人一樣，而是用別人能理解的方式告訴別人我的不一樣。所以「國際化」是要找到那個「別人能理解的方式」，是手段，不是目的。

找到「別人能理解的方式」需要知識。不知道非洲國家的殖民歷史，會以爲「台灣人的悲哀」是世界上最大的悲哀。不清楚國際對中國市場的反應，會永遠以政治的單一角度去思考中國問題。不瞭解國際的商業運作，會繼續把應該是「經濟前鋒」的台商當作「叛徒」看待。不瞭解美伊戰爭後的歐美角力，不瞭解聯合國的妥協政治，不瞭解俄羅斯的轉型，不瞭解開放後的中國在國際上的地位，不瞭解全球化給國家主權和民族文化帶來的巨大挑戰……不瞭解國際，又如何奢談找到什麼對話的語言讓國際瞭解台灣呢？

越是先進的國家，對於國際的知識就越多。知識的掌握，幾乎等於國力的展示，因爲知識，就是權力。知道越多，掌握越多。如果電視是一種文化指標，那麼台灣目前二十四小時播報國內新聞，把自己放大到鋪天蓋地的肚臍眼自我沉溺現象，不只是國家落後的象徵，已經是文化的變態。人們容許電視台徹底剝奪自己知的權利，保持自己對國際的淡漠無知，而同時又抱怨國際不瞭解台灣的處境，哀嘆自己是國際孤兒，不是很矛盾嗎？

Starbucks還是紫藤廬

我喜歡在Starbucks買咖啡。不見得因爲它的咖啡特別好，而是因爲，你還沒進去就熟悉它的一切了。你也許在耶路撒冷，也許在倫敦，在北京，或者香港，突然下起冷雨來，遠遠看見下一個街角閃著熟悉的燈，你就知道在那裡可以點一大杯拿鐵咖啡加一個bagel麵包，雖然這是一個陌生的城市。

「全球化」，就是使你「客舍似家家似寄」。

我更喜歡在紫藤廬喝茶，會朋友。茶香繚繞裡，有人安靜地回憶在這裡聚集過的一代又一代風流人物以及風流人物所創造出來的歷史，有人慷慨激昂地策劃下一個社會改造運動；紫藤花閒閒地開著，它不急，它太清楚這個城市的身世。

台北市有五十八家Starbucks，台北市只有一個紫藤廬。全世界有六千六百家Starbucks，全世界只有一個紫藤廬。

「國際化」不是讓Starbucks進來取代紫藤廬；「國際化」是把自己敞開，讓Starbucks進來，進來之後，又知道如何使紫藤廬的光澤更溫潤優美，知道如何讓別人認識紫藤廬——「我」——的不一樣。Starbucks越多，紫藤廬越重要。

原載於人間副刊，二〇〇三年六月十三日

五十年來家國

——我看台灣的「文化精神分裂症」

——龍應台，請你放過台灣，你那種「傳統」只是你個人（寫作）「生存」的必要，請讓我們台灣繼續「閉塞」，維持「內向性」不變，這樣才不會跟「中國」一樣！如果沒有親中國媒體的搗蛋，我們就能用我們台灣的特色吸引國際的注意，得到國際間政治文化的認同，這才叫做台灣已國際化。

——台灣有根嗎？

漢人來了驅趕原住民
日本人來了壓榨大家
外省人來了又壓制本省人
民進黨來了反壓制外省人
無止無息地破壞得來不易的傳統

——一群來自世界各國的高中生夏令營，有一晚要表演各國傳統婚禮服飾。我就在想，台灣跟大陸會撞衫嗎？結果是大陸學生穿了傳統中國新娘服，而台灣學生穿了原住民的服

WITHDRAWN
CEDAR MILL LIBRARY

飾，表演的是原住民的甩頭舞；那個當下，我愣住了……我對自己是中國人還是台灣人的身分給搞糊塗了。

——國際化難道只是政府的事
還是政府反而是國際化最大的障礙
在十分明顯的民粹主義下
政府掌握了媒體的「議程」
將許多垃圾文化訊息強行置入行銷到我們的眼睛？

——我在學校教書
驚覺老師們的本土化速度比國際化速度更快
部分原因來自於對台灣化的高度支持甚至於對中國化的反感

我
想
這更是我們國際化的危機來源之一

——我是一個在台灣土生土長／常住的外省人第二代。我的先生全家原是二二八以來自認有悲情因子的台南人，因為大陸開放，外商建廠大陸而前往他們認定殺豬拔毛假想敵的對岸上海；奇妙的是，敵意不再，國際視野大鳴大放，嚷著台灣太狹隘、太短淺，台灣的未來會被民進黨的教義給吞噬。

——您這篇文章道盡了身為台灣中堅分子心中長長的無奈。我們家不看新聞，孩子不補習，不管九年一貫，只管待人接物，只希望他們能獨立思考……如何自救呢？好像除了自保以外，什麼也沒得做了。以前我很反對移民，現在我努力賺錢找機會離開。台灣之大，卻沒有我容身之地的感覺。很無奈，很難過……

——朋友轉來您的文章，讀後鼻子發酸，只想找個沒人的地方，大喊幾聲。

——我在美國長大，為了文化認同而選擇回到台灣；沒有想到，我回到了一個文化模糊的地帶……在美國時我有很多韓國朋友，他們很團結，以自己的文化為榮，篤定地認為自己代表韓國的未來。這種自我意識在台灣的青年人身上就完全沒有。台灣，台灣是什麼呢？我不是美國人，不是「台灣人」，不是中國人，那麼，我是什麼呢？

——拜讀您的文章，我有陣陣心酸湧上心頭，心酸於：我們為什麼會這樣？在朝者總是無力，眼明者總是在野。

——我七年級。當我開始發現這個島嶼的人們逐漸在走向一種瘋狂的同時，我暗自躲在書齋裡，啃食一本一本的書籍，最後了解到我從傳統文化中汲取的智慧和價值觀也要被殺伐扭曲……我們這一代人已經不太鳥政治也不太鳥新聞更無意關心遠方的他鄉正在發生什麼。誰關心什麼文化傳承，誰關心什麼社會是否更好？您的文章寫得好沒話說，我們看了也深表同意卻也深表遺憾——我們幾乎都未嘗試就直接選擇放棄了。不知這是否也算我們這一代的悲哀？

台灣，怎麼會變成這樣？

〈在紫藤廬和Starbucks之間〉一文發表十天之內，我收到近兩百封讀者來信，其中三分之一來自台灣以外的天涯海角。如果說，二十年前《野火集》的讀者來信是憤怒的，憤怒到想拔劍而起，那麼在〈紫藤〉的讀者來信中，幾乎完全看不見憤怒，多的是沉痛和無奈，無奈到近乎自暴自棄。最讓我心酸的是這一封，來自一個十八歲的青年：

台灣人有沒有根？
我覺得沒有根
我覺得很想哭
我的夢　想起飛……可是一直以來
我活得很辛苦　很辛苦　很辛苦
而且我知道
有更多人比我更辛苦　更加辛苦　更加倍辛苦

一種黯淡的沉重、一種無助的茫然，幾乎滲透在每一封信裡，每一封信裡又都有一個共同的問題：

台灣，我們的台灣，怎麼會變成這樣？

二十一世紀初始的三年，我們看見了許多五十年來不曾見過的事情：最斯文的教師走上街頭遊行，最憨直的農民漁民上台北抗議，最苦幹的工人綁起白布條；這是士農工，而商，啊，商人不上街頭，他們用腳直接出走了，留下一棟一棟的空屋。在生活的挫折下，憤懣激進的人滿載汽油去撞政府大樓求同歸於盡，那膽小怯懦的便爬上高樓，帶著自己稚幼的兒女，一躍而下求一了百了。貧者愈貧，富者愈富，不甘於貧又無力於富的人則鋌而走險，持槍行搶。

五十年不曾見過的更是執政者的清晰面目。戒嚴時代，統治者給我們看的是「正氣凜然」、「威嚴莊重」的面目；恐怖的迫害、權力的橫行，都在國家神話的幕後進行，我們看不見。解嚴之後的國民黨——我們畢竟聰明了一點——讓我們看見的是一副僞善牧師的嘴臉，嘴裡喊著民主與革新，手上做的卻是金錢與權位的交媾，復仇與奪權的鬥爭。跨進二十一世紀，我們心中又有憧憬；或許前面的人不善待這片土地是因爲他們不把這裡當家，於是我們讓一個在鄉下長大的孩子「當家」，讓一個曾經看起來有道德勇氣反抗強權的政黨來執政。然而三年了，我們看見的，竟然仍是金錢與權位的交媾、復仇與奪權的鬥爭，唯一的不同是，從前或莊嚴或僞善的面具悍然卸下，權力的野蠻赤裸裸地攤開在陽光下，在我們的眼

睛前，進行。政治人物面孔的醜陋，我們五十年來第一次如此清晰地看見。

這三年中，政治淹沒了台灣。經濟議題變成政治議題——台商變成台奸；疾病議題變成政治議題——WHO聯合全世界來「打壓」台灣；生態議題變成政治議題——核四要用還沒有法源依據的公投來決定。這三年中，沒有政策，只有政治；當重大的「南進政策」提出之後，我們赫然發現，那僅只是爲了造成元首出國的一時風光而製造出來的假政策。這三年中，引領國家前進的技術專業領域——不管是金融、經濟、工業、研究發展、文化，甚至學術，全面由意識形態「正確」者接管。這三年中，比從前更多的人相信自己的電話被國家竊聽。這三年中，只要是權力所需，執政者可以推翻民主程序，扭曲法律解釋，或者根本公然違憲。這三年中，只有選舉技巧的無休無止的賣弄，沒有靜水流深、穩紮穩打的執政；只有鞏固政權的措施，沒有鞏固國家的政策；只有權力的操縱，沒有責任的擔當；只有民意的短線盤算，沒有願景的長程擘畫。這三年的台灣，我們驚慌萬分地發現：只有眼前，沒有未來。

這三年中，我在公開場合上見到現任總統三次，都是上百、上千個文化人出席的重大場合。每一次他走進來，絕大多數的人都照樣坐著，沒有幾個人起立表示尊敬。他尷尬地走到第一排，尷尬地坐下。

是的，台灣是怎麼了？元首是國家的象徵，舉國寄望之所在，沒有哪一個文明的國家不

爲他的元首起立的。他的尊嚴就是我們的尊嚴；他的受辱就是我們的受辱。爲什麼，爲什麼最講究「禮」和「理」的文化人對我們的元首淡漠以待？

應該崇高的不再崇高，應該尊敬的無法尊敬——我悲傷地想著：那受到傷害的是他，還是我們心中曾有的夢？

我們這一代

十五歲的我住在高雄茄萣鄉，一間簡陋的，沒有廁所也沒有浴室的公家宿舍。牆壁長滿了壁癌，沒錢粉刷。晚上睡覺時，壁癌像麵粉一樣撲撲剝落，蓋得我一頭一臉。母親坐在地上結魚網，日日夜夜地結網，手上生了厚繭，有時候會流血。流血結網得來的錢，就拿去爲我繳學費。每天清晨搭客運車，到台南女中上學。從茄萣經過灣裡、喜樹、鹽埕到台南，那條路千瘡百孔，雨後的坑可以大到摔一輛腳踏車進去。

今天成爲總統的人，當年和我一樣，每天清晨從鄉下，顛簸在坑坑洞洞的鄉路上，到台南城裡去求學。

我們是在貧窮中長大的一代。他的長輩是困苦的佃農，我的長輩是流離的難民。我們這一代，站在台灣濕潤的土地上，承受著上一代人流離困苦的汗水淚水，在默不作聲但是無比深沉的愛中成長。越是貧窮，越是奮發。

一九六〇年代，很多人離開這個島嶼，一去不回頭，政治的壓迫和文化的貧血使他們感覺窒息，選擇棄國。

而我們從懵懂少年轉爲心中充滿正義、眼睛見不得黑暗的懷疑者。身邊失蹤的朋友，被逮捕的同學，遭沒收的書籍，國際上的節節挫敗，都促使我們開始思索台灣的前途，自己的未來。經過勝利路台南一中的操場，剃著光頭、穿著土黃色制服像士兵一樣的學生在軍訓教官的哨聲中踢著正步，太陽毒烈，塵土撲面。這，就是我們的未來嗎？踢正步的學生中有一個叫陳水扁的，鹹鹹的汗水流進眼睛，心中或許在問一樣的問題。

七〇年代，上一代人的胼手胝足有了初步的收穫，經濟起飛了。我們在他們的庇護下上大學，留學；這「奮發」的一代一轉眼變成教授、律師、經理、總編輯、作家、企業家……懵懂的不滿、模糊的思索、蠢動的不安，在八〇年代，明朗成尖銳的批判、熱情的號召和積極進取的行動。在一九九九年，我曾經這樣描繪那個年代：

八〇年代是「最黑暗也最光明的年代。因爲黑暗，所以人們充滿了追求光明的力氣和反抗黑暗的激情，而且在黑白分明的時代，奮鬥的目標多麼明確啊。力氣、激情、目標明確——八〇年代是理想主義風起雲湧的時代。只有在得到『光明』之後，在『光明』中面對自我的黑暗，發現那黑暗更深不可測，我們才進入了疑慮不安的九〇年代，世紀之末。」

八〇年代，是我們這一代人開始養兒育女的時候。用盡力氣改變現狀，一方面因爲心中

有夢，擺脫過去的壓抑夢想建立一個公平正義、溫柔敦厚的台灣，一方面因爲心中有愛和希望，希望我們天眞活潑的下一代在一個公平正義、溫柔敦厚的社會裡長大。

然而九〇年代帶給我們的，不是希望，是失望。官商的勾結更加嚴重，復仇，成爲政治的核心動力，轉動所有的社會齒輪。族群之間愈撕裂、愈對立、愈聲嘶力竭，政客愈有資本。政治人物從歷史仇恨的把弄中極盡所能地賺取他要的利益。

被綁架的人民

獨裁者去了，平庸政客戴上民主的面具，囂張上台。因爲有民主之名，他們做的任何事情都有我們的自動背書，我們的背書使他們理直氣壯。在九〇年代裡，我們已經成了被政客綁架的人民。

進入嶄新的世紀，三月的鞭炮聲響，幾千年來第一次，在中華文化歷史上有人民的直選。身爲台灣人，我們覺得可以驕傲：台南鄉下的孩子、南一中踢正步的少年、我們「奮發」的同代，成爲領導人，令人欣喜。他的政黨也曾經有過燃燒理想的志士，雄才大略的高人，可以期待。

短短的三年，驕傲，變成焦慮。全民工作福祉指數降到十四年來最低，也就是說，大多數的台灣人覺得生活愈來愈不幸福。而同時，電視台開始播放統獨公投的宣傳片，宣傳以

「新聞」的面貌呈現，只說獨立公投是人民權利，不提台灣特殊的處境，不提國際情勢的詭譎，不提兩岸關係的險惡，不提任何可能的後果。

短短的三年，欣喜，變成沉重。開放後的中國已經成爲美日的最大進口國；日本針對亞洲各國所做的投資環境評比中，台灣是最後一名，比馬來西亞和泰國還要落後。而同時，台灣政府在製作「漢賊不兩立」的經濟政策，用意識形態牢牢圈住經濟。外交，以哄騙賄賂、黑巷交易的方式進行，不謀遠慮只求近功，結果是讓台灣人一次又一次地在國際上公開受辱。

短短的三年，期待，變成了幻滅：

我們沒有國際觀。不去深入瞭解國際的複雜思維和運作，政府一心一意只想把我們在國際上的挫折擴大、加強，因爲擴大加強了就可以對內製造更多的「同仇敵愾」，「同仇敵愾」最容易轉化爲選票。

對攸關生死的兩岸關係，我們沒有策略沒有格局。唯一的策略是擴大加強中國的「妖魔化」；因爲中國越是妖魔，越可以在島內製造大量的「同仇敵愾」，「同仇敵愾」，啊，最容易轉化爲選票。

我們沒有歷史感。上一代人——不論是你的本省佃農還是我的外省難民——都曾經彎腰灌溉這片土地，都曾經把淚水汗水滴進泥土裡，都曾經用默不作聲但無比深沉的愛將我們養

大，但是我們對他們不是清算就是忽視，清算或忽視的標準，就看統治者權力的需要。

我們沒有未來擔當。選票永遠鎖定眼前利益，至於經濟、教育、文化、環境、海洋資源的長程規劃，帶不來立即的選票和權力，就不是施政的重點。下一代將面臨一個什麼樣萎縮無力的台灣？讓下一代去承受。

我們沒有理性思考的能力。「賣台」、「台奸」的指控成爲嗜血的鞭子。「愛不愛台灣」、「是不是台灣人」取代了「有沒有能力」、「是不是專業」。不用腦思考，我們用血思考。文化的法西斯傾向，非但不被唾棄，還被鼓勵；部落式的族群主義，非但不被開導，還被強調。

我們沒有執政黨。由於是少數政府，權力不穩信心不足，奪權成爲念茲在茲的核心思維，國家施政淪爲游擊隊式的出草。

我們沒有在野黨。五十年的享有權力使人肥大懶惰，反應遲鈍；失去權力之後也提不出任何新思維新政策，看不出任何新擔當新格局，他們只是看準了被綁架的人民沒有選擇，或許不得不把原來肥大懶惰的地主重新請回來。他們似乎完全不記得，當初爲何被人民拋棄。

是什麼樣的歷史規則，是什麼樣的領導，使二十一世紀的台灣變成一個沒有國際觀，沒有歷史感，沒有未來擔當，沒有理性思維，執政者荒誕、反對者低能的社會？

我們一同走過五〇年代的貧窮與恐怖，六〇年代的蒼白與摸索，七〇年代的奮發與覺

醒，八〇年代的努力與追求，九〇年代的懷疑與失望，在二十一世紀初始——上一代人漸凋零，下一代人還青澀，我們所面對的，竟然是焦慮、沉重，以及夢想的，徹底幻滅。

這三年的荒誕，絕對不僅只是眼前的執政者所造成的。徹底幻滅是由於我們終於認識到，啊，原來換了領導人是沒有用的，即使是一個所謂台灣之子，因爲權力的窮奢極欲藏在每一個政治動物的血液裡，不管他來自浙江奉化還是台北三芝還是台南官田。原來換了政黨是沒有用的，因爲政黨奪權時，需要理想主義當柴火燃燒，照亮自己；一旦得權，理想主義只是一堆冷敗的灰燼。原來換了體制是沒有用的，因爲選票只不過給了政客權力的正當性，權力的正當性使他們更不知羞恥，而選舉，使極端的短視和極端的庸俗堂而皇之成爲正統價值，主導社會。

是因爲這難以承受的幻滅，使得濟濟一堂的文化人不願向元首起立致敬嗎？

而我們追求了整整半個世紀的夢想——一個公平正義、溫柔敦厚的台灣，就在我們的焦慮、沉重、幻滅中從此放棄了嗎？路，怎麼走下去呢？

文化的「精神分裂症」

有一年，十歲的孩子從學校回來，興匆匆拿出剛發的新課本給我看。攤開一張地圖，是我們這個不到兩萬人口的德國小鎮。母子兩個用手指在地圖上游走：這是孩子撩起褲腳抓野

鱒魚的小溪；這是常去爬的狐狸山，海拔三百公尺；這是離家五公里的池塘，我們曾經在池塘邊撞見過一隻低頭喝水的野鹿。

孩子繼續尋找他熟悉的一草一木，我卻驀然難過起來。十歲的我，我們，可從來沒看過我們的村落地圖。課本上教的是偉大的長江黃河、壯麗的泰山長白山，我們從來沒見過也無從想像的地方。自己游泳釣蝦的河流，躲藏玩耍的山頭，曾經一跤摔進去濕淋淋爬起來的池塘，卻都是沒有名字的；或者說，從來不曾在課本裡、地圖上，看到過自己的腳眞正踩過涉過的山頭和溪流。

我們是這樣被教育的：別人的土地，假裝是自己的，自己的土地，假裝它不存在。土地其實就是民族記憶，所以我們腦子裡裝滿了別人的記憶，而自己活生生的記憶，不是自己瞧不起，就是不願面對，也不敢擁抱。

這是強權統治所造成的一種集體文化精神分裂症狀。

當我們終於可以擁抱自己的時候，我們死命把住自己的土地，把它神聖化，獨尊化，圖騰化，絕對化，要它凌駕一切，要所有的人對它宣誓忠誠，對它低頭膜拜。我們非常霸道，因爲我們不平衡——受了創傷的人不容易平衡。二二八的殺戮，白色恐怖的迫害，講閩南語要處罰的侮辱，統治者文化優越感的盛氣凌人，是我們心靈上一道一道的疤痕。疤痕仍隱隱作痛，使我們自覺有霸道的權利。

同時，我們急切地想把疤痕去掉，徹底去掉，卻發現，那每一道疤痕都已經是自己身體的一部分；要去掉，必須把肉刮掉，刮肉，意味著更大更深的傷口，更多未來的疤痕。

「本土化」天經地義

其實每一個民族都有他歷史的創傷和疤痕——中國的文革，日本的長崎廣島，德國的第三帝國。如何從創傷痊癒，得回健康的體魄、平衡的心靈，要看那個民族有多高的生存智慧、多厚的文化底蘊。台灣人的深深長進肉裡的疤痕，是「中國」。面對中國，對岸那個巨大的霸權帝國，還有我們心中肉裡的中國，我們還在受虐受苦。我們像一個重症的精神病人，緊緊地與自己的影子格鬥、糾纏，想用撕裂自己的方式來解放自己。

政治人物的可惡與殘忍就在於，他非但不提出痊癒的療法藥方，讓民族心胸擴大，休養生息，他還設法加重糾纏與撕裂，從矛盾和對立的膿瘡中擠出權力。解嚴十六年了，我們的將士仍在迷惘地問，「我們爲誰而戰？爲何而戰？」投資大陸的企業家很困惑，「我是英雄，還是叛徒？」十八歲的少年仍在痛苦，「我是台灣人？中國人？我是什麼，我是誰？」

走過五十年的日本殖民，走過五十年蔣氏國民黨的統治，面對中國共產黨的武力威脅，台灣人要認同什麼？台灣文化的核心精神是什麼？「中國」這個元素，在我們的認同和文化認知裡，應該放在哪裡？

台灣必須「本土化」，是我們天經地義的權利。十歲的孩子拿回家給母親看的應該是自己村落的地圖，地圖上的一山一石、一草一木，他都認識。他應該和母親用清晰好聽流利的母語談學校的事情。他應該熟悉台灣的歷史，不只是先民的開墾史、國家政治史，還有村落史、火車史、河流史、文學史、美術史，他應該熟悉台灣這個島嶼像他熟悉自己的一只祕密抽屜。孩子首先要認得自己的腳踩在什麼土地上；濁水溪先來，長江黃河尼羅河密西西比河，可以等。

可是「本土化」沒有這麼簡單。因爲，請問你，「本土」是什麼？

除了我們以爲理所當然的閩南文化之外，第一個進入我們念頭的，是被漢人趕到山裡去的原住民。所以在認識偉大的玉山之前，對不起，那根本就不叫玉山。請你捲起舌頭跟我說，「pa-tton-kan」。這是曹族語。

第二個，是客家人。客家人說，我們說的不是閩南語，所以，請你不要把閩南語稱爲「台灣話」。我們說的也是「台灣話」。

第三個，是馬祖人。馬祖人爲台灣島的安全與繁榮付出了四十年的痛苦代價，有點激動地說，我根本不是台灣人，而且說的是你們所有的人都聽不懂的閩北話。說吧，你們把我算什麼？

第四個，是浙江人、山東人、湖南人、四川人、上海人、雲南人……這些人離開他們的

母親時，身高還不如一支步槍的長，五十年的生命付給這個島嶼。他們南腔北調，如今垂垂老矣，他們的孩子，多半已不知「母語」爲何物，也從不曾要求有「鄉土教學」。

第五個，是越來越多的新住民，來自越南、泰國、印尼、中國各省。他們與台灣人結爲夫妻，在這裡生兒育女；每一個母親都對她們懷中的嬰兒講自己家鄉的童話，用自己的語言唱熟悉的兒歌。她們正在栽培一種新台灣人的出現。

蔣氏國民黨所帶來的大陸中原文化沙文主義像一片厚厚的黃沙覆地。本土化是把黃沙吹開，讓深埋土裡各種各樣的小花小草得以透氣，自由舒展。但是本土化絕不是閩南化；我們不能只看見自己身上的傷痕。二二八、白色恐怖固然慘痛，原住民失去大地失去森林的傷，不深嗎？我們償還了嗎？金門馬祖人被歷史凍結的傷，不重嗎？我們彌補了嗎？外省難民流離失所、天涯永隔的傷，不慟嗎？我們又給了什麼慰藉？本土化是反抗中國文化的沙文主義，但絕不是讓另一個文化沙文主義來取代。

「本土化」不等於「去中國化」

好，「反抗中國文化的沙文主義」，那麼本土化等不等於「去中國化」？

請先告訴我什麼叫「去中國化」。

是把歌仔戲中的劇目——陳三五娘、目連救母、中山狼、狸貓換太子……全部去掉嗎？

是把媽祖信仰——宋朝的林默娘去掉嗎?是把龍山寺裡的朱熹和華佗去掉嗎?是把唐詩宋詞三字經去掉嗎?是把草藥針灸去掉,把太極拳禪宗去掉,把舞龍舞獅去掉,把祭祀、掃墓、春節中秋去掉嗎?是把門楣上的「潁川」、「隴西」刻字去掉嗎?是把「己所不欲,勿施於人」的孔子思想去掉嗎?是把端午節的屈原和白素貞去掉嗎?是把故宮裡的世界珍寶去掉嗎?是把福建來的閩南語去掉嗎?是把漢字書寫去掉嗎?

這些都「去」掉以後,我們還有什麼呢?

喊「去中國化」口號的人,把重點放錯了地方吧。「反抗中國文化沙文主義」,要「去」的不是「中國文化」,是「沙文主義」。我們反對蔣家政權對台灣本土文化的壓抑與漠視,我們更無法忍受中共的自我中心大中國思想,但是這兩者都是人的態度使然,而不是文化本身的問題。有人拿起石頭打你,你憤怒的對象是那人,不是那石頭。石頭本身是無辜的,它也可以是房屋棟樑,是堤防建材,是庭園山水,是深山璞玉。就如同對於日本的五十年殖民,我們要批判的是日本文化的沙文主義,不是日本文化。

我們真正應該呼喊的,不是「去中國化」,是「去沙文化」。

洗澡水用過髒了,得倒掉,但我們不會把盆裡的嬰兒連髒水一起倒掉。國民黨令我們反感,共產黨使我們厭惡,但是,國民黨加上共產黨並不等於中國。兩個黨不到百年,中國卻有五千年的歷史。你不能把百年的細微泡沫當作五千年的深水大河。給我們帶來巨大威脅的

中共，也不等於中國。他只是中國一個暫時的管理員，充其量是將來的史書上一個小號字體的備註。中國，也不等於中國文化。國，只是一個政治組織，像有限公司、株式會社、財團法人一樣，一個管理結構。一個管理結構如何涵蓋或代表一個民族深遠浩大的文化——他的藝術創作、哲學思想，他的神話與信仰、革命與復興、創造與傳承，他靈魂深處的感情與記憶？

黨，不等於國；國，不等於文化；中共，不等於中國；中國，不等於中華人民共和國。嬰兒與髒水不能劃上等號，更不能閉上眼睛一起倒掉。

中共的蠻橫與霸道激起我們的憤怒與恐懼，這憤怒與恐懼又因我們的政客操弄而加劇，使我們「抓狂」，「去中國化」的低智邏輯於焉而起。我們忘記了：憤怒與恐懼的不只是我們，還有無數的中國人，包括新疆的回民、西藏的藏民、還有那冤屈不得訴、志向不得伸、渴望不得流露、思想不得發表的千千萬萬的中國人，那坐在陰暗的牢房裡無名無姓看著自己牙齒一個一個掉光的中國人。這些人不是我們的壓迫者，他們和我們一樣在掙扎受苦，可能比我們還要辛苦，但是他們是「中國」的一部分。

吳儀和中共官僚對台灣人說「誰理你們」那副顢頇自大的嘴臉，不是「中國人」的嘴臉，是「霸權者」的嘴臉，他不只用這種野蠻的態度面對台灣，他用這種嘴臉面對所有的弱勢者，尤其是他自己的人民。共產黨也不是中國文化的必然產物；我們都知道馬克斯是德國

人，列寧和史達林是俄羅斯人。對於中國，共產黨是百分之百的「外來政黨」。我們怎麼能夠只看見中國的強權，看不見中國的弱勢；只看見中國的國家機器，看不見那絞在機器裡流血流淚的人；只看見中共，看不見中國；只看見他虛假造作的政治，看不見他深邃綿密的文化與歷史？我們什麼時候變得如此頭腦簡單了？

中國文化是珍貴資產

那深邃綿密的文化與歷史，並不只屬於中國，它也屬於我們。是的，中國文化是台灣文化的一部分，就比如心臟是人體的一部分一樣。我們不但不應該談「去中國化」——因為去了心臟還有自我嗎——我們還應該與中國爭文化的主權，應該理直氣壯地對中國、對全世界說，真正的中國文化在台灣；中國傳統文化再造的唯一可能，在台灣；漢語文化的現代「文藝復興」最有潛力發生的地方，在台灣。

比起香港新加坡，台灣的漢語文化底蘊厚實得多。比起北京上海，台北更是一顆文化夜明珠，幽幽發光。第一，它不曾經過馬克斯主義的切斷與文革的摧殘，因此和自己的文化傳統沒有巨大的撕裂。連日本人的統治都不曾斷掉台灣人組織漢文詩社、送孩子上私塾的人文傳統。隨著蔣介石來台避秦的知識分子也帶來五四以下一脈相傳的知識氣質。民間的宗教信仰、風俗儀式以相當完整的面貌傳承薪火。第二，經濟的發達、教育的普及使得台北有了北

京上海都還不夠成熟的市民社會。中國的傳統價值在這裡與現代化接軌，忠孝仁恕與公民道德碰撞揉合，產生出華語世界中市民自主意識最高的城市。第三，自由是創造力的必要條件。台北，不同於新加坡香港、北京上海，它沒有不能出版的書、不能唱的歌、不能展出的畫、不能發表的言論、不能演奏的音樂。它是華語世界中創作最自由的城市。第四，沒有一個華語城市比台北更豐富多元。原住民之外，中國三十五個省份的人，三十五種不同的文化，加上西藏蒙古，濃縮呈現在一個小島上，像一個色彩鮮豔的調色盤。它是華語地圖上的紐約。

TAIWAN？是的，不必扭捏作態改稱它爲「福爾摩沙」；我們可以萬分篤定地說，它是另一種中國；你要看一個更純粹、更細緻、更自由活潑、更文明、更人性的中國文化嗎？你必須到台灣去，不是北京上海，不是西安杭州。我們要在國際上生存，唯一的辦法是讓世界看見：傳統中國文化在中國也許被專制落後和老大帝國的劣根所困，在台灣民主自由與現代理性的環境中卻能異樣地煥發燦亮，生命力充沛。這就是「台灣特色」。爲什麼高行健的作品只能在台灣出版？爲什麼雲門舞集只能在台灣發生？中國文化是台灣在國際競爭上最珍貴的資產，我們搶奪都來不及，遑論「去」！

那麼國家認同呢？誰說爭取國家認同必需消滅文化認同？瑞士是個徹底獨立的國家，但它的德語人口並不因爲歌德、貝多芬、托馬斯曼是「德國人」而不去擁抱。反而，當德國變

成一個醜陋的霸權，小小瑞士就成爲德語文化的暗夜燈塔。我們可以反對中共，可以拒絕中國，但是中國文化，或者說漢語文化，對不起，那可不專屬中華人民共和國，它也是我們安身立命之所依。而且，就中華人民共和國對中國文化的破壞紀錄來看，我們可以大聲地說，台灣就是今天中國文化的暗夜燈塔。

過去歷史的傷痕使我們痛，今天中共的壓迫使我們憎，但是所有的傷痕都在我們的心臟上，挖掉自己的心臟是精神病人瘋狂了才做的事。對付異族的入侵，我們或許可以用減法，譬如抗日時高喊「去日本化」；同文同種的相煎操戈，不可能用簡單的減法，因爲一減一等於零。越是強大的敵人，越是需要深沉的智慧去面對。除了減法外，加法、乘法、除法、複雜的函數，我們不是沒有學過。

如果爲了對抗敵人，我們把自己變成一個歇斯底里、全身痙攣的迫害狂或被迫害狂或文化法西斯，除了「中共」兩個放大成夢魘一般的字以外全世界都看不見，這場仗，不打也罷。我們的下一代，已經因爲無法忍受這認同的精神分裂、這政治的潰爛不堪，而選擇冷漠，或者出走。中國不必動武，我們已經被自己的瘋狂打敗了。

人民素質是夢想的基礎

威瑪共和在一次大戰後的德國存活了十四年，十四年中換了十七個內閣，多次的政治暗

殺。美國史學家分析威瑪共和敗亡的原因，是「謀殺、痼疾、自殺」的綜合結果。謀殺是國外的強權勢力，痼疾是本身文化中無法應變的慣性思維，自殺，則是當時政黨的惡鬥、政客的操弄、人民理性思考的喪失。威瑪完了，希特勒上台，德意志民族的浩劫開始。

我無意將台灣比威瑪，但是我看見相似的歷史元素：外力「謀殺」的威脅、本身「痼疾」的無力擺脫，更明顯的是「自殺」的傾向，脖子上纏著權力鬥爭的繩子，毀滅在所不惜，愈纏愈緊。

或許我們都太急了。政客是每天都有的，只要有肉，就會有蒼蠅。政治家，卻不會從天上掉下來。先要有負責任、有見識的公民，才會有負責任、有見識的政治家。一代一代政治家的彼此切磋薰陶，風行草偃，三代之後，才會有心胸開闊、眼光遠大、有智慧有擔當的大政治家的出現。我們現在在哪一個階段呢？兩千三百萬人中有多少負責任、有見識、不被愚弄的公民呢？

幻滅之後，其實又回到根本：人民的素質是所有夢想的基礎。政客不可寄望；公平正義、溫柔敦厚的台灣，華語世界的夜明珠，我們只能把夢想默默地放在每一個人自己的肩上，繼續扛著向前走。

原載於人間副刊，二〇〇三年七月十日至十二日

面對大海的時候

〈五十年來家國——我看台灣的「文化精神分裂症」〉激起了台灣公共論壇上多年不見的辯論。信箱中也塞滿了讀者來信，其中高達三分之一來自海外台灣人。同時文章在中國大陸的網路上流傳，在彼岸也引起一場激烈的辯論。令人玩味的是，這篇文章，在台灣被某些人批判為「統派」思想，在大陸則被指控為「變相台獨」。一篇文章，各自表述，倒是成了時代的一個微小的註腳。

這次辯論有一個令人欣喜的現象，就是參與討論的年輕人特別多，不同世代的年輕人，使得原來環繞著政治與文化的議題平添了一個世代價值交替的新鮮角度。文章所引發的主題很多，中國文化／台灣文化、國際化／本土化、民進黨／國民黨、流行文化／菁英文化、全球化／在地化等等，幾乎這些年來最根本的文化議題都碰觸到了。仔細旁聽兩個多月之後，我也只能針對其中一個重點提一個粗淺的「聽講心得」。

這次論辯是否已經把許多問題爬梳得更清楚，可能不那麼重要，真正值得期待的是一個成熟的論辯文化的出現；去除黨同伐異，就事論事、冷靜深刻的探討，大概是目前眾說皆喧嘩、是非難辨別的台灣最需要的吧。

邊境

我在一九七五年飄洋過海到美國，半年之後有機會從美國到加拿大，在密西根的邊界，只要走過一條橋，就是加拿大。站立在橋這頭，望著那一頭，別人輕輕鬆鬆晃過去，我的心裡卻有無限的震撼：怎麼有國界是這樣的？國與國之間不應該都是難以逾越的汪洋大海嗎？出國不就是「出洋」，不就是「飄洋過海」嗎？外國不就是「海外」嗎？

在政治封鎖的台灣長大，我潛意識中以為所有的國家都是「孤島」。

游泳

到了美國，一個美國同學知道我來自台灣就說：「那你一定很會游泳？海泳？」我愣住了，覺得他問得很奇怪，我不會游泳，而且，不會游泳的人很多；甚至於在南部漁村生活的十年中，很少見到村人在海裡游泳。他為什麼認為來自台灣的一定很會「海泳」？

「因為台灣是個島啊。」他倒覺得我很奇怪。

背海的人

後來我到了希臘，到了塞浦路斯，到了馬爾他島，到了菲律賓，從一個島到另一個島，

看見很多很多的人在海裡游泳，外國遊客和本地村民的老老少少都有。我也學會了游泳，同時想通了為什麼四邊是大海的台灣許多人不太海泳。

在長達三十八年的戒嚴時期裡，台灣的海岸線不是海岸線而是警戒線。從十四歲到二十三歲我住在一個漁村，晚上睡覺時聽得見一陣一陣海浪撲岸的聲音。當孩子們三五成群到海灘上去撒野的時候，總有荷槍的士兵來驅趕，槍上有亮晶晶的刺刀。晚上，海灘更是禁區，因為「共產黨的蛙人會摸上來」。成人經常在海灘上痛哭，撒紙錢，祭奠死於海難的親人。為了「國家安全」，通訊器材嚴格管制，漁民遇到颱風時無法求救。

在「大門反鎖」的國度裡，天災其實往往是人禍。

成長在大海邊，可是對大海的印象很少是明媚的椰子林、豔麗的珊瑚礁、縱身大浪的舒坦狂放；比較多的是：節制與恐懼。

對大部分的人而言，大海意味著自由、機會、創造、資源、力量，海闊天空的萬種可能。靠海的港都往往萬商雲集，或是縱橫天下。對二十世紀的台灣人而言，大海，卻象徵著隔絕與孤立，危險和威脅。當我們談到「台灣海峽」這個詞的時候，立即的聯想不是海闊天空的遨遊——從台灣海峽到巴士海峽到神祕浩淼的墨西哥海灣，這個海峽是我們開啓全世界的一把神奇鑰匙。不，「台灣海峽」所激起的立即聯想是「兩岸」，以及「兩岸」這個詞所蘊含的巨大的滯礙、艱難、困境。我們不是歌頌大海、面對大海、擁抱大海的人；因為歷史

的特殊發展，我們是背對大海、面向島嶼內陸的人。

那是一個很小、很小的「內陸」，但是歷史的制約使我們習慣內陸思維。只有我們的商人，因爲利之所趨必須超越界線，任何人爲的界線，他們不斷地試圖駛向大海。七〇年代的零件商人或者二十一世紀的大企業家，都在面對大海，可是備極艱辛，因爲他們背後的社會，是內陸思維的。

晚至一九八一年，台灣人才有出國觀光的自由。

高雄有一個世界級的海港，可是到今天市民都不能隨興去港邊散步，看遠方日出，看萬國船舶，去張望世界，把大海變成自己生活的院子。

二〇〇二年我看見金門的許多防風林仍舊用警戒線圍起，警告的牌子上畫著骷髏，寫著「地雷」。馬祖有些海灘上還牢牢插著看起來極其險惡的防止登陸的銳利木樁。

譬如「綠島」兩個字，對任何人都應該是一個美麗的地名，讓人聯想海鷗的雪白、森林的濃綠、地衣的清香。可是對我們，我們想到火燒島，想到柏楊的眼淚，想到壓迫和殘酷。大海，對台灣人而言，仍是陌生的，不可親的。多年的「鎖國」，使我們習慣性地背向大海往內注視。

如果說，海洋通常可以孕育出一種比較開闊、大氣、對外在世界充滿求知興趣的外向型文化，那麼，歷史所塑成的是，今天的台灣有海洋，但是並沒有海洋文化。

政治解嚴易，觀念解嚴難

任何有一點知識的人走一趟台灣的海岸線，都會看得出這個島上的人與大海疏離到什麼程度。海泳的人稀少不提，海岸毫無節制地開發利用，各種工程凌亂地切割海岸，抽沙填海，工業污染，海岸線節節後退，國土流失劇烈，這個四邊都是大海的國家，至今沒有宏觀的永續的海岸專法，也沒有保護海岸的專責機構。恐怕世界上找不到另一個海岸線這麼長的國家對於自己的海岸會輕忽到這個程度。

這種輕忽凸顯的是，政治解嚴容易，心靈解嚴、觀念解嚴不容易。只要我們繼續把海岸與「軍事重地」聯想，只要刺刀的陰影、孤立的不安、危險的暗示，仍然在我們心裡存在，只要把大海依舊想像成一堵迫使我們成為孤島的巨大黑牆，我們就會繼續地遠離大海，背向大海，換句話說，就是用戒嚴時期的心態面對自己、面對世界。在這種內視心態的指導下，譬如說，統獨公投法是否通過會成為全國焦點，而海岸法卻無人問津。可以質問自己的是，如果國土都要流失了，海岸都要不見了，統獨有什麼意義呢？究竟孰輕孰重呢？

戒嚴鎖國，扭曲了我們對大海的認知，疏離了我們跟大海的關係，窄化了我們的世界觀。心靈解嚴，意即認識到這種扭曲的存在，重新體認自己是海洋國家的本質，建立開闊的海洋文化。大海，原來不是一堵死牆，而是一條活路，意味著自由、機會、創造、資源、力

量，海闊天空的萬種可能，可以爲我們招來萬商雲集，可以帶我們縱橫天下。大海，是島嶼的無限延伸、家園的流動翅膀。

就如同「綠島」，需要人的努力和時間的洗滌，才能回到它的眞實本意。當珊瑚礁、熱帶魚、湛藍的海水印象漸漸加深，而恐怖和殘酷的記憶漸漸淡去，「綠島」就又是一個「綠色的島」了。解除了觀念、心靈的戒嚴，我們才可能重新看見大海本色，才可能把背對大海的內視眼光收回，轉身面向大海，開闊遠眺。

文化是大河

眼光一放遠，什麼都不一樣了。

「綠島」需要解禁，「大海」需要解禁，「中國文化」更需要解禁。

〈五十年來家國〉的主旨是：建立台灣文化的主體性要用加法，不是減法；要把浩瀚深遠的中國文化吸納進來，爲我所用，而不是將它排除。在多篇反對的文章裡，我看見兩個突出的論點，一是，中國文化等於封建、落後、霸權統治，所以應該排除；二是，中國文化等於菁英文化，與台灣所擁抱的流行文化、大衆文化、鄉土文化不相容。

中國文化等於封建、落後、霸權統治嗎？中國文化只是菁英文化嗎？

或許我們可以參考哲學家卡爾波普對西方文化的說法。他認爲，與其說西方文化是由基

督教思想構成的，不如說西方文化是由反基督教思想構成的，因爲西方文化是一個正反思想不斷矛盾、激盪所形成的過程。它今日的相對開放也是長期的反抗、磨合、激盪和衝擊的結果，不是它所「固有」。中國文化難道不是這樣嗎？中國文化裡，相對於統治文化，有長期的反抗文化；中國歷史只有一半是統治者寫成的，另一半卻是由反抗者、異議者、離心者寫成的。有秦王，就有荊軻；有漢武帝，就有司馬遷；有曹操，就有禰衡孔融；到了近代，有慈禧，就有譚嗣同，有毛澤東，就有儲安平陳寅恪，有蔣介石，就有雷震。中國文化裡，「文死諫，武死戰」的爲「諫」而死一直是一種超越統治權力的信念。

更何況，儒家之外有道家，道家之外有佛學，更何況，連儒家思想本身都是一個兩千年來波濤洶湧不斷辯論、不斷推翻的過程。更何況，相對於漢族有無數其他民族，相對於中原有各方的邊緣邊疆，相對於大傳統有種種的小傳統，相對於朝廷有層次複雜的民間，相對於知識菁英有強悍旺盛的鄉土風情、流民習俗、游俠傳統、娼妓傳奇、庶民文化、流行文化。有聖人孔丘，就有流氓盜跖，莊子更認爲盜跖可能比孔丘還「正統」。顚覆傳統的莊子難道不是中國文化嗎？激烈地要打倒傳統的五四運動不也是中國文化嗎？反傳統不是任何傳統的不可分割部分嗎？

文化是大河，吸納無數支流的湧動，河裡有逆流、有漩渦、有靜水流深之處，有驚濤駭浪之時。不歇止的激盪和衝擊形成一條曲折河道，就是文化。文化不是一塊固體，無法被

「一言以蔽之」地描述為封建霸權或者菁英文化。但是為什麼在今天的台灣那麼多人看見「中國文化」這四個字就起這樣的聯想和認知呢？

供在權力的神桌上

難道不是因為，過去五十年裡，國民黨把「中國文化」的大河，用意識形態僵化成一小塊固體，將它神聖地供起來，而引致許多人今日的反彈？難道不是因為，中華人民共和國給我們帶來的壓迫和威脅，孤立和不安，使得我們對「中國文化」也連帶地反感和厭惡？難道不是因為五十年來政治權力，不管是國民黨還是共產黨，對文化扭曲、疏離、窄化，使得我們即使政治解嚴了，還是以戒嚴的心靈在看待文化？如果說，當年國民黨，和以往的多數統治者一樣，把本來是多源分流的文化湯湯大河抽取其有利於鞏固權力者縮減成一個簡單的固體，那麼今天民進黨政府在歷史教科書中刪除「中華民國」，用閩南語考試等等作法，是不是在做同樣的事情，把文化大河窄化縮小成固體，供到另一張權力的神桌上？

我可以瞭解民進黨試圖把樹枝扭回來的心情，可是，強扭的話，有一天他放手時，樹枝又會強烈地彈回去的。如果艱辛學習了五十年之後，我們所學到的不是認識到文化的大河本象，反而是把原來的固體換成另一個固體，只是在固體的表面塗上不同的藍藍綠綠的顏色，讓文化繼續為政治權力與意識形態服務，讓「海岸線」繼續做「警戒線」——我們根本就沒

有解嚴。

大海國際觀

「綠島」已經在海中綠了幾萬年幾億年了，不是只有那五十年的悲情。「大海」白浪淘盡古今日月，不是只有那五十年的封鎖。「中國文化」與希臘文化、埃及文化、印度文化並列人類文明遺產，大河滾滾，不是只有那五十年的小小的堵塞。時代在考驗台灣人的是，我們有沒有能力擺脫歷史的制約、政治的禁錮，看見大海其實不是圍牆，中國文化其實不是哪一個政權所塑形的固體；有沒有智慧以文化的本質、本象來思考問題，討論未來？

如果能夠，我們馬上就會發現，怎麼面對中國文化，當然是國際觀的一部分。當我們去除了觀念的戒嚴，心胸開闊到能夠正視中國文化這條大河，看見大河本色，我們會知道，大河也能爲我們招來萬商雲集，也能帶我們縱橫四海。如果我們的母語是希臘語或印度語或希伯來語，我們難道不去擁抱那古老浩瀚的大河文明嗎？源遠流闊的漢語文化是人類文明史的少數主流之一，而我們湊巧是漢語的使用者，這豈不是一種智慧祕笈的餽贈？

懂得漢語，有如手中握著一把鑰匙，容許我們開啓一扇不輕易開啓的門，進入大河，泅泳其中。台灣良好的教育基礎、小康的經濟體質、民主開放的價值結構，使得我們從大河出來時，很容易創造出新的花園。故宮的藏品——不管政治的爭論——使台灣成爲世界博物館

重鎮。雲門把台灣的名字帶出去，是因爲雲門讓世界發現了中國舊傳統最活潑的的現代詮釋。蔡志忠的老子漫畫可以用各國的語言進入國際市場，是因爲他讓人們發現東方最古老最菁英的文化其實也可以最現代最通俗。

當我們不用這把鑰匙時，別人會用的。《臥虎藏龍》和《花木蘭》讓好萊塢用了；《三國演義》讓日本人用了，用得爐火純青，使玩電腦遊戲的歐美少年人人熟悉劉備、呂布、諸葛亮，甚至間接促銷了《三國演義》小說原著的英文版德文版。文化的輸出換取利益的輸入，用的卻是中國文化的資本。

二〇〇八和二〇一〇年就在眼前，前後好幾年，北京和上海都將是全世界的焦點——他們將怎樣把中國文化的資源利用得淋漓盡致？對錯好壞是另一回事，但是他們知道手裡有把鑰匙是確定的，鑰匙將引發的風起雲湧是可以預測的，中國文化更加速地成爲國際資源——不管你喜不喜歡——是可以料見的。面對這樣的前景，台灣是順勢搭中國文化的便車、迅速找到自己的位置呢，是把臉轉向島嶼內陸拒看呢，還是，繼續爭吵歷史課本要不要刪除中華民國、國文作文要不要廢考、用漢語還是通用拼音、公投像不像文革？

沒有人說，中國文化是台灣的唯一「處方」。如果一定要有「處方」的話，台灣的「處方」是開闊的大海國際觀，而如何善用中國文化根本就是在考驗我們的國際視野與能力。

台灣文化的核心精神

台灣文化要建立自己的主體性，要和中國文化有所區分，恐怕不僅只在於我們所樂談的歌仔戲、布袋戲、宋江陣、烽火炮或者放天燈。這些都是重要民俗技藝，我們要全力保存、發揚，但是他們不是源自中國，就是和中國各地方或東南亞各國極其相似。要和中國文化區分，更不是將「中華民國」刪掉或者把中國史編成外國史就能做到。相反地，由政治權力來主導歷史和文化，反而凸顯此刻民進黨執政的台灣和集權中國是一種文化。

我相信台灣文化的主體性必須建立在自由民主的價值觀上。走過日本殖民和國民黨的威權統治，我們已經逐漸有了一個共同的價值觀，雖然還不是非常的紮實穩定。那個共同的價值觀包括，譬如說，相信個人價值不低於集體國家價值，相信政府必須受到嚴格監督，相信決策過程必須尊重民意、而且公開透明，相信公器不能私用、權力不能濫用，相信弱者必須受到保護，相信法律之前人人平等，相信文化必須依靠和平的累積而非激烈的革命，相信多元的信念、語言、文化、種族等等，必須，絕對必須，受到平等尊重。

我們不只相信，我們還盡力地做到。使今天的台灣文化和今天的中國文化不一樣的，是這些價值，還有這些價值眞正落實的程度。在這個價值的基礎上，文學、藝術、學術、思想等等，得到它不同的發展面貌；也是在這個價值基礎上，鄰里關係、公民行爲、商業倫理、

城市風貌，得到它不同的氛圍。自由或不自由，對人尊重或不尊重，開出來的現代文化就是不一樣。華語的中國傳統文化落在這些新的人本價值基礎上所開展出來的新文化，就是台灣文化。

以民主自由、開放多元爲最高價値，優先次序會很不一樣：海岸法可能比公投法還迫切；根本解決原住民的劣勢處境、對原住民文化與生存哲學謙卑地去瞭解和學習，還給原住民平等和尊嚴，可能比改不改國號來得重要；公民素養的培養、國際觀的建立、全民藝術教育的落實、基礎科學和高科技的研發、經濟政策的徹底國際化以提升競爭力等等，可能比在教科書裡更改歷史急迫重要得多。

歷史當然可以更改，但是，在一個自由開放的社會裡，歷史的更改要經過長期的論辯與溝通之後而行。那個尋找共識的過程就成了凝聚社會的力量。民主社會與極權社會有一個根本的不同：在前者，過程比結果還要受到重視。

歌仔戲還是京戲，閩南語還是北京話，台灣共和國還是中華民國，民進黨還是國民黨，都是表面形式罷了；如果開放、寬闊、容忍、多元的價值不成爲文化的核心內容——譬如說，如果我們覺得從中國大陸偷渡來台的孩子們落水溺死是活該，如果我們還是以一個新的固體取代舊的固體，僵化狹隘依舊，觀念戒嚴依舊，鎖國心態依舊，我不知道談台灣文化有什麼意義。

綠島是綠島。大海是大海。中國文化是文化。讓我們心靈解嚴吧。

原載於《中國時報》焦點新聞版，二〇〇三年九月二十九日

當本土文化放出光芒

二十世紀末的台北，看起來已經是一個國際城市。耶誕節有狂歡舞會，歲末有分秒倒數、香檳酒四溢。街上走著頭髮金紫紅綠的少年，南瓜和化裝遊行點綴著萬聖節，每條街找得到日本料理。但是台北，是不是一個國際城市？

我想它不是的。它把耶誕節的喧鬧移植進來，卻移不進藏在喧鬧下的宗教情操；它把龐克髮式移植進來，卻帶不來髮式下對制式思維的質疑；它把萬聖節的狂放移進來，卻體會不了狂放下原有的秩序和自律；日本飲食背後蘊含的專業與細緻也被排除在日本料理之外。台北的國際化只是表象的拼點。

而台北的國際表象來源極狹窄：美國和日本。美國和歐洲之間存在著巨大的差異，卻被習慣地視為整個西方文化的唯一代表。日本之外的亞洲國家，不管是印度或者泰國，很少人有興趣。非洲的殖民史和台灣史其實有許多共同的艱辛經驗，少有人理會。中東的回教文化在下一個世紀中將扮演什麼角色，歐盟統一對美國霸權挑戰會帶來什麼樣的新秩序，這個新秩序將對我們造成什麼樣的衝擊，了解的人不多。一個文化若是沒有自己獨立的國際觀，就

是一個附庸性格的文化。

台北的國際表象還有一個特徵：美日文化單向輸入，卻缺少本土文化的輸出。從形而上的哲學和藝術到形而下的汽車與飲食文化，美日籠罩性的影響無所不在。相對之下，台灣文化在國際上卻微小得看不見。台北的國際表象仍有「被殖民」的弱勢文化色彩，被動接受的多，主動給出的少。

那麼，如何才是眞正實質的國際都會呢？倫敦、巴黎、羅馬的城市史淸楚地告訴我們：沒有一個國際城市不植根於自己的本土文化。大倫敦吸引了全世界的旅人，因爲它有狄更斯、華茲華斯、奧斯汀、布朗寧——這些人，是倫敦的本土作家。巴黎成爲國際的藝文中心，因爲它有羅丹、馬蒂斯、雷諾瓦——這些人，是巴黎的本土畫家。羅馬是一個國際的文化重鎭，因爲它有米開朗基羅、達文西——這些人，是羅馬的本土藝術家。當本土文學家、藝術家和思想家的作品，在品質上達到最成熟卓越的時候，它就成爲國際的文化寶藏，自然而然地向四面八方發出光芒。

國際化的開始，就在本土文化的深耕厚植。可是本土文化要達到成熟卓越有一個必要條件：它得有百川不拒的包容氣魄和寬宏視野，因爲所有外來的文化對本土文化都是撞擊、刺激、競爭、影響。本土文化需要外來文化來茁壯自己。我們的歌仔戲可以成爲國際尊重的表演藝術，只要它能在藝術創作上登峰造極，而在藝術創作上登峰造極，它必須有一個多元的

環境：西方歌劇、日本歌舞伎和能劇、中國大陸各形各色民間傳統戲曲……都是歌仔戲觀摩和競爭的對象。可是如果本土文化被壓縮成一個狹義的、排他的本土，這個文化不太可能有高的境界。源源不斷的，方是活水。

有一天，也許台北人重新找回自己節慶的內在韻律：七夕連著中國人含蓄的愛情表達，中秋連著中國人自己的倫常關係，春分冬至連著農家對季節和泥土的愛戀與敬畏。有一天，也許台北人重新找到自己的傳統與神話：原來廖添丁比羅賓漢還傳奇，郁永河比魯賓遜還浪漫，周夢蝶比披頭四還顛覆，媽祖的慶生祭典與羅馬教堂的盛宴一樣美麗而崇高，朱熹誕辰八百年比歌德兩百五十週年還重要……有一天，也許台北人發現，走在敦化南路欒樹綿延的人行道上時，這個城市，因為有共同的記憶和歷史，因為記憶和歷史在生活中深深沉澱，沉澱成文學和藝術和戲劇，它散發出一種光芒；這種光芒，巴黎的香榭大道有，倫敦的泰晤士河岸有，紐約的公園大道也有。

寫在台北市文化局成立前夕，原載於《聯合報》，一九九九年十一月六日

冷眼素書樓

將來研究台北史的人會在台北大事紀中讀到：民國九十一年三月二十九日，台北市長馬英九與錢穆夫人在素書樓共同植下一株松樹。植松之前，市長鄭重地說明了錢先生從未「占用市產」，並且爲錢先生晚年所受的侮辱正式代表政府向錢夫人道歉。

素書樓草坡上聚集了政府官員、清流學者、媒體記者，還有錢先生的門生故舊。絲竹的音樂流轉，鳥聲也清脆，這是一個風和日麗的暮春午後。

可是我心心裡卻有所鬱鬱不樂。

這算什麼呢？人活著的時候，以最粗暴的方式對待，人死後，再去紀念他尊崇他。這樣的例子，當然歷史上很多，但是在自己的時代、自己的社會中發生，仍然令人覺得不堪。歷史的諷刺，難以迴避。

民國二十六年，在國難如焚、萬里流離中，錢先生抱著稿紙在曠野中奔跑躲警報、在破廟中埋首寫國史，用心有兩重。一是用史實來證明所謂「中國貴族封建二千年皆專制黑暗之歷史」的論述謬誤。他深深認爲，在「貴族封建」的制度背後其實蘊含著相當深厚的理性精

神。另一重則是希望透過書寫來補足國民對「歷史智說」的嚴重缺乏。因爲不說歷史，所以政治人物「率言革新……僅爲一種憑空抽象之理想，蠻幹強爲，求其實現，鹵莽滅裂，於現狀有破壞而無改進。」他堅持，對歷史的眞切認識是進步的基本。

素書樓修繕完工要重新開館了，總得有個「素書樓沿革」吧？可是素書樓的沿革是什麼呢？我們今天在草坡上致歉、獻花、植樹、洗刷錢先生的污名、發願光大錢先生的文化理念，並不能擦掉已經發生過的歷史：這個城市曾經把一個象徵文化傳承的大儒掃地出門，冷眼看他在目盲體衰、老弱受辱的處境中倉皇辭世。

素書樓的沿革其實很冷酷地印證了錢先生最擔心的歷史現象：表現上的「貴族封建」，可能在背後卻有結實的理性運作，而表面上的「自由民主」卻可能隱藏著文化的粗暴與權力的專斷。

「凡對於已往歷史抱一種革命的蔑視者，此皆一切眞正進步之勁敵也。」對歷史蔑視的革命家和政客在進行「革新」時，毀滅的力道可能特別強大。

也就是說，我們的民主政治可能比從前的專制體制更缺少文化的溫柔與深沈，這是多麼令人鬱結不安的印證。

在素書樓的草坡上重展錢先生舊作，發現他在六十三年前就寫過：「革命黨人……只挾外來『平等』、『自由』、『民主』諸新名詞，一旦於和平處境下加入政府，乃如洪罏之點

雪，名號猶是，實質遽化。其名猶日政黨民權，其實則爲結黨爭權。」

對於歷史和權力政治既有這樣透徹的認識，錢先生在晚年受辱之時，恐怕心中還是清澄明亮的吧？素書樓所留給我們的卻是無窮的不安：那由於缺乏「歷史智識」而「蠻幹強爲」，而「鹵莽滅裂」的人，太多了。

原載於《聯合報》民意論壇，二〇〇二年三月二十九日

兩個文人在台北

二〇〇二年十月一日，北京在慶祝國慶，台北在爭吵拼音問題，兩位諾貝爾文學獎得主，高行健和沃克特，卻在台北一個安靜的角落裡進行深度對話；這一切，有意義嗎？

邀請高行健來任台北駐市作家時，他尙未得獎。邀請沃克特來訪主要也不在於諾貝爾獎；諾貝爾獎不是一個絕對的美學標準，因爲文學有太多不可翻譯之意，因爲文學難有一個放諸四海皆準的尺度，因爲一個獎的決定可能還包含了很多非文學的因素。

沃克特對台灣可能帶來特別的啓發，不是由於我們對一個大獎的迷信，而是由於沃克特本身的經歷與我們有太多共通的詞彙：他生長在一個海島上，這個海島曾經是原住民的鄉土，然後不斷地被強大民族統治，法國人走了，英國人來了；英國人走了，自己獨立了，民主了，卻又在無盡的內鬥和內耗中對自己人製造新的壓迫。

在這樣的環境裡，沃克特從前對殖民者的批判轉化爲對新的政治正確的抵抗。他以英語而不以鄉土語言寫作被批爲不夠本土、不夠愛國、不夠「土」，而他則固執地不斷地說，作家不需要對任何主流意見屈服，作家只聽他自己內在的聲音，他有權利選擇自己的文化認

同，不論正確不正確。

怎麼聽起來似曾相識呢？去年高行健來台北任駐市作家，談他的「沒有主義」時，不也一樣透露出對任何形式的壓迫的抗拒？沃克特不輕言殖民與被殖民或統治者與被統治者的對立，因爲他不願意簡化歷史，因爲他知道：壓迫往往來自同一個種族或內部。高行健在北京創作時就與主流格格不入，至今被視爲異端，排斥於他的祖國之外，他的處境簡直就爲沃克特的史觀提供了具體的例證。這樣的人談「沒有主義」，既深刻，又有無盡的辛酸。

讓北京的政治人物慶祝建國五十三週年吧，讓台北的政治人物去爭吵拼音適不適用吧。沃克特和高行健的台北對話，沒有高亢的語調，沒有煽動的激情，兩個在國際上舉足輕重的文人相聚台北，可能是一個幽幽的提醒：歷史很複雜，不可簡化；自由很脆弱，不可玩弄；外面的世界很大，不可短視。

二〇〇二年十月一日

台北在發生中

線索

看城市，有很多線索。

一個城市可能有氣派輝煌的高樓林立，但是如果一場短短的夏日雷陣雨就使得市區淹水，得撩起褲腳過街，你就知道，嗯，下水道系統沒做好。大部分的市長們喜歡先做地面上大家看得見的美麗工程。

如果你經常走過深宅大院，大院門禁森嚴，站著軍警，而當地人說，「不知是什麼機關用地」，或說，「又是哪個大人物的家吧」，你可以猜到，這個城市的權力可能還掌握在少數人的手裡。

如果整個城市的街道規劃以教堂或寺廟爲中心，這可能是，或者曾經是個神權很大的城市；如果政府大樓佔據著城市中心，而且氣勢凌人，這可能是個政權獨大的城市。如果政府的建築昂貴華麗而市民住宅粗陋擁擠；如果公共設施譬如圖書館、美術館、游泳池，都關了

門；如果人行道高低不平、雜草叢生；如果行道樹很多或者很少；如果房子的漆全剝落了而破窗很多；如果市政府網頁上全是過期的資訊和打不通的電話號碼；如果街上看不見一隻流浪狗，沒有一隻走失的貓……

每一個「如果」都是線索。

在新加坡市區繞了一圈，我收回眼光，問身邊的年輕人，「新加坡政府有規定市民每幾年必須油漆自己的房子吧？」

他搖搖頭，說，「不會吧？好像沒有。」

我不太相信。一排又一排的民宅，各屬所有，但是顏色繽紛的粉牆卻有一致的深淺。問了政府官員，果然，「有的，按照規定，每五年必須粉刷一次。」

這個「有的」，又讓我更認識了新加坡。

每一個有或者沒有，都在告訴你這個城市的身世，不說出來，不寫出來的身世。並非有意的隱藏，而是，屬於這城裡的人，因爲身在其中，反而往往說不出自己的輪廓。

那麼，台北這個城市，給人什麼「線索」呢？

空間。對所有欣賞城市的人我說，去，去看台北的城市空間，看你能發現多少隱藏的故事。

民主是看得出來的。選舉時的舉國若狂，抗議時的激烈叫囂，每日媒體的尖銳評論，或者倒過來說，廣場上很少偉人銅像，牆壁上沒有政治標語，節慶中不見呼喊口號。但是更細心的人會發覺，民主其實默不作聲地改變了城市的面貌。

政治不透明的城市，它的城市也是不透明的。因爲缺少強有力的監督機制，權力在握者可以霸佔公有財產，公共建築可以長期閒置浪費，政府或軍方用地可以無限地擴大，土地歸屬可以任意決定，結果就是，小市民永遠只認識自己半個城市，因爲另一半根本是個「看不見的城市」。這種感覺最顯著的，大概是集權力於一身的北京——紫禁城、中南海、胡同深處看不見底的肅穆的高牆。

而台北，是一個正在被「打開」的城市。

台北之家

打開門就費了半天勁，那破敗的鐵門已經歪倒，但是用鐵絲纏著，連鐵絲都鏽透了。這是雍容華貴的中山北路，公元兩千年的一個下午。鐵門撬開，帶點腥氣的叢林氣味撲面而來。野草與蔓藤糾纏怒長，比人還高。叢林深處是洋樓，斑駁的牆壁因爲漲滿了樹根而裂開，窗葉脫落懸在半空，屋頂整片頹敗塌陷，一棵樹從屋裡長出，高高伸出屋頂，枝葉繁茂。

我們穿了靴子，因爲草叢裡會有蛇。同仁拿著一把鐮刀，爲我開路；進入草叢，全身起紅斑，但我清楚看見，那株伸出屋頂的樹是從客廳的壁爐開始長起的。壁爐，從一九七八年美國與中華民國斷交那一天開始就不再有火。

這棟廢樓，美國大使官邸，曾經怎樣地主宰過台灣人的政治命運——韓戰、劉自然事件、退出聯合國、中美斷交，沒有一件是令人驕傲的事。但是同樣在這棟廢樓裡，當年許多年輕的作家藝術家找到理解與支持；美國以強勢文化爲台灣拓寬視野，提高品味。管你喜歡不喜歡，這棟荒廢了二十二年曾經象徵權力的「鬼屋」是台灣史的一個無可取代的見證。

老屋頹頹欲傾，那攀爬的強勁野草就足以把它拉倒，要在市府內編列預算修復是來不及的。企業家張忠謀承諾了六千萬，他沒有問任何問題。

他沒有問任何問題，但是三年後，在一次晚餐桌上聽見他評論一個美國學者的近代史觀，我靜靜聽著卻突然覺悟，啊，當年他不發一言就捐給台北市六千萬，不只是因爲想回饋社會，原來還因爲他讀史，懂史。

台北之家開門了。從前氣氛肅殺、警衛密佈的權威空間轉化成台北人的小客廳。藝術家在這裡浪漫慵懶流連，作家來這裡發表新書，導演來這裡談論電影，國際的學者來這裡演講，市民來這裡喝一杯下午茶，樹影因風而動的時候，他隱約覺得這個城市還不錯，尤其是當他發現，名滿天下的侯孝賢吊兒郎當地就坐在角落裡抽煙。

權威從城市裡退出，把空間讓給了市民。市長官邸變成市民的藝文沙龍，市政府大樓變成當代藝術館，廢棄的辦公房舍變成國際藝術村等等，都還只是「打開」台北的起點而已。正在發生中的還有國營事業和軍事機構的撤出都市核心。佔地廣大的松山菸場、建國啤酒廠、三軍總醫院已經遷走，仁愛路上黃金地段的空軍總部也將空出。中央政府各部會和附屬機構，還有國營轉民營的事業機構譬如台灣銀行，手中更擁有不知其數的公共財產，仍藏在那「看不見的城市」裡，等待開啓。

寶藏巖

從威權到民主，台北正在逐漸打開自己的城市。一方面權力讓出空間，一方面市民本身的空間開始有新的價值界定，寶藏巖是一個里程碑。

很難相信這是台北：一座小小山頭，高高低低蓋起了房子，像沒拿過劑子的人自己砌起來的，東歪西倒。蜿蜒的山道，歪曲的水溝，忽高忽低的石階——這，是貧民窟嗎？台灣導演們對這裡很熟悉，因爲他們用這山村做背景拍了一部又一部的電影，顯然寶藏巖藏著我們的童年記憶：因爲貧窮，所以有物質的極度匱乏；因爲物質匱乏，所以空出了位子給最虛幻的想像，最敏銳的感情、最脆弱的依戀。它是一座感情博物館，活的。

可是，山頭是公園用地，房子是違章建築，依法行事必須全面拆除。村落裡的老兵早已

凋零殆盡，殘存的老者依賴村人捨不得走。

台大的師生開始和老人做朋友，爲村子作傳，村人開始組織互助。政府開始安置村民到國宅居住。但是，有許多長者，想在這野村裡終老。

這個台北市的「調景嶺」，値不値得保存？在工程的尺度上，它是一個單純的違章聚落，在文化的考量裡，它是什麼？

貧窮與卑微，是不是也値得紀念？底層的庶民，那流離失所的、孤苦伶仃的，是不是也値得我們作傳？

爲什麼不呢？再貧窮再卑微，難道不是共同走過的歷史？而爲底層的庶民作傳，表達同情與敬意，難道不正是文化的核心價値？

寶藏巖在二〇〇二年被指定爲歷史建築，得以保存。

將來的台北人會到寶藏巖踏青，在濱水的草地上攤開毛毯，和家人吃帶來的三明治，然後去看年輕的藝術家在那極端儉樸的環境中創作，窗上門上掛著他們的作品。在走那忽高忽低的石階時，他會低頭告訴牽著手的孩子：上個世紀五〇年代的台北人就住過這樣的地方。

北投的溫泉館、龍山寺旁的青草巷、美術館旁的台北故事館、中山北路旁的蔡瑞月舞蹈社，和寶藏巖一樣，都是市民價値的重新界定。二二八紀念館，更是。如果不是民主，權力不會退出，台北仍會有那半個被權力所隱藏的「看不見的城市」。如果不是民主，庶民不會

有人作傳，寶藏巖，早被剷平了。

正發生

懂得探索城市的人，來到台北，可以這麼走：從北端的故宮往南，經過張大千故居、錢穆、林語堂故居、走過有史前遺跡和清朝古墓群的芝山岩，到規劃中的士林音樂廳，在蔣宋故居和官邸花園休息一下，再折向台北故事館、美術館，流連一下台北之家，逛到後面蔡瑞月舞蹈社的日式建築和當代藝術館，看一看左邊的國際藝術村，拐幾個彎到一下二二八紀念館，再往南到紫藤廬喝杯茶，最後在寶藏巖的青青草坡上坐下來看夕陽下山。走完這條貫穿南北的軸線，他已經窺看了整個台北文化史：有古典的中國，有草莽的台灣，有殖民的日本，有驕傲的美國；有歷史的傷痛，有重生的歡悅；有菁英的石破天驚，有庶民的胼手胝足。

但是，我多麼希望有更多的「線索」可以被留住。短短一條貴德街和延平北路，藏著台北的茶葉史、美術史、歌謠史、政治史、文學史。二二八中受難的王添灯、寫〈望春風〉的李臨秋、作曲家鄧雨賢、文學的先驅張我軍、協助建台北城牆的李春生、為台灣自覺啓蒙的文化協會和蔣渭水，都在這兩條街上住著走著，都曾經用他們的生命讓這個城市豐美可愛——你可以想像台北沒有「望春風」嗎？

是，看一個城市有很多很多線索。李臨秋的故居上連一個牌子都沒有，表示這個城市不太珍愛自己的身世；貴德街沒有街史表示這個城市的「本土意識」還不夠成熟。李春生教堂半夜被粗暴偷拆，表示這個城市的市民對文化價值還沒有共識而官方的文化法令還不夠完善；國際藝術村成立了，表示這個城市有某個程度的國際視野；如果台北之家的服務不夠周到或者當代藝術館的展覽不夠細緻，表示這個城市還在學習下一課——

什麼是下一課？

越來越多的公共空間由政府轉給了民間經營管理，代表社會進步。民主政府之所以存在是爲了培養民間力量。不給游泳池，沒有人能學游泳。因此即使是一時的失敗，都是我們必付的學費，否則，民間永遠長不大，政府永遠是那掌權者。半個城市，會繼續「看不見」。可是政府權力退出公共空間只是一個階段，公共空間由民間接手，民間是不是有能力創造出有品質的公共空間，是一個巨大的考驗。對民間的問題是，他能不能做科學的數字管理？他能不能提供有效率、有品質又有創意的服務？對政府的問題是，在引進民間活力的同時，他能不能避免公器私用而保護公衆的利益？在活絡商業機能的同時，他能不能保障文化的純淨？

這下一課才是對公民社會的眞正測驗。

公共空間回到市民手中，有些城市早已完成，有些城市根本還沒開始。在台北，它正在

發生。還有什麼比正在發生中的城市更精彩？

線索，眞的很多。細細看。

原載於人間副刊，二〇〇三年八月二十八日

是野馬，是耕牛，是春蠶

——為雲門三十年而作

祕密

一九九二年的早秋，我在法蘭克福的「世紀劇院」看雲門的〈薪傳〉。滿座，而且，演出結束時，滿場觀衆起立熱烈鼓掌，久久不肯離去。

歐洲的觀衆是苛刻而不講情面的。我曾經在羅馬看《卡門》的演出，導演的手法笨拙，中場休息時，觀衆面帶慍色，站起來就往外走，邊走邊罵。再開場時，一半的位子是空的。給雲門的掌聲一陣一陣的，在大廳中迴響；林懷民出場時，掌聲像油鍋開炸，轟地起來。他很瘦弱，剃著光頭，穿著布衣，對觀衆低首合十，像一個沉默的慧能。

雲門舞者深深、深深鞠躬；歐洲觀者長長、長長鼓掌。對於許多許多人而言，這是第一次驚訝地發現，「台灣」兩個字除了「蔣介石」和「廉價成衣」之外，竟然還有別的東西，而且是這樣一個可以直接與歐洲心靈對話的藝術。

如果這是一支來自芝加哥或者巴黎或者倫敦的舞團，那麼今晚也不過就是一場「傑出的

舞蹈演出」罷了。西方各國對雲門的評價就在它的藝術成就：它是「亞洲第一當代舞蹈團」（《泰晤士報》）；「世界一流舞團」（《法蘭克福匯報》）；「一流中的一流舞團」（《雪梨晨鋒報》）；「雲門之舞舉世無雙」（《歐洲舞蹈雜誌》）。

人們還在喊叫「Bravo」，我在群衆中，看見的卻不僅只是雲門的藝術成就。這些歐洲人不會看見的是，雲門舞者躍上舞台前所穿過的幽幽歷史長廊；舞者背上的汗、腿上的傷、深深的一鞠躬裡，藏著藝術以外的民族的祕密。

「窮孩子」文化

林懷民很敢。他敢在一個認爲男孩子跳舞是不正常、女孩子跳舞是不正經的極端保守封閉的時代裡，脫下衣服，露出肌肉，大聲說：「我有一個夢，要創立一個中國人的現代舞團。」這是開風氣之先。

他也敢，在一九七三年中山堂第一次公演中，對不該閃而閃了鎂光燈的滿場觀衆說，我不跳了，「落幕重來」。這是對群衆的不假詞色。

林懷民很固執。當他認定了〈九歌〉需要一池活生生的荷花長在舞台上時，他就開始種荷花，從培養爛泥開始。這是對藝術品質的不肯苟且。

爲了演出先民「胼手胝足」的墾荒精神，他讓舞者離開舞台地板，到新店溪的河床上搬

石頭，用身體感覺石頭的粗獷。這是把藝術當作身體力行的修練。

他把人們認爲最前衛、最精緻的藝術帶到鄉下，在廟前搭台，演給赤腳的孩子、駝背的鄉婦、戴著斗笠的老農看。他專注地演出，有如在爲一位顯赫的王子獻藝。這是以藝術度衆生的大乘實踐。

在亂世中成長的台灣，到了一九七〇年代，還是「窮人家的孩子」。「窮孩子」的文化特色就是，用野台戲的方式過日子：燈鬆了嗎？用膠帶綁一綁。碗破了嗎？將就用著吧。顏色不協調嗎？無所謂啦。螺絲尺寸不對？差不多就好。野台戲演完之後，一地的瓜皮紙屑，讓風去決定去向。「窮孩子」文化也許個性十足、自由愜意，但它同時是封閉保守的，因爲他沒見過世面；它是將就苟且的，因爲他貧窮；它是短視淺薄的，因爲眼前的生存現實太壓迫，他無力遠眺。

鄉下出生的林懷民，顯然把這一切都看在眼裡。三十年來，他沒有一個動作不是在試圖改變「窮孩子文化」中的侷限。他不說教，只是默不作聲地做給你看：新鮮的觀念——來自美國歐洲、來自印度印尼，他不斷引進；對於品質的要求，他一絲不苟；對於群衆的文化權利，他恭敬地奉獻，但是同時嚴格地要求群衆盡他應盡的義務。三十年不動聲色的教化，我們看見了「窮孩子」的蛻變。他一方面闊步往外，在國際的燈光裡瀟灑顧盼；一方面往內下鄉，影響所及，五萬人可以爲一場現代舞聚集到一個廣場上，聚集時井然有序，安靜禮讓，

離開時沒有雜沓的喧囂，地上沒有一片紙屑。「窮孩子」已經學會自信地與自己相處、落落大方地面對世界。

西方的藝術評論者看見的是一個傑出的舞團，一個一流的編舞者。我們心裡明白的是，不只啊，如果你知悉我們的過去，你就會知道，雲門是一個文化現象，林懷民是一個「新文化運動」的推動者。他不是唯一的，但是在二十世紀下半葉的台灣文化史上，他是一個清清楚楚的指標。

林懷民推動「新文化運動」，但是什麼推動了林懷民？一九七一年影響了一整代的台灣菁英：陳若曦、劉大任、張系國、王杏慶、馬英九……。釣魚台給了日本，激起無數年輕人的民族意識，保釣運動成爲很多人政治覺醒的「成年禮」。年底，台灣退出聯合國，一個更大的震撼，原來已被激起的比較浪漫的民族意識，聚焦成爲非常具體的對台灣前途的強烈關注。是這個時候，二十四歲的林懷民「覺得對自己的民族，對曾經滋養教育他成長的社會，應該有所回報」。七二年回國，七三年，台灣就有了雲門。

彎腰撿耳環

有理想抱負，希望對社會「有所回報」的年輕人很多——我們那個年代的知識青年，讀胡適之、蔣夢麟、羅家倫的書長大的青年，幾乎都是這麼想的，但是說得出、做得到的人可

是少數。尤其是文化人，通常多是「思想的巨人，行動的侏儒」，愈是天馬行空、創意奔騰如野馬的人，愈難做出事情來，因爲「做事」，需要的是謹愼仔細、步步爲營、耐磨耐操、永不放棄的毅力，像耕田的牛。同時具有野馬和耕牛性格的人，簡直就如絕崖峭壁上的紅牡丹，難得。

林懷民三十年來編舞不曾斷過，藝術家「野馬」的部分持續煥發，而企業家「耕牛」的部分亦步亦趨。經營一個舞團需要什麼？從場地租賃、人員培訓、廣告公關、財務運用到國際宣傳，有千千百百個細微枝節必須統籌；募款，更是沉重負擔。到三十年後的今天，雲門仍須花很大的精力籌措每年的開支。「耕牛」仍套在磨上轉著。

在我還不認識林懷民的時候，曾經聽人說林懷民「身段很軟」，「他陪幾個雲門的『金主』看演出，一個『金主』的耳環掉在地上，林懷民彎下身去滿地找。」講這故事的朋友流露出一種複雜的情緒，似乎一方面讚嘆林懷民的爲了理想能屈能伸，一方面又彷彿在宣稱，我的腰，可彎不下來。

在認識了林懷民這個人以後，我就發現，啊，那個朋友錯了。林懷民不只是會爲一位「金主」彎腰去找她失落的耳環，他也會爲一個菜市場的老婦彎腰去撿起一根掃把。當我自己在台北市文化局當了三年家之後，我又發現，唉，「彎腰撿耳環」是了不起的情操；有時候，「耕牛」比「野馬」還要偉大，因爲「野馬」的才氣縱橫容易得到掌聲，「耕牛」的忍

辱負重往往在人們看不見的幕後，黯淡的角落，它更寂寞。

大

雲門慶祝三十週年，要推出〈薪傳〉的盛大公演。有人說，嗯，多麼「政治正確」的一齣戲啊，在這時候推出。說這話的人們，實在小看了林懷民。

充滿了「台灣意識」的〈薪傳〉在「大中國意識」籠罩的一九七八年首演時，是多麼的「政治不正確」。而林懷民當年也不是爲了政治的對抗而做〈薪傳〉，創作的動機是完全個人的：「那一年，我受傷了，撐不下去，就出國了。在國外想家，回來就編了〈薪傳〉。」在寂寥的國外所想的「家」，當然不會是長江或黃河，當然會是濁水溪或是新店溪。鄉土文學開始興起，「我們的歌」開始流行，大學生開始下鄉關懷本土，雲門演出台灣先民的墾荒史詩，都不是當時政權所樂見的發展，雖然那是人心之所趨。〈薪傳〉的嘉義首演，與中美斷交發生在同一天。巧合，卻充滿象徵意義：台灣往後長達數十年的孤立開始，台灣人試圖從自己的土地上尋找力量，同時開始。

林懷民創作的起點，其實是古典中國。本於莊子的〈夢蝶〉是他第一個作品。「雲門」的命名來自中國文化的根源，「黃帝時，大容作雲門」；「雲門」是中國最古老的舞蹈。雲門草創，演出的宗旨是「中國人作曲，中國人編舞，中國人跳給中國人看」，推出的是〈李

白夜詩三首〉、〈寒食〉、〈奇冤報〉、〈哪吒〉等等充滿古典中國人文情懷以及民間傳說的作品。但是林懷民很早就發現了台灣本土的文化養分。在演出〈哪吒〉的同時，他在採集〈八家將〉——那個年代，誰把「八家將」當一回事？在排練〈武松打虎〉的同時，他在研究〈吳鳳〉；發表〈夸父追日〉、〈孔雀東南飛〉的時候，〈薪傳〉已經在醞釀；〈女媧〉的演出，與〈廖添丁〉只差幾個月。

還沒有人高喊「台灣意識」的時代裡，林懷民已經在執行「台灣意識」的落實。在「台灣意識」變成口號、人人搖旗吶喊的時候，譬如三十年後的今天，林懷民演〈薪傳〉、演〈我的鄉愁我的歌〉，但是也演完全不符合「台灣意識」的〈紅樓夢〉、演〈九歌〉、演〈水月〉。在還不太有人談原住民的權利的時代裡，他編〈吳鳳〉；知道了「吳鳳」傳奇對鄒族人的不公之後，他停演〈吳鳳〉，並且上山採集鄒族音樂，融進〈九歌〉。在中國逐漸被台灣「妖魔化」的年代裡，他爲坐監十八年的魏京生寫〈致魏京生〉，爲天安門六四的死難者作〈輓歌〉。

說林懷民「政治正確」的人，實在小看了林懷民。雲門的傑出不是偶然的。任何人的傑出都不可能是偶然的。林懷民的成就，在一個「大」字，大視野，大胸懷，大氣魄。對於兪大綱爲他開啓京劇的世界，他說，「做爲一個創作者，我從其中得到很多，如果沒有這些寶貴的東西，『雲門舞集』什麼都不是，充其量只是美國現代舞的一個翻版。」他像一條湯湯

大河，沿路吸納千溪百川——中國的、台灣的，古典的、生活的，國際的、本土的，西方的、東方的——然後奔流入海，吐納山川。一個緊跟「政治正確」、追逐潮流的作者，能成大器嗎？

不是抉擇

雲門三十年，林懷民從二十六歲變成五十六歲，仍在奔波。看著他消瘦的臉，我不忍心地問：「籌款順利嗎？」他一貫地「大事化小，小事化無，」說：「可以過，可以過。」「可以過」的後頭，我當然知道，是一隻身心疲憊的「耕牛」。三十年中，我在國外看過多少次雲門的演出，看過多少林懷民給「台灣」兩個字帶來的榮耀。我想問，外交部一年有接近三百億的預算，請問這三百億給台灣、給我們，帶來了什麼？

雲門三十年，林懷民從二十六歲變成五十六歲，他不再是〈寒食〉裡頭那個英氣逼人的書生，他在蒼老。「窮孩子」文化還不夠成熟，社會給予的養分還不夠厚，林懷民無法從容不迫地生活。眼看著又是一個「春蠶到死絲方盡」的不是抉擇的抉擇。三十年中，他像個開山始祖一樣培養出許多許多頭角崢嶸的舞團。可是，那個大視野、大胸懷、大氣魄的新的二十六歲的「林懷民」在哪裡？你看見了嗎？

原載於《天下雜誌》二八〇期，二〇〇三年八月一日

當權力在手

我是一個有筆的人。筆，是一種權力，它可以針砭時事，裁判是非，它可以混淆誘引，定奪毀譽。

做爲政務官的三年三個月三天期間，我封筆不作，停止評論。不是因爲行程太忙，而是對權力另有思索。

開始整頓二二八紀念館的管理制度時，像打翻了一個蜂窩一樣，攻詰與批鬥撲天蓋地而來，語言激烈，聲勢凶猛，社論、評論、專欄、投書，在特定的報刊上一篇接著一篇出現，甚至結集出書，充滿了政治的黨同伐異。這種鬥爭的語言使我想起當年《野火集》所引來的國民黨報刊的集中圍剿，唯一的差異是，當年被國民黨指控爲「獨派」，現在則被另一群人指控爲「統派」。

我不作聲，悶頭做事。但是當「龍應台是文化希特勒」這樣的大字標題出現時，我開始問自己：這是不是已經超過了文明社會應容忍的底線？龍應台，你是不是應該把筆從「鞘」中拿出，把是非說個清楚？

權力，可載可覆，可生可死

筋疲力盡回到官舍，總是午夜時分；打開電視，又是唇槍舌戰煙硝滾滾，媒體記者臧否政治人物，學者專家論斷行政官員，行政官員反駁民意代表，民意代表品評天下事物，每一個人都在恣意行使他的權力。關掉。

這樣張牙舞爪的權力，使我不安。

每一種權力都有它本來的目的。政務官負責政策的擘劃，事務官負責政策的執行，民意代表負責審查，媒體記者負責監督，知識分子用知識和筆做時代的眼光。這五種人手裡都掌握了一個東西，叫做權力，但是每一種權力作用不一。

政務官的權力在於理念的實踐，他意念中想做的事情，因爲手中擁有權杖，全部都可以變成現實。在這個意義上，總統和縣市長都是政務官。他說，河邊應該有一個音樂廳，河邊就有一個音樂廳；他說，古蹟應該全面保存，古蹟就被全面保存。反之亦然，他說，鎖國開始，國家的大門就啞然關閉；他說，打倒「偶像」，「偶像」就在煙塵中轟然倒下。

這種「點石成金」的權力是任何建樹的必要條件，但同時蘊藏著破壞和毀滅的能量。海珊把國家帶到滅亡的深淵，布希把國家拓展成武裝的世界警長，都是這種權力的行使，它可

載可覆，可生可死。

事務官的權力在於執法，政策和法規透過事務官的實際操作才發生效力。手中握著法規，他決定發不發給建築執照，通不通過環境評估；他起草的公文、蓋下的印章，決定他所服務的社會做不做得到「老有所終，壯有所用，幼有所長，矜寡孤獨廢疾者皆有所養」。他是否聰慧，能活潑解釋死板的條文？他是否具執行力，能貫徹政策的初衷？要窺探一個國家文明的程度，先去測量這個國家事務官聰慧和執行力的程度。

事務官手中的權力行使適當，國家機器運轉順暢，就是國泰民安。事務官濫用權力，就成爲荼毒生靈的惡吏。司馬遷以不世之大才，被「吏」的「威約之勢」踐踏折磨，以至於讀書人「見獄吏則頭搶地，視徒隸則心惕息」。「吏」治清明與否，其實是國家禍福的指標。

民意代表的權力，透過預算以及法案的審查，體現在對於官吏施政的監督。預算編列符合不符合國家發展的需要，預算執行符合不符合預算的編列，法案的精神符合不符合現實，含不含配套措施，有沒有遠見，都是民意代表可以而且必須定奪的地方。他的權力不在於空談國是，漫天批判，而鎖在一個非常明確的焦點領域：檢驗政務官提出的施政藍圖，秋毫明察，錙銖必較。民意代表是政策品質的把關者。

民意代表如果失職，推出的法規制度可以禍國殃民，通過的施政預算可以勞民傷財；民意代表如果濫權，官商可以需索無度，國事可以空轉虛耗。民意代表的權力若是使用在刀口

上，那麼政務官不敢無識，事務官不敢無能，法規不容偏頗，施政不許懈怠。這樣的權力是爲智者設計的。

如果民意代表的監督權力限制在一個小而關鍵的焦點——預算和法案，那麼媒體的權力領域就大多了，它可以「空談國事，漫天批判」，只要有事實的根據。一個取得了人民信任的媒體權力可以大到左右國家前途，形塑社會價值，決定元首的去留，它更可以輕而易舉地成就一個英雄或者毀掉一個偶像。這種權力被扭曲、被操縱的時候，就是一個社會的核心價值基礎開始腐蝕的時候。眞和假，是與非，崇高或可恥的標準一旦顚倒混淆，幾代人的努力都可能變成虛無，又要從零開始，可是誰不知道：不斷地從零開始是絕不可能累積成文明的。

知識分子依靠知識和見識取得指點江山的權力。知識使他懂得多，見識使他想得深看得遠，下筆如千軍萬馬，人們屏息傾聽。國家有難、局勢有變的時候，他的言論可以是混沌中的明燈，他的行爲可以做爲人們仰望的典範。在亂世中，他的言行更可以與當權者抗衡較勁，比春秋長短。知識分子手中有筆，筆就是權力。當他的筆無法行使權力的時候，知識分子就得反躬自省：是亂世危邦的客觀環境不許，還是自己的無知無能與墮落？

博物館館長不能開骨董店

相較於廣大的平民百姓，政務官、事務官、民意代表、媒體記者、知識分子都是掌有權力的人。細究之下，每一種權力都很可怕，它可以興邦，可以覆邦，影響這一代人的此刻，下一代人的未來。掌權的人對自己手中所握有的權力——權力的性質、權力的界限、權力的責任，是否深思過呢？

政務官該不該做事務官的工作？不應該，可是內政部長硬是會帶著大批媒體記者親自挨家挨戶去臨檢居家隔離的人，一件基層事務官該做的事。而當政策執行不力的時候，政務官又要指責是事務官失職。疫病席捲全國，總統、行政院長、部長等等不停地在媒體前，義正辭嚴地，指責各層事務官的處理疏失——口罩遺失、疫情謊報、設備不全、後援不足……，為什麼不指出，問題的根源在於五十年都沒建立起完善的基礎醫療體系以及科學的管理制度，以至於疾病一來潰不成軍？而基礎醫療體系和科學管理制度的建立難道是事務官的權力？政務官幹什麼去了？

誰有權力，誰就要負責任；誰的權力愈大，誰就要負愈大的責任。權大責小，造就虛偽怠惰的政務官；責大權小，培養推諉避過的事務官。

民意代表該不該行使媒體的權力——經營媒體，或者在媒體主持政治節目？不可以。問

題有兩重，一是球員兼裁判的不公。民意代表也是媒體的監督對象，自己怎麼監督自己呢？一是公器私用的不正。民意代表的俸祿得自人民，所佔的位子是謂公器，自己的工作時間、所蒐集的資料、所得來的訊息、所聘用的人員，所過手的一張紙一枝筆一枚針，都應該百分之百用在預算和法案的審查上。任何一點點一絲絲因爲公器而得來的，用在與此公器無關的事情上，都是一種公器的私用與濫用。博物館館長不能開古董店，公私分明，利益迴避，是權力行使的前提。

政務官該不該使用知識分子——作家的權力？不應該。一旦「下海」成爲政務官，就應該是各方檢驗批評的對象。政務官的舞台是他的施政，他一切的自我辯護應該都在他的施政措施中不言自明。一面享有施政實踐的權力，被批評時又想同時擁有知識分子的言論利器，豈不等於既是馳騁場上的球員，又要做吹哨子論斷成敗的裁判？施政者掌有知識分子沒有的權力，就是使理念成眞；知識分子擁有施政者沒有的權力，就是對現實進行批判。知識分子可以進入官場取得實踐權，施政者也可以在退出官場後行使言論權，但是同時要擁有兩種「以子之矛攻子之盾」的權力，是不誠實的。

民主是責任政治，掌什麼權力就負什麼責任。政務官事務官有職責，民意代表、媒體、知識分子有言責，兩者各有所司，彼此制衡，不可混淆。

我的筆，不能出鞘。

夜讀古書

因二二八而招來的侮辱和攻擊三年中沒有停過，我不曾寫過一個字回應。在一個失眠的夜晚，讀古書解鬱，一篇文章讓我瞿然而驚，徹夜清醒。

陽城是一個聲望極高的知識分子，被朝廷延攬爲諫議大夫。他在朝時和在野時舉止一致，照樣修身養性，謙抑不語，輿論加以讚美。作者卻大不以爲然。他說，「所居之時不一，而所蹈之德不同也。」處於不同位子上，君子的作爲必須兩樣。陽城在野時，只對自己負責，可以潔身自好；一旦在朝爲官，對天下負責，就應該積極任事。陽城顯然沒有認識到在朝與在野，有權與無權的分際。

對於政務官的去留，作者引用孟子的話，「有官守者，不得其職則去；有言責者，不得其言則去。」負施政責的，無法施政就應該求去；負言論責的，不被採納就應該辭職。陽城在位而不作爲，「得其言而不言」，與那些「不得其言而不去」的戀棧者，是一樣的有虧職守。

政務官以實踐理想爲己任，不爲俸祿而出仕；爲了俸祿就應該做事務官。事務官也必須盡責。「孔子嘗爲委吏矣，嘗爲乘田矣，亦不敢曠其職；必曰會計當而已矣，必曰牛羊遂而已矣。」孔子當過倉庫管理員、飼養牲畜的小吏，也要把物品數清，牛羊安頓了才能下班。

有人為陽城辯護，說他的靜默是由於不願意以喧嚷君主的缺失來表現自己；他的諍言都是關起門來說的。作者說，關起門來對長官進諷勸而不讓外人知道，是幕僚的本分，幕僚對君主負責，但是諫議大夫不是幕僚，是諫官，諫官對天下負責，他的意見應該讓「四方後代」都聽見。在什麼位子，負什麼責任，責任不能錯置。

而作者又站在什麼立場上對政務官提出這樣的批判呢？「君子居其位則死其官；未得位，則思修其辭以明其道。」掌有施政權力的人，應該為他的責任粉身碎骨，不掌施政權的知識分子另有職責，就是「修其辭以明其道」，把眼光和理念，用筆，說清楚。

午夜的我掩卷嘆息：是什麼時代的什麼人，對於權力與責任有這樣深刻的洞見？寫〈爭臣論〉的韓愈，只有二十五歲，距離今天一千兩百年。那是今人所瞧不起的「專制封建」的時代。如果「專制封建」的「仕」和「士」比民主自由時代的政務官和知識分子還要有擔當、有分寸，對權力更嚴謹、更不惑，對責任更進退有據、更有為有守，民主有什麼值得驕傲的呢？

媽媽，你去買就是腐敗

文化局的活動有很多企業廠商的贊助。有一次一家世界知名的運動鞋廠捐給了我們八千雙跑鞋。合作的過程愉快，熱情的經理說：「局長，帶孩子來買鞋，給您打對折。」十三歲

的孩子從德國飛來，我就準備帶他到鞋店去買鞋。他很興奮，因爲那是名牌，但是他說：「不過媽媽，你要知道喔，你去買就是腐敗。」

我大吃一驚：「什麼意思？你在說什麼？」

孩子慢條斯理地解釋，經理的半價優待來自你和他們的合作，那是政府的行爲。由政府行爲所衍生出來的優惠，就不應該由你個人來接受，接受了就是公器私用，就是腐敗。

孩子說完就轉身去玩電腦，留下我張口結舌，說不出話來。

孩子說得完全正確，我那麼注重公私分際的人竟然被孩子教訓。但是，這個十三歲的孩子從哪裡得到這樣的概念呢？他怎麼知道公器不能私用而且還會對現實生活中的事情做對錯的價值判斷呢？他的公民教育是怎麼形成的呢？

我追過去問他，他覺得我大驚小怪，不耐煩地瞪我一眼，說，「吉斯是怎麼下台的？」吉斯是德國PDS黨的主席。因爲公務常常飛行所以累積了附贈里程，他就利用這附贈里程去度私人的假期。吉斯因此下台。

當權力在手

三年筆不出「鞘」，是因爲我希望謹守民主的遊戲規則。我不安，是因爲認識到：權力愈大，責任愈大，所可能辜負的人，愈多。權力大，而又不知謙卑的必要，一不留心，就是

一個「以萬物爲芻狗」的結局。

原載於《天下雜誌》二七六期 二〇〇三年六月一日

【對談】

南北對抗還是對話

對談人：林瑞明、龍應台

主持人：楊澤

楊澤：「台灣文學創世紀」對談會，是由人間副刊與國家台灣文學館合辦的一系列活動，包括「大島vs.小島」「高山vs.海洋」「北vs.南」「東vs.西」四大主題，希望以空間坐標爲軸心，來回顧與展望台灣文學的過去、現在與未來。

舉辦這系列活動似乎有幾層用意。首先，當然是慶祝國家台灣文學館的誕生，而且非常難得地，能在這座這麼華麗的歐式建築裡暢談台灣文學，這棟建築以前日治時代是台南州州廳，文建會主委陳郁秀在開幕式上曾表示，「讓政治走出去，讓文學走進來」。在場文學界的朋友覺得似乎還不夠，有人開玩笑地提議說，是否可以改成——「把政治關起來，把文學放出來」？

其次，林瑞明曾談到山禁、海禁對台灣的負面影響，龍應台在新作〈面對大海的時候〉中明白寫到，由於海禁，台灣一直沒辦法面對大海，更不要說走向大海；我們的希望是，透過高山大海、大島小島等空間上的強烈差異，爲台灣的地域環境、風土人文作一番檢驗，以便對台灣文學整體有比較全面的了解，對台灣文學的過去、現在與未來，也會有比較深度的認識。

最後一點，我們在這裡不只是討論文學，也是透過文學滿溢靈視、靈光的想像力，透過文學——作爲社會及文化的——載體、表現形式，來檢驗台灣的過去、現在與未來。

是「南北」差距還是「城鄉」差距？

龍應台：其實南北差異並不眞實，城鄉差距才是眞正的問題。

小時後我家從苗栗苑裡搬到高雄縣茄萣，台南市對我而言就是個大都市，面對它總帶著點鄉下人的自卑，苑裡和茄萣都相對於台南市，都是鄉下。從茄萣坐公車到台南市念書，先是市中（大成國中），而後是台南女中、成功大學，那條鄉下通往城市的路千瘡百孔，路上的坑洞有些大得足以讓整台摩托車掉下去。

我在苗栗學的閩南語就在茄萣的菜市場中實用。到了台南市，發現一個叫水交社的地方，竟然有這麼多外省人群聚一起，大大吃了一驚，第一次知道「眷村」這個名詞，第一次

知道不是所有的外省人都跟我家一樣混住在閩南人的村落裡。

相對於家住在台南「大都市」的同學，我們這些通學的學生就儉樸得多，或乾脆說「土」得多。記得十六歲第一次打公共電話，城裡的同學告訴我，電話不能打太久，否則「時間一到」電話就會爆炸。我是提心吊膽流著冷汗打完那通電話，打完了草草掛上就逃走。十八歲時第一次上台北，參加一個國際事務研習會，跟一個台北的女孩子同一間寢室，看見她桌上擺了十幾個形形色色的瓶瓶罐罐，化妝超過一個小時才出門。這時候，台南市相對於台北市又是鄉下了。我這鄉下來的女孩看著台北的女孩塗眼線，覺得自己實在「土」得可以。

我想龍應台在茄苳時期人格和氣質就定了型，到現在還是不太知道上妝的順序，對名牌衣服也毫無感覺，對物質不太在意。

憑鄉下人氣質走天涯

鄉下人的氣質跟著我走天涯，影響我的寫作，也影響我的處事。

譬如寫作，第一本書是《龍應台評小說》，直接乾脆的批評風格驚動了當時的文壇。事後我自己分析，如果我不是一個南部人，又沒考上台大，我就會在台北文化圈中處處有老師、同學、朋友，寫起批評來可能會「下不了手」。但我是一個孤伶伶的南部鄉下人，四顧

無親，也就沒有什麼人情包袱，下筆容易些。

至於「野火」，楊照評論《野火集》，說我是因為有「憨膽」而寫，乍聽時還有點不服氣，覺得他怎麼把我看成子路有勇無謀之流。仔細想想，卻覺得他的觀察有些道理。在茄萣長大的龍應台，因為不知道「城市」的複雜，一心以為理想可以改變世界，正義可以勝過邪惡，一種天真的真誠和理想性格中的勇氣造成了「野火」。

再說做事，正因為我是個鄉下長大的孩子，所以在台北市文化局工作時，特別用心想要讓台北首都與其他縣市「平等對話，資源共享」，譬如利用「亞太文化之都」將台北的國際資源釋出給各縣市，同時讓各縣市的文化進來豐富台北。例如爭取到高行健來台北當駐市作家時，我就讓他也到台南來做演講，同時將縣市的藝術家請到台北來創作。這種縣市文化結盟的作法很快就被政治扭曲了，一些民進黨的縣市開始抵制，而事實上，我連哪個縣市屬什麼黨都不知道，只是希望今天鄉下的孩子不再像當年的龍應台一樣「土」，覺得重大美好的事情只在大城市裡發生。但是我也不免覺得自己可笑：在今天的台灣政治氣候裡搞縣市串連怎麼會不出事嘛，真是鄉下人！

價值觀念和資源分配

林瑞明：我初中到大學分別就讀台南市中、台南一中與成功大學所以一直都是龍應台的

學長，大學時我們與其他同學還一起籌組古典音樂研究社，因爲沒錢可以買唱片，社團還在勝利路開了一家唱片行，爲的就是可以聽到免費的音樂。我還記得龍應台的外號是「Dragon」，而我是「Lion」。

原本以爲我代表南方，但話題被龍應台這麼一說卻變成代表城市人。雖然我住在台南市，但是我城鄉經驗都有，在城市裡居家很狹小，我家旁邊住著一些福州人，鄰居們時常起摩擦，而我的母親是台南縣西港人，外祖父與舅舅都是小農，我跟媽媽回娘家時，看到外祖父家的門如果用甘蔗葉封起來，代表他們下田工作去了，讓我深感鄉村的純樸與善良！

我的爸爸很喜歡旅行，常常帶著老大的我同行，所以我很小的時候就到過墾丁跟台北，還在圓山動物園跟林旺照了張相，那時候並不覺得台北有什麼了不起。等到我後來念了台大歷史所，發現同學都講國語、女生看起來都很高尚，打公共電話要花去我半餐的錢，才了解南北有如此巨大的不同，但府城人的傲氣讓我不斷地想著「一府二鹿三艋舺」，台北算起來還是台南的小老弟呢！

本土化及國際化

台灣是大島而不是小島，面積有日本九州或菲律賓最大島的一半，蘭嶼才能夠稱爲小島。然而，由於政治、經濟、文化的北移與集中台北，台北變得跟台灣其他地方都不一樣，

以至於台北人非常驕傲，台北與台灣老早就是一國兩制，台北高高在上籠罩台灣，而台灣的自信跟著土崩瓦解。

國家台灣文學館設在台南意義極爲深遠，這裡由舊台南州州廳所改建，全台首學孔廟就在隔壁，期待能夠藉此讓南北資源分配漸趨均衡！

龍應台：我們並不需要使用政治語言，預設南北一定要對抗。台北人中有百分之七十的市民來自外縣市，外縣市則幾乎家家戶戶都有子弟或親戚或朋友住在台北，所以不需要把台北當成對抗的對象。我覺得有一個認識是重要的：首都是國力的象徵，是國家前進的火車頭，任何有遠見的國家都會用心去厚植首都，面對國際競爭。

問題不在於要把台北拉下去，而在於如何把其他縣市拉上來！

用台南與高雄的消長可以來作說明。我們那個年代前來台南一中、台南女中的學生，北至嘉義南至屏東，方圓幾百里都以台南爲中心，然而現在高雄卻成爲南部的中心，完全取代了當年台南的地位。所以城市是有前進或後退、繁榮或衰落的，台南今天「退步」的地位，跟「南北對抗」有關嗎？恐怕更多的是歷任決策者所做的各種決策的品質問題，也就是說，在城市本身。

在理想的情況下，每一個小城小鎮都是獨立自主的個體。鄉鎮如鹿港、關廟、三義，都可以發展成個性獨立的小城。大城如高雄，更是不必以台北爲假想敵，或者成爲台北第二。

有遠見的領導者可以看見：以高雄面向大海的條件，可以是一個大格局、大氣魄的國際港都，它的眼光往南看——開闢「南向視野」——注視菲律賓、印尼、澳洲，它的競爭對手是香港、新加坡、雪梨、墨爾本等等港口城市，而不是台北。

講「南北抗衡」其實是一種狹隘的、自我設限的思維，是政治人物的把戲，不屬於文化的領域。用文化的眼光去看，應該是「南北互助」，是「南北串連」。

另外，本土化並不是自我窄化，也與國際化並不衝突，其實恰恰相反。在這方面日本可以當台灣的借鏡，深山裡一個小村小縣就可以辦出揚名國際的各種文化活動，一個傳統祭典，可以吸引來自各國的觀光客。原因在於他們用豐厚的本土來面對國際，就像鹿港、埔里或台南，當本土文化夠豐厚時，就可以直接面對國際一樣。

台北有資格代表全台灣？

林瑞明：龍應台上一段發言，我大部分都同意，不過國力提升雖然有必要要培養首都，但是我有一些不同的意見。

台北縣跟台北市只有一水之隔，根本就是連在一起，但是所分配到的資源卻有天壤之別。台北市根本就是一個小中國，它的路名完全是用中國的城市來命名，而且依照它在中國的方位來排列，例如廈門街就一定在台北市的東南，長安東路就一定在台北市的西北，然而

這非常畸形，根本不是自然形成的，而是由外來政治力所強加的。

而且，由於ROC這個名號無法走進國際社會，所以我們都是用Chinese Taipei來代表台灣的一切，這讓非台北人非常不舒服，因爲台北不過只是整個台灣的一小部分，怎麼有資格代表全台灣呢！

我贊成剛才龍應台關於城鄉差距的看法，但是城市不一定眞的就什麼都贏，鄉村與城市根據歷史經驗都是由鄉村獲勝。台南過去是南部七縣市的政治經濟中心，我的學長陳永興醫師雖然是道地的高雄市人，高中還是跑來念台南一中，現在南部經濟中心移到了高雄，但是我覺得台南不必學高雄，因爲怎麼學也學不像。

我從小就住在台南，退伍後也回到台南教書，也曾經住過台北跟東京。我認爲大都會生活品質不一定好，人口七十多萬的台南住起來非常舒服，我從家裡到文學館來上班只需要七分鐘，這在大都會中是不太可能的。兩百多萬人的院轄市高雄，生活空間就小得多，而我在東京當訪問學者的時候，租的房子只有幾張榻榻米，這種生活眞的好嗎？

台南最大的資產就是擁有許多古蹟，古蹟如果要能夠吸引觀光人潮，除了要完善的保存，更要讓它再度活化，而當政府腳步遲緩的時候，民間也可扮演關鍵的推進力量。

我之前還在成大歷史系教書的時候，便與一群建築系、歷史系的老師與企業家共同籌組了「古都保存再生文教基金會」，由我擔任第一、二任董事長，現在由徐明福先生擔任董事

長。

民間官方相輔相成

六七年來，基金會促成孔廟的再生，以及國家台灣文學館設立在舊台南州州廳，基金會為了舊台南州廳改建為國家台灣文學館，召開了很多次跨領域的國際學術會議，也請國外專家提供該國相關的經驗。

國家台灣文學館現在可說是台灣古蹟保存再生的最佳範例，為了不破壞台南州廳的結構，往地下挖了三層加上恆溫恆濕保存文物的設備，一共花了七億八千萬，加上修復古蹟的費用三億兩千萬，總造價為十一億，可能比新建一棟建築物還要貴，但是意義卻截然不同。

我舉日本四座城市作為台灣四座城市發展特色的借鏡。我覺得台北就像東京，是政治經濟的中心，台南就像京都，是文化的古城，高雄就像同樣靠海的大阪，商業活力特別強，而鹿港則像奈良，奈良是日本飛鳥時代的首都，面積比京都小但古蹟密度卻比京都高，鹿港相對於台南也一樣，在台南從這個古蹟到那個古蹟，可能還有一大段距離，在鹿港卻只要走幾步路就到了！

我很喜歡台南的一級古蹟武廟，廟裡的廣場有一株活了三百多年的老梅樹，我常常到那裡聽南聲社演奏南管，南管過去被稱為「御前清音」，絕對不比西方古典音樂遜色。如果要

比西方古典音樂，台北愛樂怎麼比得過柏林愛樂呢，就是因爲西方聽不到南管，像巴黎才會邀請南聲社到歐洲表演。

本土化常常被貼各種標籤，台灣文學也遭受到各種批評，原因出在很多批評者沒有眞正用心去閱讀。我認爲龍瑛宗的日文小說較之川康端成有過之而無不及，國家台灣文學館的責任之一，便是縫補歷史的裂痕。

台中是「哈美、哈日」起源地

楊澤：除了台北、台南、高雄，我想趁機說一下台中。台中是一個很奇特而且好玩的城市，越戰時期因爲美軍進駐清泉崗，所以台中是台灣第一個哈美的地方，PUB就是從台中開始發跡，哈日與泡沫紅茶的風潮也起自台中。

地方發展自己的特色，是選擇題而不是是非題，南北的問題常常被轉化成本省人與外省人的問題，本省人代表南，外省人代表北，弔詭的是，這兩個族群看起來敵對，實際上又大量的通婚，這在國外是不可能發生的。如何縮減南北差距，請龍應台和林瑞明作一下結論。

龍應台：負責台北市文化局時，我的座車一離開台北市，進入台北縣，譬如新店或汐止，我發現自己就整個放鬆下來，舒一口氣，偷偷覺得：啊，離開「轄區」了。

我又怎麼知道已經離開台北市了呢？

很簡單。望向車窗外，街道、路燈、建築、人行道、建築景觀，整個就比台北市「鄉下」一層。很明顯。

同是台北，縣和市之間差別就這樣明顯，表示我們的行政區劃分、資源分配等等可能都應該重新檢討的。一直有人提倡北部幾個縣市合併，可能要等一個眞正有魄力的政府出現才能做到吧。

我理解林瑞明對於台北街道名稱的看法，也贊成可以重新檢討，更贊成對台灣目前的史觀進行徹底的重新審視，因爲這是一個社會尋找自我認同的過程。不過，我覺得一切的改變都必須建立在下面三個原則上：

第一個原則是時間感的拉長。台灣的歷史其實是「橡皮擦主義」的循環。日本人統治台灣，擦掉了人民對清代的記憶；國民黨來到台灣，又擦掉了人民對日治或日據時代的記憶。我們必須把時間感拉長，才能避免落入一種惡性循環：當我們掌權時，用橡皮擦擦掉我們不喜歡的過去，然後有一天別人又掌權時，我們自己的記憶又被別人的橡皮擦擦掉。

第二個原則是對歷史要有所尊敬。即便我們對某些歷史人物不同意不喜歡，都要抱持著尊敬的態度，避免「非昨是今」的傲慢。譬如說，我認爲就台灣人而言，七七這個日子的重

要程度可能不如八月十五日本戰敗日，或者十月二十五日不如十月十七日——台灣文化協會成立的日子——來得重要，但是七七對我們社會中一部分同胞有刻骨銘心的意義，你可以不同意他的史觀，但是你應該尊敬他的感情、他的記憶。不同的族群有著不同的歷史記憶和評價。

第三個原則是，改寫歷史是可以的，甚至是必須的，但是前提是它必須經過社會大眾的討論而形成共識，有了共識再去改寫歷史。如果沒有這個過程，執政者用權力依自己的意識形態偏好逕行改史，那就是權力的粗暴。

我向來反對的不是對歷史的修改或翻案，而是不經深刻論辯、不透過社會共識的改史，我反對的是利用民粹、使用權力、「橡皮擦主義」的粗暴修史。

今天我們在台南，不能不想起一九七二年，我大三林瑞明大四，成大發生的所謂「讀書會事件」，許多同學因為讀馬克斯主義而被判了十五年、二十年的徒刑；這段記憶我終身難忘。一九九一年，我在德國接到成大校長室打來電話，要我回國接受「傑出校友獎」，我當時的反應是：如果當年被捕的人還有一個人在獄中，我就不願意回成大接受這個獎。校長室進行了瞭解，回應我：已經沒有人在獄中。

文學要抵抗「橡皮擦主義」

文學館開館了，今天坐在這裡也覺得有點悲喜交織。悲的是，那一整代文學家——從賴和、楊逵到呂赫若、張文環，都在不同顏色的政治「橡皮擦」下不見了，今天把他們的照片放大掛出，能彌補什麼呢？喜的是，畢竟他們的照片又被掛出來了，或許這樣一個文學館可以提醒我們不要再把作家放到新的「橡皮擦」下面去，或許我們能讓「橡皮擦主義」不再出現？

台灣文學要走出最寬廣、最大氣的路來。僅僅是把被淹沒的過去重新找出來肯定是必要的，但是我們也該知道，那是不夠的，因爲下一步是，你是否禁得起與民族悲情無關的最純粹的藝術價值的檢驗？用藝術的高標準來要求自己，才是眞正的關鍵所在。

林瑞明：龍應台前面所說的那三個原則，我全部都接受都同意。我本身學的就是歷史，時間感本來就跟一般人不一樣，十年對我來說是小單位，五十年是中單位，一百年才算是大單位。適才龍應台也提到了台灣文化協會，國家文學館就是特定選在它成立八十二週年的那一天開館，也就是今年的十月十七日，爲的就是效法前輩用文化力量對抗政治威權的精神，爲台灣保留一點元氣。

我不是國民黨人，也不是民進黨人，而是以文學專業來接任國家台灣文學館的館長，所以我要做就是做大的做長遠的規劃，我在乎的不是十年二十年之後的評價，我在乎的是還有人一百年兩百年後，還記得曾經一個叫林瑞明的人在這裡做過什麼，讓他們覺得很有意義！

對談日期爲二〇〇三年十一月二日，原載於人間副刊十一月十五日，陳文瀾／記錄・整理。

【演講】

全球化了的我在哪裡？

——北京現代文學館的演講

我的二十四小時

在我自己的生活裡，到底「全球化」到了什麼樣的程度？

早點，往往是牛奶、麵包，奶油果醬，或者是麥片雜糧，像餵馬吃的。邊吃早點邊讀報。看你人在哪個城市，先讀當地的報紙，可能是香港《明報》，可能是台北《中國時報》，可能是新加坡《聯合早報》或是《法蘭克福匯報》，但是有幾份國際的報紙是不管你在哪裡都會找來看的，譬如《國際先鋒論壇報》，《亞洲華爾街日報》，或者聽BBC的廣播，看CNN的電視報導。

用完早餐，進到浴室沖涼：洗髮精的品牌——不管你是在北京還是香港台北紐約，大概都是同樣那幾個國際品牌。連衛生紙都是——咦，衛生紙難道是高科技嗎？坐在梳妝台前，發現你的化妝品，不管你在世界上任何一個城市任何一個角落，夜市那幾個品牌：法國的、美國的、日本的……我是對名牌衣服沒有感覺的人，如果講究穿品牌服飾的話，那麼衣櫥一

打開，入眼也是那幾個熟悉的名字，法文、義大利文、英文。

食跟衣是這樣了，那麼住、行、育、樂呢？

住，一個IKEA的家具就把每一個公寓，不管是墨西哥城還是上海、是赫爾辛基還是洛杉磯，都「統一」了。出門坐車，別說是汽車就那幾個固定的選擇，連不同城市的地鐵都是幾個公司的產品。別說家具、汽車等等商品已經全球統一，連城市的樣子都一致了。所謂街道家具——馬路邊的路燈、公車站牌、廣告設置、人行道設計等等，都變成了全球企業的產品。都市的景觀和建築，透過國際競標，由少數全球化的建築師與開發商運作，造成面貌相似的大城市。

食衣住行如此，育與樂就不一樣嗎？我在吃了歐式早點之後，開著德國品牌的汽車，駛過法國公司設計的街道，到了一個英國建築師建造的美術館大樓，去看一個新的當代藝術展。很可能是一個多媒體的影音展，用錄影機、照相機所攝下的現代感十足的光怪陸離的人生影像。很有意思，但是如果這種展看多了——譬如你已經看過多次的義大利威尼斯展、巴西聖保羅展、土耳其伊斯坦堡展、德國卡賽爾展、韓國光州展等等，你會有一個疑問：儘管藝術家不同、地理位置和國家文化不同，「現代」的解釋卻大同小異、似曾相識？

看完展覽之後，也許還有時間進了書店。這個書店一進門的地方大概就擺著《哈利．波特》，在香港和台北是繁體中文版，到北京和新加坡是簡體中文版。如果是在馬德里，會看

到西班牙文版。在柏林，會看到德文版。不管在哪裡，不管什麼文字，反正都是《哈利．波特》。

晚上，很可能去看個電影。要避開好萊塢的全球產品可不容易；《鐵達尼號》或者奧斯卡印記的《臥虎藏龍》在馬來西亞的鄉下或是倫敦的市區裡都看得見，有如麥當勞的標準菜單，「全球同步」。如果不想看電影，留在家裡懶惰地看電視，會看到什麼呢？我最近搬到香港，電視一打開，剛看見片頭，孩子就說：「這個電視節目我知道。」同樣的電視節目，美國製片的，在德國放映是德語，在西班牙放映是西班牙語，到了香港就是用粵語發音。人可以到天涯海角，全球統一了的食衣住行育樂跟著你到天涯海角。

睡不著嗎？想吃一顆安眠藥，你會發現，連安眠藥也是全球一致的。頭疼嗎？止痛藥也是全球一致的。養魚嗎？你餵魚的飼料來自一個國際連鎖商。要快遞東西到外國去嗎？DHL或是Federal Express，不管你是在北京、台北、法蘭克福，處理方法是一樣的。發生了法律糾紛嗎？需要人壽保險嗎？國際連鎖的律師事務所、全球連線的保險公司，正等在你門口。

不僅只是食衣住行的物質，還包括育樂的文化價值和觀念，在全球化的運作下，都成爲統一的商品，滲透了我的二十四小時，令人無所逃於天地之間，或者正面地說，全世界在我的手指尖，爲我所用。

全球化裡的不安

在一百年前梁啓超那個時代，知識分子談所謂的「西學東漸」。西方的影響剛剛來到門口，人們要決定的是究竟我應該敞開大門讓它全部進來，還是只露出一條保守的縫。在一百年後的今天，所謂「西學」已經不是一個「漸」不「漸」的問題，它已經從大門、窗子、地下水道，從門縫裡全面侵入，已經從純粹的思想跟抽象的理論層次深入到生活裡頭成爲你呼吸的世界，滲透到最具體的生活內容跟細節之中了。

然而什麼是「全球化」呢？這個詞其實是有問題的。影響從哪裡來，往哪裡去，是什麼力量在「轉化」誰，誰被誰「化」掉啊？滲透到我的二十四小時生活細節裡來的，難道是印度或埃及或阿拉伯的影響嗎？不是的，仔細看這二十四小時的內容，代表「全球化」的東西中，其實百分之九十九是西方的影響，是西化，然後再細看西化的內容，譬如說物質的品牌，非常高的比例是美國來的東西。所以對我們而言，所謂全球化的內涵其實是一種「美化」的過程。

因爲全球化挾帶了大量的美國化，所以許多歐洲人對全球化也是戒愼恐懼的。激進者甚至於訴諸暴力，對他們認爲象徵全球化的符號——星巴克、元首高峰會議、麥當勞等等，進行抗爭。人們所憂慮的，一方面是資源的壟斷——韓國甚至有農民以自殺來凸顯全球化所帶

來的本土產業枯竭問題；一方面是價值的壟斷，因爲價值被包裝成爲商品，隨著跨國企業的操作，似乎威脅到本土文化的獨特性和完整性。當德國的某一個報紙因爲經營不善而可能被英國報業集團收購時，德國總理親自出面斡旋，爲的是不讓外資進入本國文化的領域。報紙塑造輿論、傳播價值，更是文化的敏感神經。

在我自己的成長過程中，對「全球化」第一次發生「戒心」是在一九七五年剛到美國時。在台灣讀大學時，教英語的美國教師會要求每一個學生選一個英文名字，因爲她可記不得幾十個中文名字。於是一整班的學生都變成了Dick, Tom, Harry：我的名字叫「Shirley」。到了美國，我開始教美國學生英文寫作。面對二三十個美國學生，很難記得誰是誰，我花了一整個下午的時間把人名和臉相配起來，認得了。於是我回想，爲什麼教我的老師沒坐下來花時間，把我們的中文名字記住，反而讓五十個人都爲她的方便而改名呢？

這難道不是文化的傲慢嗎？有了這個認識之後，「Shirley」從此消失，被「Lung Yingtai」取代，而且不是「Yingtai Lung」。二十三歲的我覺得，你美國人可以學著發中國名字的音，你可以學著去記中國人的名字和他的臉，你也可以學著知道中國人是把姓放在名字前面的。一九七五年，我還沒聽過「全球化」這三個字，但是對於所謂文化「交流」事實上是「流」而不「交」的現象，已經覺得有點懷疑。

隨著跨國企業的發展，文化是商品的趨勢越來越明顯。我這一代幾乎是看洋書長大的一

代。去開國際筆會的時候，在這樣一個各國作家匯集來談國際和平與文化平權的場合裡，我這讀洋書長大的人就發現，你可以和大家談莎士比亞、歌德、托瑪斯曼、海明威，但是你不能談曹雪芹、莊子、韓非或張愛玲，因爲，文化商品，大半是單向輸出。有一天我想買本德文版的《道德經》給孩子，走進法蘭克福最大的書店，到哲學部門，找不到；文學部門，找不到；政治學部門，找不到。最後在哪裡找到呢？「神祕學」（Esoterics）！老莊孔子的書，和風水、日本化的禪宗、生肖、氣功、太極拳放在一起，作爲同類商品。

我們的書店會把柏拉圖跟西洋占星術歸爲一類嗎？不會，但是我們有可能把非洲最嚴肅的小說和非洲的《野獸大觀》或者《食人族奇譚》放在一起。不是嗎？

所以全球化是一個既讓人歡迎又讓人不安的現象。文化，還有人們安身立命的價值，都和商品一樣一卡車一卡車卸貨，直接送入家門。歡迎，因爲我們突然多了選擇，不管是洗衣粉的牌子還是政府的形態；不安，因爲，這種選擇往往是強迫性的——雖然我們或不感覺，只不過是強勢推銷的產品，不見得是對我們最好的；更因爲，選擇往往破壞了家裡原有的秩序——伊拉克人究竟要不要歡迎美國士兵帶進來的文化和價值呢？爲什麼要又爲什麼不呢？

這種不安對第三世界的知識分子是很熟悉的。我曾經遇見一位印度作家，談起我們年輕時知識的啓蒙過程，發現我們都是美國新聞處的「受惠者」。在那個物質與精神都匱乏的年代裡，美國政府透過組織和金錢，有計畫地將美國價值觀全球輸出。你說它不好嗎？對於我

們民主開放的追求，它是有重要貢獻的；說它好嗎，它又包藏著其他的目的，也限制了我們對未來的想像。

那麼，對全球化的戒愼恐懼，和對國際化的追求，有沒有矛盾？你不是一直呼籲要國際化嗎，那麼爲什麼對全球化又不是一心的擁抱？

北京、台北、香港

國際化跟全球化兩者之間有著非常關鍵的差別。全球化，在我的理解，是商品——包括物質和精神商品——的無遠弗屆；身處亞洲，我們往往是那「輸入」的一端，備受影響，當然要無比的謹愼。國際化，是對於國際有深入的瞭解，掌握知識，從而發展出一種與國際溝通和接軌的能力。

當你進入香港的網頁，你發現它用老練的英語、生動的畫面、完整的資訊，很有效地讓外人馬上認識這個城市：它的歷史、它的特點，哪裡好玩好吃，哪裡可以帶孩子去。當你進入台北的網頁，障礙馬上就出現：英語彆扭，內容乾燥——應該是精彩的城市導遊的地方，竟然是對觀光者沒有太大意義的政府組織結構。當你進入上海網站時，你發現，畫面比台北活潑，設計也比台北對味，可是，一點進去，內容是空的。

進入香港機場，視線所及之處是精美的巨幅廣告，活潑的英語告示，光潔現代的商店，

完善的路線指標。進入台北機場，突然安靜下來，好像到了「鄉下」；英語少了，廣告少了，指標少了。雖然整潔明亮，可是空曠寂寥。進入北京機場，就連「鄉下」都不是了。牆上是空的，客人第一個看見的東西是高懸在海關頭上的〈中華人民共和國出入境管理條例〉。人們進入香港時，整個機場營造一種興高采烈的氣氛告訴你，「香港是亞洲的世界之都，我們歡迎你」。進入文化最深厚的北京，劈面給你的第一印象卻是冰冷嚴厲的管制法令，犯了什麼什麼法的人會被遞解出境云云。

就文化內涵而言，香港其實是最薄弱的。相較之下，台北的人文風景最活躍，北京的歷史文物最豐富，創新企圖最旺盛，但是，在國際舞台上的演出——不論是參與或者是觀光客與人口的比例，香港卻是最高的。台北和北京都不太懂得要如何將自己的內涵呈現出去。我們說，香港最「國際化」的意思就是，香港比較懂得用國際的語言和手段「呈現」自己。

所以國際化是一個呈現的能力。但是不要誤會爲那只是表面的包裝和行銷。就譬如學習英語，一個把英語的文法學得爛熟，語彙背得特多的人，不見得會使用英語，因爲語言的背後藏著習俗和價値；不懂得這些習俗和價値，是不可能眞正掌握一個語言的。可以正確地拼寫出 democracy 或者 civil society 的人，不見得會用這兩個詞。或者說，會使用這兩個詞的人，所懂得絕不只是這兩個字的拼寫或發音而已；字後面有千絲萬縷的歷史脈絡。同樣的，當我們所謂懂得國際的呈現方法，一定意味著懂得國際的內涵——文化的問題、政治的發

展、市場的運作、競爭生態的改變、新思潮的湧現等等。掌握了對內涵的瞭解，心中有一個標準，才可能知道如何呈現可以達到目的。

誰要二手的感動？

有了這個標準，「閉門造車」的可能性就減低了。我們會比較知道要做什麼才能和國際「接軌」。一個讓人看得懂的網頁、一個讓人覺得親切的機場，一個城市讓人看得見它的美好、認得出它的特別，都是「軌」接得好不好的問題。可是接軌的意思，是把自己的軌道和別人的接上，以便於將自己的貨物輸出。軌道，與國際一致，火車裡的貨物，卻要求獨此一家，否則，沒有獨特風格，誰要你的輸出呢？

如果我們有優秀的文學作品，那麼國際化就是懂得如何將這些作品推銷全球，譬如《哈利·波特》的全球化。但不是讓我們的作家模仿《哈利·波特》的寫作。如果我們的石庫門、四合院文化是一種獨特的美學，那麼國際化就是懂得如何保存這個美學而且將它發揚光大，吸引全世界來欣賞它。

國際化的意思，不是把自己淘空，更不是把自己的內容換成別人的內容。道理何其簡單：誰要你模仿的、次等的、沒有性格沒有特色的東西呢？

巴黎要跟紐約競爭，會把自己的老房子老街拆了去建和紐約一樣的高樓大廈嗎？那會是

一個笑話。人們不辭千里去看古羅馬，是爲了什麼？人們不辭千里來看北京城，又是爲了什麼？是爲了來看北京的超現代高樓或者法國人設計的模仿巴黎香榭里舍的王府井嗎？

我們的建築，已經找不到自己的詞彙。我們把土地和城市提供出來，讓別人實驗他的詞彙，馳騁他的想像。我們的音樂走西方交響樂團的路線，走不出自己的路。我們的文學，有一點國際輸出，可是其中有相當的比例不是漢語的精華，而是滿足他人獵奇心理的投其所好。我們的視覺藝術，要界定自己的「當代」，還有困難。

我的問題是：你要求有中國自己特色的、獨立的「當代」，請問那個土壤在哪裡？當土壤非常薄的時候，創造出來的東西，當然除了性的大膽、文革的恐怖、毛的譏諷之外，就是西方的模仿，不論是建築或是音樂。而你可能被接受，只不過因爲你是「神祕」的中國，所以拙劣也可能被當做觀賞的物件。我覺得我們要對自己非常苛刻地追問，要有自己「當代」的花朵出來，請問你的土壤在哪裡？

思考這個問題，我們可以看看林懷民的雲門舞集。林懷民接受的是美國現代舞的訓練，開始回到台灣去創建舞團時，自己就已經很清楚了自己的位置，他說：「我如果只是跟著美國現代舞這樣走下去的話，到最後就只不過是一個現代舞團罷了。」於是他開始深入中國的古典和台灣的生活：京劇、《楚辭》、太極拳、書法、台灣本土誕生的歷史、鄉土信仰裡的「怪力亂神」……最優雅古典的和最生猛原始的，都成爲他創作的泉源。有一次在維也納看

雲門演出。民間信仰的乩童，經過現代舞的詮釋，上了舞台。「魅」的原始文化和「去魅」的理性追求相互碰撞；林懷民其實在實驗、在尋找，他自己的「當代」。

另一個例子是譚盾。和林懷民一樣，譚盾在國際的「軌道」上尋找自己的「火車」。他回到自己的鄉土，用現代的眼睛從湖南古老的巫文化和儺藝術中探索新的意義。最新的創作組曲〈地圖〉演出時，波士頓交響樂團設立網站介紹楚文化的根源，短短時間內就有二十萬人次上網閱讀。

雲門舞集成爲蜚聲國際的亞洲舞團，和全世界最傑出的舞團做激烈的國際競爭。譚盾和全世界最優秀的作曲家競技，他們都嫻熟「呈現」的手法，在國際的「軌道」上奔馳，但是他們「火車」裡載的，可不是美國現代舞的模仿，也不是廉價的東方情調。不是每一種實驗都會成功，不是每一個尋找都有答案，但是林懷民和譚盾都明白：國際化，絕不是將自己的庭院拆掉，將自己的傳統拋棄。

把鐵軌接好，讓外面的火車送貨進來，同時讓自己的火車開出去，盛滿自己的東西。但是當「國際化」被誤解爲模仿和抄襲的時候，我們的城市就逐漸失去它自己的面貌，走到哪裡都似曾相識。我們的音樂和藝術，帶來的是二手的感動。國際化是設法將鐵軌鋪好，找到銜接的地方，卻不是把火車裝進別人的貨物。傳統從來就不是死的，死的只是我們自己的眼睛。傳統永遠是活的，只是看你當代的人有沒有新鮮的眼睛，活潑的想像力，大膽的創新

力，去重新發現它、認識它，從而再造它。

因此，在全球化排山倒海而來時，最大的挑戰可能是到底我們找不找得到鐵軌與鐵軌銜接的地方，也就是西方跟東方，現代跟傳統，舊的跟新的那個微妙的銜接點；必須找到那個點，才可以在全球化的大浪裡，找到自己眞正可以安身立命的地方吧。

二〇〇三年十月十八日

輯二
世紀初的文化論辯

I、讀龍應台有感

海，以及波的羅列
——回應龍應台〈面對大海的時候〉

◎向陽

向陽，本名林淇瀁。政治大學新聞博士。曾任《自立報系》總編輯、總主筆、副社長。現任東華大學民族發展研究所副教授、吳三連台灣史料基金會祕書長。

龍應台在人間副刊連續登載的系列文章，維持著她一貫的雄辯風格，理路清晰、邏輯嚴謹，但更重要的是從中可以看到一個傳統自由主義知識分子對於當代台灣政治社會與文化發展的憂慮和直言。這系列文章最少說明了龍應台在走過官場之後，並沒有遭到台灣官場文化的浸染，仍能維持知識分子言所當言、言所欲言的坦蕩磊落。這是作為她的文學夥伴的我感到敬佩之處。

龍應台〈面對大海的時候〉一文，不由得讓我想起台灣詩人林亨泰寫於五〇年代的一首題為〈風景No.2〉的詩。在那個國民黨威權體制控制下的台灣，面對大海是台灣人不敢想像的一件事，林亨泰的詩這樣寫著：

防風林　的
外邊　還有
防風林　的
外邊　還有
防風林　的
外邊　還有

然而海　以及波的羅列
然而海　以及波的羅列

這首詩通過「防風林」、「海／以及波的羅列」兩組隱喻，暗示了戒嚴年代台灣人民遭到國民黨以重重防風林禁錮於島內，不被准許接近大海、觀看波的羅列的鎖國待遇，讀來令人動容，詩中的「然而」清楚寫出了台灣被禁錮然要企盼自由的心境。龍應台文中所提到的「在政治封鎖的台灣長大，我潛意識中以為所有的國家都是『孤島』」，「在長達三十八年的戒嚴時期裡，台灣的海岸線不是海岸線而是警戒線」。都和林亨泰寫於一九五九年的這首詩

可以呼應。

一九五〇年代的台灣，一九五〇年代的台灣，基調是苦悶的，聲音是瘖啞的，在國民黨強化他的法西斯威權統治下，形成一個苦悶的年代、沉默的人民的灰色系時代景觀；特別是在一九四七年二二八事件之後，更有「一種悽涼的和平，籠罩在台灣上空，就像森林大火之後那層厚厚的灰燼」（引賴澤涵等著《悲劇性的開端：台灣二二八事件》），覆蓋在台灣的社會底層和人民的心頭。不僅如此，就是隨國民黨政府來台的外省知識分子、連同基層軍公教人員，也充滿著一股無奈，受到壓迫。我剛完成不久的博士論文就是以當時雷震和《自由中國》的奮鬥爲主題，研究當時的自由主義知識分子如何，套用殷海光的話，「向反理性主義、矇昧主義、褊狹主義、獨斷的教條毫無保留的奮戰」。龍應台和我都在那個年代度過童年，自然可以理解台灣在兩蔣統治年代中「大海」的不在。我的淺見以爲，分析台灣的政治、社會和文化變遷，這個歷史情境的了解是必要的。

今天的台灣所以看得到大海，擁有豐富的波潮，多元羅列，是在像雷震、殷海光這樣的衆多的自由主義知識分子的奮鬥下，是在他們當時連結的本省籍政治菁英如李萬居、高玉樹的爭取下，乃至於美麗島事件以及其後衆多民主運動人士的犧牲下獲得的。這個過程中，我們看到的不是省籍、族群的分別，而是威權統治階級與被統治階級的分野。

龍應台指出了台灣的現象，沒有分析此一現象的歷史成因，我願意做這一個補充。

其次，我相當認同龍應台對於「一個成熟的論辯文化」的期待和呼籲。這是台灣作為海洋國家，發展海洋文化，首先必須培養的論述領域。我們看到大海了，自由了，卻還習慣大陸思考，總是要求劃一的、整齊的、秩序的、標準的規則，卻忘了與大海同時出現的是「波的羅列」，是各種不同的、相異的、相背的，乃至相互違逆的思想波濤。被稱為「多元」的這些思想波濤，不是通過傾軋，而是通過論辯，互侵互融，而後成就了海洋的繁複風貌。龍應台這系列文章，讓我們看到一個知識分子寬闊的胸襟，即使部分論點有龍應台思考上的盲點，我也未必同意。但是她提出的類似哈伯馬斯「公共領域」的理念，我相當肯定。

最後，我想說的是，龍應台自八〇年代執筆批判台灣的政治和社會，掀起「野火」以來，促使文化領域和社會的對話，打開了窗口，她的貢獻當然不應該被忽略。戰後的台灣，從殷海光以下的知識分子，投入思想啓蒙，也投入政治、社會改革行列，他們的戰鬥抗爭目標非常明確。但是，光有批判言論還不夠，知識分子的勇於實踐也該受到社會期許。龍應台從《野火集》之後到今天，論述不少，但似乎還是缺乏實踐，聽龍應台說，她未來希望辦一分文化雜誌，我期許她的夢想成眞，這是實踐的開始。一個眞正的知識分子，像五〇年代的雷震、殷海光或者是有理想的政治家、藝術家、文學家、思想家，他們的眼光絕對不可能被侷限在現實的、短暫的、政黨的鬥爭與輪替上；他們對理想的堅持，一以貫之，絕不妥協。這對龍應台來說，不是困難的路途，我要祝福她。

I、讀龍應台有感

我的文化願景

◎陳芳明

陳芳明，政大中文系教授。

我回歸台灣的時間非常晚近，是在一九九二年，這時候的台灣已經解嚴了。我在二十七歲去美國留學，而回來的時候已經四十五歲，離開台灣一共十八年。因此，台灣整個的變化過程中，事實上我是缺席的。當初因爲剛歸國，我開始重新調整我的心情。我在海外因爲不能回台灣，所以非常激進；而現在能夠回來了，我反而整個心情就相當平靜，而且安穩下來。所以，在談文化問題的時候，我想自己不會再像從前那樣特別激動。我們目前在談的文化問題，事實上是有兩種：一是歷史文化、一是現實文化。我是屬於歷史文化的，而現實文化是從歷史文化演進，而又不斷的往前推展。

我是台大歷史研究所畢業，然後出國。出國後卻不能回來。不能回來的原因，很簡單，就是因爲批判政府。批判政府當然就變成黑名單，因爲黑名單的身分所以十八年都沒辦法回

來。我能夠回來，也是因為政治上的助力——民進黨幫我解決了這個難題。所以我回來的第一件工作，就是當民進黨的發言人。當了三年之後決定回到學術界，不過並非回到本行歷史系，我跳槽到中文系去了。於是我所學的都是不務正業的，所談的也是。但是我回到學界後，有一個重要的自覺：既然是教台灣文學的人，就應該寫台灣文學史。就像廖嘉展所說的，當我們有一個「實踐的基地」的時候，我們的心情就落實了。

九二一大地震發生的時刻我在現場。當時我正在暨南大學。我看到那個地方在一夜之間被摧毀。三年後當我再度回到埔里時，許多受傷的痕跡，已經不容易立刻辨識出來。當然，也是有許多歷史的創傷仍舊存在。我坐在這裡講文化該如何去建設，僅僅只是在言談而已，面對生命力的強韌，我非常慚愧。當時我們在暨大封閉三天後，找到了一條出路，於是我們就到埔里鎮上去。那時埔里鎮的屋子大部分都倒下。而當時有一間麵店，一對夫婦在那倒塌的圍牆旁邊，先生在洗菜、太太在煮麵。我想吃麵，就走進那家店裏。我問：「多少錢？」他沒有說，「我們現在受難而且物資很缺乏，因此要漲價……」之類的話。他只有說，一碗二十塊。他的表情，是那麼地平凡、平靜、溫和，也沒有苦難的樣子。我知道台灣人的生命力就在那裡！他在苦難的時候，並不強調苦難，而是想怎樣去克服那個困境。

因此，回過頭看龍應台所講的那些歷史文化，事實上距離我們九二一災區的那種現實文化是太遙遠了。我的感受是：第一她談太多的歷史文化，卻沒有照顧到現實文化。第二點她

一直把台北文化，等同於台灣文化。把台北的一切當做台灣的一切。這是我在閱讀時，感覺到的一個很大的文化落差。

我現在正在寫的是台灣文學史，我的做法是，先從最新的作家開始閱讀。因為，從前的作品我多已經讀過了。因此當前最重要的，是去接觸現代的創作。比如讀駱以軍、張惠菁的作品。因為我要知道，在現實文化裡面，正在生產的、新的生命力的創作者，這些人到底在想什麼？而他們寫出來的東西，跟六〇年代的作家，或五〇年代的，或日據時代的作家，有什麼不一樣？當做這樣的對比時，那種文化差異的感覺就會非常強烈。

我自己是六〇年代的作家，受現代主義影響最大。我這一代經過戰爭、經過二二八、經過五〇年代的白色恐怖。所以我們在處理文學的時候，都會用一種最精鍊的語言，把一個事件、或戰爭的陰影、或恐怖的印象，寫在詩、小說、或散文裡面。可是到了駱以軍這個世代，他距離戰爭非常遙遠，白色恐怖也已然消失，我們如果還要求他必須寫那些東西，那就太不顧現實文化了。

年輕世代所寫的作品，跟六〇年代的差異性在那裡？那就是，他們的感覺變得相當細膩。從前，一個大事件，我們用很濃縮的文字去寫它，所以對文字的講求，就是精鍊。到了駱以軍這個世代，他們寫一個細膩的感覺，動用龐大的文字來書寫。非常非常龐大的文字。

這是受誰的影響？很簡單，他若不是受卡爾維諾的影響，就是受村上春樹的影響。我閱

讀村上春樹的《挪威的森林》時，總在想男女主角下一頁大概就要接吻了。但是一直寫到最後，連手都沒有牽一下，吻也沒有吻到，書就結束了。村上春樹就是要寫那種愁悵、渴望，那種在愛中的焦慮。他運用那麼龐大的文字來寫。六〇年代的作家會去寫這種事情嗎？不會的。因爲他們的心情比較緊迫，他們在那被壓抑的年代，所以他們希望用最壓縮的、最暗示的語言來呈現。

這個世代所受的影響，已經不同於現代主義時期的年代，這是一個全球化的時代。像村上春樹這種作家不是只有風靡台灣年輕作家。我因爲被迫留在海外那麼久，所以我的孩子現在都還住在美國，他們是在海外長大的。我這次暑假回去，跟他們聊天，我的孩子用英文問我一件事。他說，你知道一個叫Murakami Haruki的人嗎？他說他的小說好棒噢。我對孩子說，你被三振出局了，我十年前就讀過他的書了。我要指出，村上春樹，就是一個全球化的現象。它是靠什麼全球化？它事實上是夾帶著資本主義的擴張，然後開始往外去發展。

我們今天在談文化的時候，要照顧到兩個層面。一個是歷史的過程；一個是歷史的現實，就是我們現在所在的歷史的現場。我們必須要這兩個層面都去兼顧到。我們現在不必那麼的焦慮緊張，說我們台灣的文化正在「去中國化」。「去中國化」如果是一個事實的話，這不是任何人可以阻擋的，這也不是阿扁下令我們現在開始去中國化就可以「去」的。那是自然而然的發展過程。

所謂的「中國化」是什麼？有沒有一個具體的定義呢？上面下達命令把所有的東西都拆毀；或者一場文化大革命，把所有古老的傳統全部都掃除掉，那才是眞正的去中國化。事實上，所有的中國文化在台灣這塊地方，都已經在地化了。我不用「本土化」這個字眼，是因爲本土化已經被形塑成有特定政治意涵的論述。可是，我覺得所有在台灣的人，不管是早期移民或晚期移民來的，事實上他都已經在台灣在地化了。

台灣文化的發展過程是很複雜的。台灣歷史的發展，首先一定是從原住民的歷史開始。之後才有移民史，就是漢人移民過來的移民史。第三個歷史才是殖民史。這三條主軸都要抓住。不能說，只有原住民才是台灣人。那麼多的漢人移民過來，當他們決定跟這塊土地結合在一起的時候，他們也就成爲台灣的一份子。所有的文化，都是歷史的一個事實。

當我們在談原住民史、移民史、或者殖民史的時候，我們不要忘記，每一個歷史，都帶來龐大的文化遺產。我們常常講原住民，可是不要忘記，它是分很多種的。如果按照清朝的分法，是分兩種：一個是生番、一個是熟番。生番，就是之前講的九族，現在講是十族。而熟番，就是已經接受漢化的平埔族。這些熟番，因爲同化了，我們就讓它的文化消失了。一群移民來到台灣，可以讓這個島上原住民的文化，平白地消失掉。這種文化很野蠻。但是我們並沒有檢討這個問題。我們這個漢人的文化，是這樣野蠻地讓平埔族消失了。可是它消失去那裡？它其實就消失在我們的體內，就在我們的身上。在我們的語言，福佬話、客家話裡

面，就有很多平埔族的語言。這些都是構成台灣文化的一部分。

然後，我們談到移民。當我們討論移民的議題時，會說我們是漢人移民過來的。可是，漢人移民過來的，有包括那些人？福佬人、客家人，後來是外省族群。可是，我們都知道，所有的分類都是粗暴的！當我們說，他是外省人的時候，欸！你不要忘記，外省人有三十四種人。也就是說，他們帶來了龐大的語言的那種文化遺產，我們都忘記掉了。所以，我們常常講，我們的母語被國民黨消滅了。不要忘記噢，三十四省的外省人的母語，也被消滅了。不要說我們被消滅了，他們也被消滅了，大家都失去了母語了。

再來是殖民史。殖民史也是非常複雜。從明朝鄭成功開始，一直到荷蘭，到滿州，到日本，被殖民的結果吸收多少外來的語言。所以，在我們的語言裡，除了有荷蘭話，更有許多日本話。所有的這些語言混合在一起，都變成了我們語言的一部分，也都變成了我們文化的一部分了。所以我上台灣文學的課，規定學生必須要下鄉去，去學客家話、去學福佬話、或者去接觸原住民。而如果你要研究原住民文學的話，你至少要在某一個原住民部落裡定居一下吧。我想這才是我們在接觸台灣文化時，一個比較重要的練習。

到目前爲止，我從來沒有對台灣的文化很悲觀。因爲，我以爲文化都是自然形成的。只要有人的地方，就有文化。文化本來就是相對大自然而言，一個是nature，一個是culture。也就是說，當人去一個地方之後，有這樣的族群、有這樣的人種、有這樣的歷史，就會創造

這樣的文化出來。所以在這樣的過程裡面，不論你是殖民者或被殖民者，來到台灣以後大家都變成在地化了。你如果離開台灣土地，那就另當別論。

最後，我要談一點對台灣文化的願景。那就是不再用「漢人中心論」、或者「福佬中心論」，來看台灣文化的形成和前途。換句話說：外省族群、福佬人、客家人、原住民，都是構成台灣文化的一部分。如此一來，談文學或文化的時候，就不會那麼緊張了。

我曾經惹過一個大禍，一九九九年的時候，我講過我正在寫台灣文學史。而且，因為張愛玲對台灣作家的影響太大，所以我要把張愛玲的文學影響力寫進台灣文學史。然後各界開始追殺我，到今天還是不止不休的。這群反對我說法的人一直在說，文化是要很乾淨的。什麼叫做很乾淨？所有的文化是不斷在流通的，而且不斷地在融合，不斷地生產、再生產。張愛玲的文學，自然而然有很多東西進入台灣文化的血脈裡面去了，這是沒有辦法的事情。就好像說，有一盤蛋炒飯，裡面有蔥。你卻說，要把裡面的蔥撿出來，你才願意吃那盤飯。那太費力了，你就把它全部吃下去吧！這種混合的文化，其實就是雜交文化。

我的文化願景就是尊重台灣內部社會所有文化的差異。如果談論台灣文學非「本土文學」不可，而本土文學又非「福佬文學」不可的話，那麼台灣文學史，大概三頁就寫完了。然而，一旦你承認所有在地的生產，都是台灣文學史構成的一部分，那麼這部文學史就是豐富的。文學這件事，就是在告訴我們，怎樣去培養你的品味。如果人只有一種品味，那麼他所

寫的歷史必定充滿偏見、充滿漏洞、充滿各種暴力。讓不同的差異性的文化同時存在，並得到應有的尊重。這才是我這樣的台灣文學研究者眞正的願景。

I、讀龍應台有感

天地正風塵

◎鍾喬

鍾喬，詩人、差事劇團團長。

如果，要我認眞回應龍應台關於台灣社會的論述，我會說：「我都同意，但也都不同意。同意的地方在於它很有針對性，不同意的地方是它很空泛。」

我現在先有個假設，她會寫這篇文章的一個狀態。七〇年代初期，巴西有一個現在非常有名的民衆戲劇工作者，叫做Augusto Boal，他帶領劇團到一個山區去，他們就在那裡演一齣戲，關於農民怎麼武裝革命的戲，戲的最後有句台辭是：「站起來吧！讓我們一起流血吧！」演完了以後，參加武裝革命的農民，深受鼓舞，就上台去跟導演說，我們家還有一點點米飯，可以招待你們，因爲你們鼓舞了我們。劇團的導演跟演員當然覺得很興奮，但是這個農民回過頭來又講一句話說，吃完了以後，明天早上我們拿槍一起去革命。導演有點傻眼，對農民說，「不好意思，我們拿的槍是道具，沒有辦法眞正開槍，所以沒有辦法跟你

去」。農民這時才恍然大悟說，「喔！原來你們在舞台上講的是假的喔！你們不會眞的跟我們去流血啊！那爲什麼還在舞台上講要跟我們一起流血呢？」

這是一個眞實的故事。它訴說了劇場行動中的關鍵問題：觀衆在戲劇的空間中，不想再一直處於被動的位置。我想這個例子也許可以應用在龍應台的出發點上。這麼些年來，她對於在台灣的民粹主義式國族認同，已經感到焦慮和不耐，因而有感而發。我想她看到太多政治人在他們的舞台上，叫人民起來怎麼樣又怎麼樣，而其實他們有另外的目的。上述關於民衆劇場的例子，讓我聯想到龍應台的焦慮，但是當她把這個焦慮掏出來，用另外一套東西對應民粹主義式的國族認同時，卻提出了具圖騰性色彩的中國概念。好像是說：古老的、具深層厚度的中國文化，確可拿來當做解除焦慮的處方。這裡，我的疑慮出現了！因爲，如果我們把中國文化的大概念拿出來就可以當解方，我覺得其中必產生空泛的問題。

她希望用八〇年代的經驗來召喚她自己的經驗，她說：「八〇年代是一個光明與黑暗的時代，是一個很有理想的時代。」這我都認同卻也感覺到空泛。

八〇年代，一位壯年早逝的文藝評論家（他的學術專業是數學），在他去世之前，曾爲他熱切摯愛過的土地與人民，留下兩句至今讀來仍令人十分動容的詩句：相期應努力，天地正風塵。

寫這兩行情文並茂詩行的人是：唐文標。他以犀利而理路分明的文筆掀起戰後台灣文化

界最具批判的論戰，一般通稱作：現代詩論戰。回顧地看來，這一場關於詩歌如何從僵斃的外來語境中解放出來的論戰和發生在不久之後的鄉土文學論戰，標示出日後台灣文學及文化本土化的趨向。當然，也逐漸形成日後糾纏不清的種種統獨情結與輿論。

斯人已逝。但，他當年留在贈書前頁上的詩情，卻餘燼未熄，甚至形成一股烈焰，燒向充滿變數的現實社會。

回首八〇年代的台灣，我們的第一印象是：集體性的脫序現象頻生不已。反應在經濟上的是金融風暴，以及由民間賭博性熱潮所引發的資金流竄；政治上，則是層出不窮的環境污染以及日益惡化的公害問題。從二仁溪燃燒廢五金所導致的戴奧辛到彰化內陸及沿海地區的重金屬污染，在各處的城鄉之間，像層層交織的惡魔一般纏繞在民眾生活的現場。恰恰是環境的病相已入膏肓，而民間又幾乎尋找不到公部門的任何支持或協助，最後的辦法便是反求諸己，以自力救濟的方式將訴求帶上街頭，展開一波又一波的抗爭與遊行。社會的衝撞帶來的是國家機器的鬆動，以及民間力量的勃興。因爲鬆梆而有了相對自主的空間；因爲有了相對自主的空間，才發現運動的可能性；因爲運動的可能性，知識分子才得以開啓和民間對話的可能性。在愈來愈開放的解嚴時空下，人們向時代預約了一張邁向理想藍圖的車票。很多長久以來在窒悶的氣息中找不到出路的人，似乎都在這個劇烈始動的年頭，短暫而興奮地嗅到了社會集體改造的可能性，更有意識地去看見昨日種種的醜陋、不公、不義……那時的

我，像是攀到了一片惡浪中的浮木一般，從昔日的渾沌與焦躁中幡然轉醒，準備迎接著一道遲來的實踐曙光。多年以後的今天，努力地回首那段時日。並不僅僅充滿希望與振奮，很多時候，甚且是挫折和沮喪。但，因為走過才留下路的跡痕，這卻是再眞實也不過的檢證。讓我們以一種社會學的角度來觀察那個台灣社會戰後世代堪稱風起雲湧的景觀罷！在意識形態的天空下，統獨論戰的火花，在異議性的雜誌上時而引發「台灣結」或「中國結」的論爭。關於台灣意識並不自外中國，或者台灣人意識自然切斷與中國歷史、文化、政體關係的討論，時而劍拔弩張，時而橫眉冷對。至於，在現實的大地上，則有不斷釋放出來的民間社會力，持續衝撞著日露窘狀的國族霸權。老舊的政治勢力，受到人民改革意願的挑戰。緬懷或回首昔時的種種美好，固然無法為擘畫將來提供任何積極的處方。但，人們總是期待從歷史的脈絡中找尋到前行的道路。如果，八○年代是短短二十年前的一段歷史。我們怎麼樣從這樣的歷史中觀看時局的轉化呢？

時間跨越九○年代的門檻，在新世紀的開頭朝我們冷笑著：好像是說，一切發生於過去的失序與迷亂卻曾帶動民衆力量的崛起；但，事過境遷，從那樣的時局中反省、成長的知識分子，也只能從瞬間的火花中，去回憶閃過腦海中的民衆的臉孔。

在一九八六年，曾經以《民間的力量》一書精闢析論台灣社會劇烈胎動的作家楊渡，在他著作的一篇序文中寫下對於八○年代的感性認知。他說：「站在民間力量崛起的年代，人

變得渺小、卑微，但因爲參與了這歷史大流的轉變，看到人民在未來的力量，心中升起無限的勇氣，有如海底的石塊，雖然磨平了自己，但也會使海岸改變了模樣。」

寫過「看到人民在未來的力量」這樣如詩行一般句子的作家楊渡，今天再去仔細咀嚼這行文字，可能會感覺到心頭一陣子的發冷。因爲，隨著時空的轉變，我們眼前的世界，對於廣義或經過社經位置區分的人民而言，並沒有找到更具體的大量，以讓楊渡這樣的知識分子、作家感到「心中升起無限的勇氣」。

我們可以說，八〇年代總結了戰後台灣社會的階段性發展。從社經構造面觀察，經濟發展所演化形成的「經濟掛帥」，在一定程度上，說明了民主進程中威權政治的解體及社會控制力的解禁。換言之，七〇年代以降，經由「加工出口工業」體系所造就的經濟成長，讓台灣立即面臨「國際化」、「自由化」的衝擊。資本的力量逼迫著整個社會從「封建」、「保守」的狀態中走出來，以一種更具商品性格的面貌加入國際分工體系中。

社會在朝著資本的方向掛鉤，卻也同時經常爆發出對資本跨國性流動所衍生的問題的反思與批判。八〇年代中期的某一段時日，我與一些社會運動工作者，在鹿港這個見不著任何「國際化」蹤影的百年小鎮裡，共同引發了一場反對美國「杜邦」（Dupont）公司來設置二氧化鈦工廠的環保運動。最終，果然讓這個國際跨國企業，從一個偏遠的濱海小鎮中撤離，即是其中一件振奮人心的案例。

資本自由化所帶動起來的報禁解除，在文化的天空上撥去了陣陣的陰霾。二戰以後，長達三十年之久的戲劇檢查制度，也在此時突而破除了重重政治禁忌的閘門，不再噤聲畏縮於反共戒嚴體制下的教條話劇脈絡中。身體做爲一種反抗社會壓制的表徵，逐漸在各種劇場美學風格中被「擠壓」出來。無論是劇場中的政治，或直接碰觸禁忌的「政治劇場」蔚爲一股遲來的風潮。比較值得討論是：相對於發生在七〇年代初期的第三世界戲劇動而言，八〇年代本島的戲劇運動，緊鎖著台灣社會內部的威權體制，衝撞的對象是戒嚴令下的黨國神話，而非對新舊殖民主義的批判與反思。這似乎也訴說著文化運動在迴照社會變遷時的局限……。一直到九〇年代初期，當「差事劇團」的前身「台灣民衆劇場」，幾度與亞洲民衆劇場聯合匯演之後，例如：全球化的風潮如何在亞洲範圍內帶來超越國族界線以外的階級壓迫的議題，才漸次具現於表演空間裡。吊詭的是：九〇年代以後的台灣，由於社會運動、學生運動在新一波的政治本土化巨浪中全面退潮，導致民衆劇場的亞洲串聯行動，始終處在社會邊緣的左翼位置，繼續發出瘖啞而迴旋不已的聲音……。

帝國挾帶著資本的盛焰，在全球範圍內引發的戰爭侵略與文化滲透，尙未從這個資訊科技凌駕一切的世界中消失。但，八〇年代以降盤旋於島內上空的統、獨論戰，卻已變得愈來愈圖騰化。

一九八九年，侯孝賢導演的《悲情城市》，在台灣電影界造成空前的轟動，也成爲政治

人物在選舉時的籌碼。如果，我們不健忘的話，「悲」片在解嚴不久的台灣社會遺留下兩個議題：獨派人士認為，無論如何這是一部有台灣意識印記的電影；統派人士則對影片中有社會主義傾向的知識分子，發出了贊同的聲音。無論侯孝賢再怎麼樣強調自身獨樹一幟的電影美學，他的電影是緊緊綁在台灣這塊瀰漫著政治迷霧的土地上。時至今日，當知名文化評論作家（也是前台北市文化局長）龍應台對盛行於島內的本土民粹意識日感不耐，而發出批判之語時，卻也只能祭出中國文化的圖騰，做為描述唐吉訶德手上那把利劍的修飾語。我在想，如果魯迅地下有知，他會從長滿野草的墳土中站起身來，拍拍衣襟上的沙塵，冷冷地說：

「這裡，難道除了統、獨議題之外，就沒有其他可以吵的了嗎？」

只要統、獨神話一日不被拆解，台灣社會內部階級、族群、性別差異的問題，便永遠被視作無關緊要的次要命題。這時，我們便只有毫無選擇地淪為死命拚經濟的帝國附庸。那麼，唐文標教授生前遺留下來的詩句，似乎依稀在我們的耳際徘徊……。

另外，在幾些回應龍應台的文章中都提到台灣的「精神分裂症」問題。簡言之，是指台灣人的肉裡長了個很深的疤痕，稱作「中國」。言下之意，讓台灣人找不到認同方向或方位的便是「中國」或「中國結」。這樣的敘述，就某個層面而言，似乎切進了台灣國族認同的要點，卻因為過於「化約」，而衍生成另一種國族神話的表述。好像是說：只要國族主義的

述說存在，我們便得以將所有的問題推到另一個極端。問題在於：我們如何去觀察現今的福佬沙文主義和昔時國民黨文化中的右翼中華沙文主義呢？我們關於「精神分裂」的批判是不是也僅僅在複製另一種國族想像的文化罷了？因而，我有了這樣的想法：「與其說台灣的精神分裂是深深長進肉裡的『瘤』稱作中國，倒不如說是政治認同與社會位階的落差。」我的意思是：當任何一個生活在台灣的人，都被「強制」認同爲「台灣人」時，他／她卻同時處在一個愈來愈被「商品」價値所決定的社會中，更面臨了經濟分配不均的窘境，這才是造成精神分裂的根源因素。

當一個「台鐵」台灣人，在政治上找到主流的，正確的位置時，並沒有同時處理了國族認同以外的社會位階處境，她／他仍然目睹著政府部門如何從勞工運動的記憶中「異化」出去，繼續與資方串聯以打勞動者的基本權益。這時，精神分裂狀態才眞正到來……。同樣的狀態，也存在於「九二一」的災民上。重建曾經是政治人物開出的支票，四週年祭的今天，時間似乎沖淡了美好的允諾。我們回過頭去，看見許許多多台灣人在精神的裂縫上焦慮、殘喘、不安……。

「九二一」過後半年，「差事劇團」到石岡地震災區和當地的十位媽媽進行民衆戲劇的工作坊。經過了一年之後，這群媽媽成立「石岡媽媽劇團」，至今已有將近四個年頭。最近，「石岡媽媽劇團」來台北演出，整個社會和媒體對她們的關注，已大大不如前兩年。她

們好像是這一個失憶之島的祭品一般，同樣在被國族文化認同的祭壇上供奉一番之後，便註定要消失於消費性的社會櫥窗中。開始時，我也不免擔心：她們會不會因為失去了時空秩序下的政治正確或政治需要，導致某種想像性的「精神分裂症」？我的意思是：她們並無法因認同自己是「台灣客家婦女」，從而解決了地震帶來的全部問題；後來，我從她們身上發現了一種屬於民衆特有的，也可以說是農村婦女特有的韌性。這種韌性，讓她們在處於碎裂的時空中，仍然懂得如何保有一種平凡微弱卻不被碎裂的虛構現實所擊倒的身體和靈魂。因而，她們在劇場中繼續存在下去。

從這裡，我也看到了民衆是得以從國族想像的神聖號召中出走，找到一片屬於民衆生活的眞實時空。

最後，我忍不住想說的是：這波討論中談到「國際化」的問題。我認為，我們在談台灣與世界接軌時，經常沿用著冷戰的思惟，也就是冷戰年代，我們被美國老大哥拉做亞洲對抗中共的小老弟，因為我們長久以來反思、批判這個歷史面向，造成今天一談國際化，不是向美國就是向歐洲靠攏，完全只有第一世界觀點。這反應了非常主流的全球化觀點，實在值得我們反省。台灣和那些被全球化排除宰割、犧牲的弱勢國家的人民的關係是什麼呢？我們必須打開另一扇國際化的窗口，才能更清楚地看見自己！

一個客家人的本土觀

I、讀龍應台有感

◎李明輝

李明輝，中央研究院中國文哲研究所研究員暨台灣大學國家發展研究所合聘教授，德國波昂大學哲學博士，專研康德哲學，並曾主持多項儒學研究計畫。

剛卸下公職的龍應台日前在人間副刊發表了〈在紫藤廬和Starbucks之間〉與〈五十年來家國〉，果然不出所料，在台灣的文化界又引燃了一把「野火」。我想從另一個角度，以自己的親身經驗來回應龍應台的文章。

我是台灣的客家人。我的祖先於乾隆五年（一七四〇年）由廣東梅縣遷居台灣，到我已是第十代，居台時間已超過兩百六十年。按照現在流行的看法，我應當是台灣人。但是問題並不像表面看來那麼簡單。雖然我的籍貫是屏東縣，但我的父母在戰後便遷居到台北市，所以我們兄弟姊妹均在台北市出生與成長。在我父母的心目中，我們不是台北人，而是屏東人。從小我們在家裡都說客家話。寒暑假時，父母常將我們送回屏東老家居住，希望我們

「不忘本」。

我六歲時進入中興大橋畔的西門國小就讀，那裡是台北市的老社區，絕大多數居民都使用閩南語。第一年，老師在課堂上完全講閩南語，我一句話都聽不懂，挫折感很大。到了第二年，老師開始講國語，我如釋重負，因爲我忽然發現：我和我同學完全處於平等的地位。這段經驗使我有很強烈的「客家意識」，使我不願講閩南語，也使我對國民黨政府推行的「國語運動」不像我同輩的人那麼反感。

一九八二年，我二十九歲時，獲得德國DAAD獎學金，到德國波昂大學留學。這是我生平第一次離開台灣。我在向波昂市政府申報居留時，在國籍欄上毫不含糊地塡上「中華民國」。不久之後，DAAD邀請獲得獎學金的各國學生到波昂聚會，我也受邀出席。在歡迎儀式上，主持人致詞，表示歡迎來自「日本、韓國、中華民國、中華人民共和國……」的客人。一個大陸學生當場向主持人抗議他使用「中華民國」的稱號。我覺得他的行爲很無聊，但未作回應。當天晚宴時，每個學生都按照國名入座，但我環顧四周，不見「中華民國」或「台灣」的牌子，只見到大陸學生圍坐在「中華人民共和國」的牌子周圍。我問主持人，我的座位在哪裡？他尷尬地說：「你同我一起坐好了。」事後回想起來，從那一刻起，我的「台灣意識」開始萌芽，而這是一種以「中國意識」爲對照的「台灣意識」。其後一連串類似的經歷使我對「中國」一詞產生很複雜的情緒。在理智上我很清楚：「中國」不等於「中

共」，「文化的中國」不等於「現實的中國」。可是，當「中國」這個稱號被中共政權所獨占，而形成一個霸權論述時，它所引起的多半是不愉快的經驗與情緒。中共「獨占中國」的結果使我在心理上「放棄中國」。此後在國外旅行時，我總是在相關文件的國籍欄上毫不猶豫地填上「台灣」。當外國人詢問我的國籍時，我總是回答說：「我是台灣人。」

台灣進入了新的階段

一九八六年我結束在德國的學業，回到台灣任教。次年政府宣布解嚴，台灣進入了一個新的階段，「本土論述」逐漸在政治與文化領域蔚為主流。但在這個過程中，許多現象令我越來越感到不安。「台語」成了「閩南語」的代稱。政治人物競相以會不會說「台語」（閩南語）來區別愛不愛台灣。我的女兒在德國出生後不到一年便隨我回到台灣。但我們身兼人權委員會召集人的副總統卻主張修法，限制不在台灣出生的人參選總統、副總統。這似乎暗示：在台灣出生而後留居美國的小留學生會比我的女兒更認同台灣。我的女兒在建安國小的各科成績都很好，唯有「鄉土教學」敬陪末座，因為所謂「鄉土教學」實際上等於「閩南語教學」（學校根本沒有客家語教師）。她如何與那些出身閩南語家庭的同學公平競爭呢？難道我在國小一年級時的痛苦經驗，我的下一代也不能倖免嗎？前年我在柏克萊加州大學訪問，回國之前，我的房東登報找新房客。他告訴我，他不能向來電詢問的房客打聽他的出生地，

否則就有「種族歧視」的嫌疑，而可能吃上官司。然而我們的總統卻指摘馬英九市長是「香港人走香港路」。我們的副總統也振振有辭地要求她的對手表態說明，他們與中國是什麼關係。我們的不少選民顯然也不覺得這有什麼不對。在這方面，台灣的整個社會距離「文明」的標準其實還遠得很。

目前在台灣流行的「本土論述」如同「大中國主義」一樣，已成爲一個霸權論述。它不但成了壓迫異己的工具，也造成嚴重的認知錯亂。今年我在哈佛大學訪問時，接觸到當地台灣長老教會的教友。教友之間都以閩南話交談，而將國語稱爲「北京話」。有一位教友表示：台灣應當像韓國一樣，廢除漢字，另造拼音文字。衆所周知，台灣長老教會是最強調本土化的團體。但顯然在這位教友的心目中，一百多年前由西方傳入台灣的基督教是本土的，而更早由漢人移民帶來台灣的漢字反而不是本土的。更令我難過的是：基督教原是由地域性的猶太教脫胎而成爲普世宗教，而台灣的長老教會卻反而地域化，而以語言爲藩籬，排斥其他的族群。我在美國見到一些台灣移民堅持在家裡講閩南語，以保存對台灣的文化認同。他們的心情我很能體諒，因爲這類似於我父母希望我們不要忘記屏東故鄉與客家文化的心情。但令我困惑的是：就是這同一批人不時大聲譴責在台灣定居的外省人對中國文化的認同，指摘他們不愛台灣。如果美國人也基於同樣的邏輯，指摘他們不愛美國，不知他們會作何感想？

二〇〇〇年總統大選期間，TVBS電視台作了一次民調，調查選民對於候選人的意

向。主其事者將選民區分為「本省人」、「外省人」與「客家人」三類。這種分類法很荒謬，因為它假設「客家人不屬於本省人」。可見「台語」等於閩南語，「台灣人」等於河洛人的成見已積非成是到什麼地步，以致連媒體工作者都渾然不自覺！

台灣需要多元文化論述

目前在台灣流行的「本土論述」之所以是一個霸權論述，是因為它可以不顧邏輯與常識，任意界定「台灣」一詞的內涵。我想藉此機會，也發起一個「台灣正名運動」（但不同於台聯黨所發起的），要求政治人物不要壟斷對「台灣」這個名稱的解釋權，將它還給所有的台灣居民。附帶地，我們也需要一個「台語正名運動」，讓「台語」一詞不再被閩南語所壟斷。如果台灣的政治人物對內堅持這套霸權論述，他們在道德上便完全沒有立場去抗議中共的「大中國主義」，因為雙方所使用的是同一套邏輯。台灣目前需要的，不是「本土論述」，而是「多元文化論述」。近年來，我一聽到「愛台灣」之類的政治口號，就會感到不自在，因為它們使我聯想起中共的霸道行徑。我也開始懷疑：我到底還算不算是「台灣人」？台灣政客「獨占台灣」的結果必然使受壓迫的人「放棄台灣」。我正在考慮：今後我在國外旅行時，是不是不再說「我是台灣人」，而該改口說「我是客家人」。

原載於人間副刊，二〇〇三年七月二十四日

【附錄】我看龍應台現象

我曾應人間副刊編輯之邀，寫了一篇題爲〈一個客家人的本土觀〉的回應文章，於七月二十四日刊出。但由於篇幅的限制，當時我未能暢所欲言，也未直接針對龍應台的論文提出評論，現在藉此機會加以補充。

我認識龍應台，有點熟，又不是太熟。一九九四年十月，我在德國杜賓根大學的一個研討會中首度認識她。八〇年代初我在德國讀書時，她發表了《野火集》。有個朋友從台灣帶來一本《野火集》，很興奮地拿給我看。我翻過一遍，老實說，我對此書並沒有特別深刻的印象，也不覺得特別感動。因爲我覺得他在書中只是指出現象，並未深入問題。不過，我還是贊成她的許多觀點，也覺得該有人講出來，只是不覺得她的觀點特別深刻。

這是早期的龍應台，《野火集》時代的龍應台。以後的龍應台有明顯的改變，而促使她改變的一個重要的因素，就是她做了母親。做了母親之後的龍應台曾疑問：「女性主義者如果沒有生養的經驗，你能告訴我什麼呢？」這使得國內的一些女性主義者對她不太諒解。其實，她只是強調：如果我們在談女性主義時，忽略了身爲母親的具體角色，那麼所談的都不免是空話。譬如，一個未婚女性要發揮自己的才能，是比較容易的。但是一旦她做了母親，就產生角色的衝突。她的自我與她作爲母親的角色有所衝突時，她要如何去發揮自己的才能呢？這是很具體的問題。龍應台到台北市當文化局長時，就面臨角色衝突的問題。作爲一個

母親，她其實很符合女性主義的標準。因爲她大體能兼顧家庭與事業。她可以在德國大報的專欄上發表文章，也在海德堡大學兼課，算是成功地兼顧了家庭與事業。但是我知道，她非常辛苦。

龍應台的個性非常強，這從兩件事情看得出來。第一件是：她的兩個兒子都會講中文，這很不容易。第二件是：到現在爲止，她都沒有入德國籍。據我的了解，她要取得德國籍並無問題，因爲她與德國人結婚，而且在德國居住的時間也夠長。但是她不要，這是她自己的決定。我們要知道，在八〇年代的歐洲，使用中華民國護照的人，到那裡都要辦簽證。因此，龍應台使用中華民國護照，要付出很大的代價。由這兩件事，我們可以了解她的個性。

我現在要探討的是：在《野火集》的時代，她得到那麼多的掌聲，爲什麼這次卻有這麼多人批評她？換句話說，讀者的反應爲什麼有這麼大的改變？在報上刊出的批評文章還比較客氣，因爲它們畢竟是署名的文章。但是網路上出現的評論，絕大多數都是罵她的，其中一些文字簡直不堪入目！完全是用本能思考！連論證都不需要！

造成這種差別的主要因素是：她當年批評的是國民黨，而現在她卻當了國民黨的官。她在政治上的位置改變了，所面對的是一個完全不同的環境。她剛到台北市擔任文化局長時，台北市的反對黨議員就拿她的國籍作文章，懷疑她入了德國籍，或是有雙重國籍。幸好她沒有入德國籍。按理說，她在這個問題上應該就可以過關了。可是偏偏有一位政治大學的林芳

攻教授（現任青輔會主委），在《自由時報》發表了一篇文章，質疑龍應台：「爲什麼妳拿不到德國籍？是不是妳在德國混得不好，才回來作官？」試想：龍應台若是眞的入了德國籍，她能免於「不愛台灣」的嚴厲指摘嗎？這就是龍應台回到台灣後所面對的環境。這也可以說明，今天龍應台的讀者爲什麼會有如此不同的反應？這其中反映出的問題，令人覺得非常悲哀，因爲它牽涉到所謂「文化精神分裂症」的問題。

這一點我自己有切身的感受，這與我所處的位置有關。身爲客家人，我佔有一個比龍應台更有利的發言位置。第一、我的祖先在兩百六十多年前就遷移到台灣，面對福佬人，我可以理直氣壯地質問他們：我的祖先跟你們的祖先幾乎同時來到台灣，爲什麼你們是「台灣人」，我們就不是？爲什麼你們講的是「台語」，我們講的就不是？第二、我們是少數族群，受過壓迫，對同爲少數族群的外省人不免有物傷其類之感。以目前的政治氣氛來說，我那篇〈一個客家人的本土觀〉在政治上非常不正確。這篇文章發表之後，不少人寫信或打電話給我。雖然有人表示不同的意見，但是沒有一個人罵我。支持我的人居多，當然有客家人，可是也有福佬人。如果換做由龍應台來發表這樣的文章，不知她會遭受到如何嚴厲的批評與羞辱！

這幾年來，我對「文化精神分裂症」這種現象的感受越來越強烈。有人說：如今這個問題已沒有那麼嚴重了，只有在選舉的時候才會發作一陣。但是很多問題已積非成是到一個相

當的程度，以致內化到每個人的意識中了。所以，我們隨時會面對公然歧視，而感到很不舒服。

我在美國加州住過，那裡也有種族歧視的現象。其實，種族歧視的問題並非台灣所獨有。但是在美國，有種族歧視的人不會理直氣壯，多少會有一點顧忌，因爲在整個社會中，不論是在法律的層面，還是在政治的層面，都存在一個大致公認的標準。前年我在美國看到一則新聞。在加拿大的某個城市（大概是溫哥華），有個華人老太太去坐公車，向公車司機問路。她的英文不太好，惹得司機很不耐煩，就罵她說：「妳不會講英文，到我們的國家來幹什麼？」第二天，有不少人（絕大多數是白人）投書給報社，譴責那個司機。這個是一個正常的社會。因爲在正常的社會，儘管還是有種族歧視，但是它有一個公認的標準，知道種族歧視是不對的。

然而台灣的情形卻讓我越來越擔心。在最近的本土化過程中，出現了很多令人憂心的現象。在此，我可以舉幾個例子。前年我在美國柏克萊加州大學進行研究訪問時，看到當地的華語電視報導李登輝先生到加州演講的消息。他在一個華人的聚會中演講時，罵宋楚瑜先生說：「像他這種不愛台灣的人，何必留在台灣呢？不如移民算了！」台下立刻響起一片掌聲。我看到那個場景，幾乎噴飯。因爲台下的聽衆大部分是台灣移民，至少有綠卡，有的人根本就入了美國籍。但是，他們不覺得李登輝先生在罵他們。李登輝先生也不覺得他罵到在

場的聽衆。當地的華文報紙也沒有一個記者指出其中的邏輯荒謬。如果按照李登輝先生的邏輯，移民就等於不愛台灣，那麼宋楚瑜先生至少比台下的那些聽衆愛台灣，因爲他並沒有移民。這不是「精神分裂」嗎？

我過去寫了一些投書，呼籲大家不要再將閩南語稱爲「台語」。有一次，中央大學的洪惟助教授在報紙上同我辯論。他說了很多理由，說明爲什麼閩南語非叫做「台語」不可。他提出的一個理由是：現在台灣人所講的閩南語，與福建人所講的閩南語已經不大一樣了，所以不能再叫做「閩南語」，一定要叫做「台語」。我反駁他說：現在我們台灣客家人所講的客家話，與廣東人、江西人所講的客家話也不太一樣了，按照他的邏輯，也應該稱爲「台語」。以此類推，我們在台灣所講的北京話（國語）與大陸人所講的北京話也不一樣了，是不是也可以叫做「台語」呢？澳洲人所講的英語與英國人所講的英語也不一樣了，它就不該叫做「英語」嗎？巴西人所講的葡萄牙語就應該改稱「巴西語」啦！這樣一來，全世界的語言系統豈不全都亂了？

公元兩千年，我與一批台灣學者到泉州去開學術會議。有一晚我們去逛街。同行的台灣學者忽然很興奮地說：「他們都會講台語耶！」我立刻提醒他說：「你小聲點，不要鬧笑話！人家講的是泉州話。」這就好比有個奧地利人跑到德國去，說道：「他們都講奧地利話耶！」怎麼不會鬧笑話呢？

有位讀者寄給我一份資料，這是高雄縣的地理科鄉土教材。它介紹高雄縣的族群分布時寫道：「高雄縣的族群有三大類：第一類是漢人，以閩南人為主；第二類是客家人，早期從廣東省東北部遷徙而來；第三類是外省人。」從什麼時候開始，客家人和外省人都不再是漢人了？這是教科書，不是個人的意見。我們的地方政府竟然拿這種教材去教我們的小學生，可見福佬沙文主義已經公然進入教育體制中了。

龍應台所面對的，其實就是這樣的環境，是一個沙文主義凌駕一切，以致有理也說不清楚的環境，是「只問立場，不論是非」的環境。所以，我呼籲大家放棄「本土化」論述，而改採多元文化論（multiculturalism），不要再用「本土化」論述來造成另外一種宰制。我們既然厭惡中共對台灣的壓迫與宰制，就不該在台灣內部再去炮製類似的意識形態。

I、讀龍應台有感

河洛人與孔子思想

——為龍應台的台灣「文化精神分裂症」補註

◎王曉波

王曉波，現任台灣大學哲學系教授。學術專長領域爲中國哲學，「撈過界」的台灣史學者，五〇年代「白色恐怖」政治受難人遺屬，爲維護「出生的尊嚴」，堅持做爲眞正的中國人，矢言「願終生爲眞理的僕人，永遠做中國苦難的良心。」

龍大小姐應台，剛從台北市文化局長的職務解放出來，就迫不及待的恢復其《野火集》的野性，撒野的在人間副刊拋出了二篇文章〈在紫藤廬和Starbucks之間〉和〈五十年來家國——我看台灣的「文化精神分裂症」〉，火力十足，不亞當年，這大概也是她文化局長憋了三年的心得罷。

在她的大作中質疑了當前流行的「去中國化」，有段文字特別引起我的注意，那就是她質問「去中國化」「是把門楣上的『潁川』、『隴西』刻字去掉嗎？是把『己所不欲，勿施於人』的孔子思想去掉嗎？」龍大小姐吉光片羽，大筆一揮就過，爲什麼「潁川」、「隴西」

和孔子思想跟台灣扯上關係，龍大小姐沒有多說什麼，卻引起我的發古幽思，不免想狗尾續貂一番。

「潁川」在現在的河南，「隴西」爲現在的甘肅。河南跟甘肅跑到台灣，眞可謂飛象過河了。其實事實還不止如此，除客家人外，台灣人稱閩南人也就罷了，居然還自稱「河洛人」，講「河洛話」。

「河洛」一詞並不是台灣人杜撰的，而最早即見於《史記》，有「昔三代之居，皆在河洛之間」（〈封禪書〉），「幽王以爲司徒，和集周民，周民皆說，河雒（洛）之間，人便思之」（〈趙世家〉），「而子遷適使返，見父於河洛之間」（〈太史公自序〉）。《漢書．五行志》顏師古注：「因見河洛而美禹功」，可見〈封禪書〉的「三代」是指夏、商、周三代，而且三代文化是相承的，成爲中國古代的夏文化。夏文化是什麼，夏文化也就是河洛文化，《周易．繫辭傳》云：「河出圖，洛出書，聖人則之。」所以，夏文化或河洛文化就是《易》的文化。周東遷之後，「周禮盡在魯矣」，而形成了孔子儒家文化。

秦始皇統一各國，其實就是統一了夏文化和楚文化，老子、莊子皆楚人也。《易》本爲卜筮之書，經孔子人文化，又與楚的道家文化整合，但至兩漢，河洛一帶還是流行著卜筮之書，並有讖緯之學，《後漢書》即多有記載：「受河洛書及天文推步之術」（列傳第二十），「兼受河洛圖緯」（儒林列傳第六），「又善風角、星筭、河洛七緯，推步災異」（方術列傳第

七十一）。

河洛人大量南遷當爲「永嘉之亂」時，《十道志》云：「清源郡（泉州）秦漢土地，與長樂同，晉南渡，衣冠士族多萃其地。」《閩中記》云：「永嘉之亂，中原人士，林、黃、陳、鄭四姓相前後入閩。」入閩的河洛人當然帶來河洛文化。

唐代，有陳元光隨父陳政戍閩，後請置漳州府，陳元光任漳州鎭撫，民感其德而尊崇爲「開漳聖王」；唐末，又有王審知隨兄福州威武使王潮入閩，後受封爲閩王。陳、王二氏皆河南光州固始人。經福建系譜學會推算，陳水扁當爲陳元光第四十九代世孫。

北宋，程頤、程顥兄弟在洛陽講學，形成洛學；南宋朱熹承二程理學，在閩講學形成「閩學」，漳、泉、晉江多朱熹子弟。鄭成功、陳永華皆「閩學」傳承，來台開科舉、立學校，直至連雅堂、洪月樵一代。至今，台北市中山南路台大醫院旁就立有「明道書院舊址」石碑。明道者，程明道也。

「潁川」、「泗水」、「汝南」、「隴西」等河洛的堂號，從來都是深入在每一個台灣人家裡的神主牌上，死後還要刻在墓碑上，李登輝的堂號即隴西。除了原住民外，「去中國化」其實都是「去台灣人化」。

至於孔子思想，現在已有清華的楊儒賓，中研院李明輝，台大陳昭瑛，師大潘朝陽諸位新一代台灣學者開始致力於明清台灣儒學的研究。

「愛台灣」，誠然要愛台灣這塊土地，但難道就可以不愛台灣這塊土地上的人和他們的文化嗎？龍大小姐所說的，台灣「文化精神分裂症」，其實是起自於當代台灣人對台灣歷史文化的無知。蘇格拉底有言：「罪惡起自於無知。」實良有以也，台灣人何以無知於台灣人的歷史文化，那又是另一個題目，不多說了。

二〇〇三年七月十三日

I、讀龍應台有感

一個大陸人看台灣

◎王丹

王丹，哈佛大學歷史系博士生，研究方向爲台灣現代史。著有《王丹獄中回憶錄》、《在梵谷的星空下沉思》等十餘本文集。兼任《北京之春》社長、中國憲政協進會主席。

台灣政黨輪替之後，我來了不下五次，越來越可以觸摸到台北知識菁英階層的新悲情，龍應台這篇〈五十年來家國〉可以說就是這種新悲情的代表之作，這種新悲情是可以理解的，因爲第一，知識菁英的失望來自於原來的期望的落空，即龍應台所說的幻滅；第二，在政權輪替之後，對以反主流體制爲使命的知識分子來說，批判的矛頭頓時失焦，原來的道德立場變得模糊，無力與無奈感與日俱增；第三，現實中也的確有太多令人不滿意之處。

我贊成龍應台文中的很多觀點，尤其是「中共不等於中國」值得台灣人深思。我也很爲龍應台這篇文章感動，因爲，你可以不同意她的觀點，但你不能否認，她是站在一個知識分子的角度，一個台灣人的角度爲台灣痛心，爲台灣思考。一個公民社會，需要更多這樣的公

民。

不過，從一個大陸人的角度，我對台灣的觀感要比龍應台樂觀一些。不錯，台灣是呈現出一種亂象，作爲一個愛台灣的外來人，我也爲之深深困惑。然而，如果用一個比較的眼光看，即使是這種亂，也要比中國大陸目前的秩序與穩定好得多，在大陸，我們沒有被政府允許的大規模遊行，沒有政黨惡鬥，沒有混亂的媒體，我們只有一律的輿論，一致的聲音，永恆的執政黨。你不覺得這很像三十年前、四十年前的台灣嗎？台灣再亂，台灣人也不會想回到戒嚴法去，這就如同蘇聯已經解體，俄羅斯經濟凋敝，那裡的人民也仍然沒有把共產黨請回來一樣，有時候，亂也是一種進步，是一種比強權下的穩定更進步的另類的秩序，我們大陸參訪團到台灣來，陪同者問願意去哪裡玩，回答是：哪裡也不想去，我們只想看電視！想想看，在台灣被視爲亂源之一的電視，在大陸人眼裡精彩無比，這眞不知道到底是誰的悲哀？

身處台灣社會之中，曾掀起思想旋風的龍應台的悲哀是可以想像的。在她用文字挑戰國民黨政權之時，內心是站在黨外，甚至是民進黨一邊的。她今天的失望，來自於她內心的立場與現實的不協調。但是台灣眞的只能讓人幻滅嗎？龍應台自己的答案比她的批判更值得關注，那就是：人民的素質是所有夢想的基礎。的確，公民社會才是民主的堅實保障，而政權輪替，還僅僅是民主的起步。那些對台灣的今天失望的知識分子，也許應該第一調整自己原

來的期待值，第二，爲培育公民社會重新煥發理想與熱情。

我經常會覺得，台灣過於妄自菲薄了。台灣人根本想不到，有多少大陸人對台灣現在進行的社會轉型滿懷期待與嚮往。台灣沒有悲觀的權利。我是看著龍應台的憤怒長大的，也看到她的憤怒曾經怎樣影響了台灣的進步。台灣要向前走，只有無奈與幻滅是不夠的，新的悲情需要新的憤怒來打破。

原載於人間副刊，二〇〇三年七月二十三日

I、讀龍應台有感

期待一個成熟的台灣

◎張隆溪

張隆溪，生於四川成都。北京大學碩士，哈佛大學博士。曾任教北大、哈佛和加州大學河濱分校，現任香港城市大學比較文學與翻譯講座教授兼跨文化研究中心主任。

龍應台說：「其實每一個民族都有他歷史的創傷和疤痕——中國的文革，日本的長崎廣島，德國的第三帝國。如何從創傷痊癒，得回健康的體魄、平衡的心靈，要看那個民族有多高的生存智慧、多厚的文化底蘊。」確實，台灣某些人極欲「去」之而後快的中國，又何嘗沒有這樣的創傷。泛政治化和以意識形態取代一切，正是文革時候中國大陸社會動亂的原因，那時候表面上轟轟烈烈的「群衆運動」，實際上不過是「運動群衆」，一切以毛澤東的「最高指示」爲唯一指令，所以文革是至上而下推行的運動，在很大程度上是人爲製造的內亂。在文革十年的動亂中，喊得最響的口號就是「政治統率一切」，意識形態的權威壓倒經濟、文化、教育等其他任何方面的需求，給中國社會造成極大的傷害。泛政治化使人完全失

去理性，甚至不顧自己的切身利益，政治正確就是一切。所以到文革結束的時候，連中共官方也不得不承認，中國經濟已經到了崩潰的邊緣。文革之後中國有極大變化，這就是代價沉重的內在原因。所以，從經歷過文革之中國這個角度，來比照台灣，來看龍應台最近幾篇引發爭議的文章，也許可以提供另一種眼界。

隨著文革結束，中國逐漸變得不那麼封閉，不那麼像害著「被迫害狂」，發神經似地認爲四面都是階級敵人，包括國內的大多數人自己。越來越多的人逐漸能夠走出去，看見外面的世界，恍然大悟，發現原來長年閉關鎖國，自己嚇唬自己，實在是上了意識形態宣傳的大當！台灣在經濟上已先一步起飛發展，和南韓、新加坡、香港同爲所謂東亞「四小龍」之一，更使大陸人刮目相看。我在八〇年代初從大陸到美國，發現在美國大學裡有許多傑出的華人教授，幾乎都來自台灣。以台灣之小，但從台灣出來而受過高等教育的人才之多，使我深深感到台灣沒有文革那樣的磨難，在經濟、教育等許多方面，都走在大陸前面。

我們當時不少人在想，如果大陸不是從五〇年代以來就政治運動不斷，如果在六七〇年代，正當台灣逐漸發展經濟，走向繁榮的同時，大陸不是關起門來內鬥，使得經濟、文化、教育各方面都大倒退，大陸的情形又會是什麼樣子呢？如果當年國民政府沒有把大陸上的人才和資源大量轉移到台灣，如果台灣不是更靠近歐美，而是以蘇聯式計劃經濟爲模式，那麼台灣又會是什麼樣子呢？

台灣對蔣氏政權的專制和壓迫有很深的記憶，有理所當然的反感和厭恨，但誰也不能否認，這個政權曾經逐漸改變，台灣解嚴也是在這個政權之下實現的，而這正是造就當今台灣現實的一部分前提和條件。今日台灣的民進黨政府爲了推行「去中國化」，把台灣近五十年來的歷史盡量說成一團漆黑，好像今日台灣的發展，包括經濟和政治方面的發展，沒有一點歷史內在的脈絡，好像國民黨政府帶給台灣的，除了壓迫和災難，沒有一點經濟和文化上的建設，難道是對歷史的尊重嗎？

在今天的中國大陸，台灣不僅不再是個可怕的字眼，而且成爲一種象徵，代表著發展、富裕，甚至時髦。明明是「京片子」，卻故意要學著說「台灣國語」的藝人比比皆是。永和豆漿、台灣牛肉麵，還有許許多多其他台灣品牌，可以和來自美國的麥當勞、肯德基一爭勝負。與此同時，不少大陸的連續劇不是也出現在解嚴、鬆綁後的台灣電視上，大陸出版的書籍不是也在台灣重印，而《移民上海指南》之類不是也成爲暢銷書，擺在台灣書店裡最顯眼的檔位上嗎？在文藝界和學術界，民間交往不是越來越頻繁嗎？經過數十年長久的封閉和隔閡，我們似乎終於可以擺脫上兩代人的黨爭和政治人物爭權奪利的恩怨，心平氣和地走在一起了。對一般民衆而言，維持現狀，繼續民間的交往，不就是目前最好的選擇嗎？

文化其實遠遠大於政治，尤其是大於政治人物登場一時的政治作秀。中文作爲一種語言，中國文化作爲世界文化一個重要部分，有數千年歷史的傳承，而在這數千年中，不知有

多少帝王將相、政壇明星此起彼落，各領一時風騷，然後大多便湮沒無聞，歸於沉寂。在這個意義上，文化的確有如浩瀚的大海，「日月之行，若出其中，星漢燦爛，若出其裡。」閉關鎖國的「內陸思維」，在文革時的中國大陸達到瘋狂的極致，而那時的台灣正逐步開放發展。經過文革，中國大陸逐步發展開放，內向的「內陸思維」卻反而在台灣越來越盛行，難道不是歷史的諷刺？

大陸人正因爲經過文革的夢魘，醒來之後發現同爲華人社會的台灣比起我們來已經如此發達，才不能不深切地反躬自省，下決心改革。但是大陸的改革在經濟方面取得的成功遠遠超過在政治方面得到的進展，所以台灣在實行民主方面是否成功，是否越來越成熟，並非只是台灣人自己所關切的。我相信，全球絕大多數華人都希望台灣的民主更成熟，而不願看見它受到傷害，而這就要取決於台灣民眾的政治智慧。

二〇〇三年十二月一日

I、讀龍應台有感

快快開拓國際視野

◎董橋

著名散文家、報人、香港《蘋果日報》社長。

龍應台六月中旬在台灣報上發表〈紫藤廬和Starbucks之間〉，長篇闡述了台灣的國際化必須與中國的傳統特色相輔相成的道理。應台文筆熾熱，輕輕燒一下又燒出小小野火來，網路和報刊回應熱烈，咖啡座上的知識圈聽說也在議論。網上一位教師說：「走過不少國家，從不覺得台灣哪比較差，但總少了些什麼。有一天，我豁然開朗，我們少的就是文化傳統。」有些網友持的是批判的態度：「台灣要國際化不是強調如何用尊崇中國傳統走出去，而是要先把老掉牙的大中華文化現代化。」我比較同意另一個看法：要和國際接軌，應該強化的是台灣與國際間的「介質」，比如語文和國際知識；國際化因此是要找到那個別人能理解的方式。順這條思路去想，大中華文化的現代化其實也是龍應台理念的一個組成部分，問題只是用台灣化去現代化還是用中原化去現代化。

我跟應台雖然隔十年的代溝，我們對深邃綿密的中國文化與中國曆史的依戀情結距離相信不會太大。多年的閒談之中，我早就看出她心目中的台灣是中國文化的暗夜燈塔、中國文化是台灣的珍貴資產。七月中旬她那篇〈五十年來家國〉依然在強調黨不是國，國不等於文化；中共不等於中國，中國不等於中華人民共和國：「嬰兒與髒水不能劃上等號，更不能閉上眼睛一起倒掉」。

因此，龍應台主張的是台灣應該跟中國爭文化的主權，應該理直氣壯對中國對全世界說，眞正的中國文化在台灣：「中國傳統文化再造的唯一可能，在台灣；漢語文化的現代文藝復興最有潛力發生的地方，在台灣」。這眞是應台非常陽剛非常果敢甚至非常武斷的一個判斷，這也是她一貫自信的作風。從當前台灣政體國體的角度去營救台灣的中國文化噩運，這樣的判斷是必要的；從台灣民間的角度去觀察台灣的中國文化命運，這樣的判斷是過份樂觀了。

我跟應台一樣覺得台灣的漢語文化底蘊比香港和新加坡厚實得多。我也覺得台灣經濟的發達和教育的普及使得台北有了北京上海都還不夠成熟的市民社會。我更覺得台北的自由氣氛創造出台北勝過北京上海新加坡的創作空間。我尤其覺得沒有一個華語城市像台北那樣包羅了三十五個省份的中國國民。台灣的漢語文化沒有經過馬列主義的切斷和文化革命的摧殘，那是事實；「隨蔣介石來台避秦的知識分子也帶來五四以下一脈相傳的知識氣質」，我

有保留。上個世紀五〇年代到八〇年代之間，那一脈知識氣質確然存在；進入李登輝和陳水扁的時代，那股氣質在執政者的壓抑下已然式微，正如台灣本土的文化氣質在蔣家政權的壓抑下淡化了一樣。因此，在台灣失去外交空間的國際化問題上，我的著眼點始終是國際視野的建立多過中華文化的定位。我不認爲台灣當前的政府素質有足夠的識見和魄力去發動中國傳統文化的再造工程：只有等到台灣朝野的意識跟國際眞正接了軌，台灣的大中華文化才有可能看到現代化的曙光。

原載於香港《蘋果日報》，二〇〇三年七月二十五日

I、讀龍應台有感

全球化與台灣

◎楊渡

楊渡，《中時晚報》總主筆。

最近龍應台的文章談到紫藤盧與Starbucks，將前者全球化的代表，而後者是在地化的象徵。

然而，紫藤盧眞的是在地的、本土的代表嗎？它代表了什麼？

關於自由主義

我還記得第一次走進這屋子的情景。我是從一個長滿植物、破破的後門進來的。一個朋友帶我來，說是要看看一個非常有學問的人，他的爸爸是台大兼任教授周德偉，翻譯過海耶克的書，是自由主義者。當時周德偉翻譯的海耶克的書買不到，不是禁書，但你就是找不到了。這也是當局對付異己思想的手段。能到一個自由主義經典思想家的家，有如進入大學者

的書房，這是多麼大的誘惑。

我只記得當時被滿屋子的書給震住了。東翻翻，西看看，連主人是什麼樣子都不記得了。後來才知道，他叫周渝。美麗島事件以後，許多年輕知識人非常苦悶，常常聚在一起。紫藤廬就成爲他們聚會的地方，後來就成了茶館了。

然而，紫藤廬不是只有茶館的歷史，也不只是舊日本宿舍、日式建築，或者台大宿舍而已，而是一個自由主義者生活過的地方。自由主義者無論在大陸或台灣，都是蔣介石壓抑的對象。然而周德偉先生卻以其毅力，在這麼寂寞的環境裡，繼續翻譯那些不可能大量流傳的經典。

幾年前，大陸流行海耶克經典的時候，我才又想起大學時代的這一段往事。和北京的朋友談起早年讀過的書，他們都非常佩服周德偉先生。作學問，是在寂寞中，才見到眞正的力量。

周德偉從大陸來到台灣，一個外省人，住在舊殖民地時代留下的日本宿舍裡，卻翻譯著西方自由主義的經典，寂寞作著學問。這是不是台灣文化的典範？

而在歷經歷史的考驗之後，周德偉、殷海光等一代的自由主義知識分子，即使是當年如此寂寞，卻開出果實來。這也是「台灣文化」不能抹滅的一環。來到台灣的外省人，在台籍知識分子被鎭壓後，繼續傳播自由主義的火種，這樣的歷史傳統，豈可用一句「外來政權」

就抹殺了？然而今天「台灣意識」的鼓吹者卻忘記這一代的先行者。

文化是靠積累的。它是一代人作學問，下一代繼續下去實踐和研究，一步步走出來的。文化無法革命，一如人的思維方式無法革命一樣。今天台灣文化，已經是原住民文化、閩南文化、廣東的客家人文化、以及國民政府所帶來的中國各地的語言與風俗，和中原意識，所共同構成。但不只是這樣。台灣還有一個自由主義的傳統，並且和全球化同步的文化轉變。在未來的時代裡，我們還要用更寬廣的心胸，去面對新的變化。現在出生的每八個孩子之中，有一個是大陸新娘和外籍新娘生下來的，他們難道就不是「新台灣人」？

有關文化的融合與創造，雲門舞集就是一個典範。它既包含了中國最傳統的〈許仙〉（現在黃春明也用歌仔戲在演出）、〈九歌〉；也有講移民歷史的〈薪傳〉；更有非常本土的〈廖添丁〉；然而它更包含了印度的舞蹈，佛陀的流浪，這樣的異國文化，恰恰是讓台灣文化豐富起來的非常重要的因素。因爲接納了這些異質文化，有寬廣的包容力，台灣才能有今天的多元文化。這才是眞正的「台灣文化」。

台灣文化界常常講「台灣意識」。台灣意識絕對不是只有歌仔戲，也不是只有九份的芋圓，而是包含我們吸收了不同的知識、文化、美學的元素，所有融合進台灣生活中的一切。它是向前看，向更遠處包容的文化。

對未來的一點想像

即使就移民人口的構成看，「台灣意識」也應該有更寬廣的意義。台灣經過這麼多年來的變化，其實已經到了第七波的移民的時代，怎麼說呢？

嚴格來說，第一波移民是在明朝的鄭燮寫《東西洋考》的時代。西班牙人來之前，凱達格蘭族和漢人都在這裡。用鹿皮跟他們交換衣服的漢人，是亂世的流浪者，也是商人，但定居者非常有限。後來的西班牙、荷蘭人的時期，那算是第二波的移民。第三波是明朝鄭成功的時候，大量湧進來的部隊，以及明朝遺民。第四波移民是清朝幾次海禁與開放政策下，大量的移民。由於大陸的人口過多，土地併吞嚴重，這是人數最多的一次移民。台灣的閩南、客家人，大多是這時候移民進來的。第五波，就是日據時代的日本人了，他們歷經五十年的統治，留下社會與文化，經濟與政治制度的影響，但移民者則於二次大戰後，被遣返這一波移民沒有人口數量的問題，但有文化遺留的痕跡。

第六波移民是一九四五年後，國民政府來台接收人員，以國民政府於一九四九年大撤退所帶來的二百萬左右的移民。他們來自大陸各地，本有不同語言和地方文化，但對日抗戰和內戰，有如颶風，把他們捲離開家鄉，輾轉流浪，來到台灣。遙遠的鄉愁，無法歸返的路途，被歷史帶著走的中國的尤里西斯啊，只能在生活中，尋找同鄉，尋找熟悉的口味，互相

慰藉。於是台灣的飲食口味、生活習性、藝術創作、地方性格、語言口音、流行文化等等，都形成一種大融合的現象，並且變成一種具有包容力的生活習慣。

很可能早晨起來喝永和豆漿，中午吃台菜料理，晚餐吃麻辣火鍋，宵夜在某一個夜市，來一串新疆烤肉。舉凡大陸各地的口味都有。然而也不僅如此，還有法國料理、義大利麵、西班牙海鮮飯、加州海鮮風味、印度咖啡餐廳、泰國酸辣料理等等。這樣的生活，什麼才是「台灣意識」的眞實內涵，就很清楚了。

那麼現在第七波是那些人呢？我們有沒有想到過，那些大陸新娘、外籍新娘？現在，台灣出生的八個孩子之中，就有一個是外籍新娘所生！這些移進來的「外籍新娘」（有些嫁來台灣那麼久了，早已是「台灣之子」的母親，變成了「老娘」），大概有二十幾萬到三十萬人吧！他們生下來的孩子，是現在和未來，我們無論如何都必須接納的。甚至於台灣的那些外勞，這些都已經是第七波了！

所以，我常常半開玩笑說，現在如果還有人敢挑動族群矛盾的話，也無非就是挑動了清朝時候的移民，跟國民政府時代移民者的矛盾。就是所謂第四波和第六波移民之間的矛盾，僅此而已。現在的民進黨的各種政治口號，包括省籍衝突、外來政權等，其實是第四波移民者爲了保衛權力和既得利益而作的鬥爭。

然而這已經是落後於台灣現實的口號了，根本不具備分析台灣社會的能力。未來將更難

以爲台灣新一代的年輕人所接受。想一想，現在的年輕一代，早已不再問你是本省外省，而是問什麼城市。他們早已失去本省外省的區別了。然而政治人物卻脫離現實，還在古老的「僞問題」上糾纏，無非就是要保有既得利益而已。

但我們已經進入第七波的移民時代了。我們必須要面對這新的時代和新的環境。我們必須承認，每一代的移民者，都是在積累著台灣的文化，我們怎麼可以用狹窄的心胸，去對待新移民者，包括大陸和外籍的嫁來台灣的女性？

談到這裡，讓我想起幾年前，我幫台北市政府審查「外勞詩歌」的情形。我當時沒想到他們寫的這些詩，這麼好看和感人。雖然翻成了中文，有些簡略，但是跟我們寫的詩味道眞不一樣，確是充滿了生命力。後來頒獎的時候是在台北火車站。聽他們朗誦他們的詩，眞的是很好聽！那種節奏感，跟我們這種單字單音的漢字，是完全不同的。聽起來是像音樂一樣，很多人在後面跟著唱。

當他們朗誦到：「孩子！媽媽到台灣來照顧人家的孩子，是爲了你未來的幸福！所以，我必須把你留在家鄉。我雖然想念你，但是我現在手中抱著別人的孩子，……」，聽到這裡，讓我們內心覺得很慚愧，因爲，她是抱著台灣的孩子，台灣下一代啊！

所以，我想：台灣這地方，如果有個文化的願景的話，我希望，無論從什麼地方來的人，無論那一代人，甚至剛剛從外面來的，是大陸新娘也好、是外勞也好，都可以有他們去

發聲、去朗誦詩的地方。一種多元而包容的文化，一種寬闊的心胸。這才是台灣應有的文化態度。

I、讀龍應台有感

當我們從國際社會邊緣化

——本土主義vs.國際化的焦慮感

◎陸蓉之

陸蓉之，比利時布魯塞爾皇家藝術學院、美國加州州立大學美術學士、碩士。台北實踐大學設計學院、輔仁大學博物館學研究所、上海大學美術學院教授。

龍應台對我個人而言是蠻熟悉的朋友，這篇文字是被她的文章所觸動有感而發。我自己也算是個知識分子，卻覺得十分迷惘，台灣曾經有過知識分子的力量，對社會有其自我期許和相當程度的影響力。然而，今天知識分子依然到處都是，卻與社會的互動關係逐漸在式微，這種式微的發展是讓我覺得很緊張的一部分，亦應是龍應台文章裡所存在的一種焦慮吧？我個人的解讀，認爲這種焦慮與政治的關係並不是那麼直接。因爲只要有人，就一定有政治，它是一種生存必須面對的手段。所以，我比較在意和關注的問題，是在一個大的文化環境裡，知識分子的聲音逐漸被許多其他的利益與興趣掩蓋時，社會反省的動力來源在那裡？

最近我經常周遊列國，短短二個月到了義大利、瑞士、以色列、上海，接著有法國、土耳其、北京、上海之行。以如此高速度移動的生命經驗，再回到台灣看問題的角度可能就不一樣了。在一九七〇、八〇年代，台灣人的生意人爲發展前途可是非常有世界觀的，遠到非洲、中東、中南美洲，以及一些人跡罕至、鳥不生蛋的地方，皆可看到台灣的商人帶著007手提包到處奔走。當時一般台灣人並沒有身分認同的急迫感，模糊地只有一個中國的概念，它就叫中華民國！既不存在認同的危機，又因爲經營國際貿易而必需具備國際觀，當年的台灣可以累積那麼多能量與資源，正因爲台灣能夠實質上與世界直接接軌，退出聯合國對台灣並沒有實質上的限制和影響。有趣的是，現在這些生意人長大了，有些台灣的企業發展得更大規模，有的根本已是跨國投資的大集團，卻在此時，反而出現了國家認同的危機：本土與中國的對立，以及一些人認爲台灣已被邊緣化，個人認爲這眞是不可思議的事情。現今全世界有一半以上很小的國家，這些小國元首的影響力，遠不及全世界排名前五百大的跨國企業領導人。以台灣產業界的全球佈局的視野，台灣的經濟影響力遠超過聯合國內一半的會員國家，令人不解的是，爲何今日台灣竟然只是追隨著政治人物所領導的視野看世界？自我邊緣化，而不追隨台灣的企業家努力於全球化？

進入網際網路、跨國企業聯盟及高度知識經濟的二十一世紀，台灣的文化環境，卻在語言操作方面出現弱智的現象，其中之一即是不斷地自我反芻討論台灣的本土是什麼？答案是

「減法」的本土主義！台灣一些政治人物在網際網路的相乘倍數成長競爭的時代，卻以「減法」來看待本土意識，其中包括「去中國化」的課題。一旦，領導人只能從「減去中國」來證明台灣存在時，台灣就已經輸了！如果能用「加」或「乘」的關係，來看待台灣與世界的關係，那麼台灣就贏了。這已不只是誰執政或誰當總統的問題，而是台灣的前途，能否透過企業在國際操作的空間內成長的倍數，看待台灣對國際的影響力；能否於兩岸經濟發展的合作關係中，也看到甚至參與和對岸相乘倍數共同成長的可能性。全世界的產業只要有能力，對中國無不摩拳擦掌競相角逐佈局中國的未來，從最簡單的數學來看，「減去中國」就等於失去十幾億的生產人力和消費人口。

由於最近常常往來台北、上海之間，感到震撼的是，在上海沒有什麼人熱中於談論國家及政治立場問題。上海正以一個國際大都會的風華向全世界釋放魅力，從機場到大街小巷，都看到各式各樣來自各地的生意人，前仆後繼地在上海灘上尋求他們事業發展的春天，不管其中多少程度的眞實性與可能性，卻無法否認人人都看到了上海正以倍數相乘的能量在放大她的視野。一九七〇年代的台北曾經呈現那樣倍數成長的世界觀，現在雖然許多人的子女也還是絡繹不絕到國外讀書，許多生意人也還在海外經商，但是卻感覺台北愈來愈不國際化了！這些應該是龍應台的焦慮，與我的不解吧？台灣究竟出了什麼差錯，使得自我從國際的社會急速邊緣化，其實那根本無關乎是否進入聯合國或是否有很多邦交國。多數非洲國家都

是聯合國會員國，也多半具有很多邦交國的關係，卻不見得對世界能發揮多大的影響力。反觀台灣的經濟、各種生產投資以及電腦相關的科技產業方面，與國際間一直有著非常密切的互動關係，如此的台灣，難道不能發揮一定程度的影響力？

對於我這樣的一個人，是無法說明白自己屬於那一個「本土」的人，我的父母親在二次世界大戰結束後從上海來到台灣，是所謂外省人，而我被生在台灣，十九歲到歐洲留學，然後移民美國，早已成了美籍華人，現在又準備在上海發展一些事業。可是，我並不認爲自己背叛了台灣，生在台灣，我無可選擇的就是台灣人，因爲我的父母，當然也是五千年中國文化的繼承人，入籍美國，我也是美國人。像我這樣生爲台灣人，種是中國人，改籍成爲國際人，在二十一世紀裡，如此國際化的遊居人口將遍佈全球比比皆是。台灣多得是出國留學住了一段時間，所有兒女生在國外，最後自己也入籍變成另一國的人，而他們回到台灣依然能夠做出奉獻台灣的事。所以，我的世界是相加與相乘的複雜結構，連我自己都沒法分得清楚自己的屬性或計較自己是站那一邊的人，甚至對於台灣當前在「減法」的本土化過程中，自己被隔離或剔除的現象也感到迷惑和無法理解！

今年夏天在以色列，發現身爲一個台灣人是多麼幸運，因爲文化的包容性，是中國文化可以存留五千年的主要原因之一。生活在台灣，如今依然擁抱著世界最古老的文化靈魂，有著如此多元綜合的文化，覺得自己是一個驕傲的中國人！當然也是一個幸運的台灣人！卻因

爲護照而同時是一個受到禮遇和敵視的美國人！在地球最低的死海邊上，我對身分認同沒有一點疑惑，而回到台灣似乎立即得到了精神焦慮症。台灣的問題其實並不複雜，複雜的是政治語言操弄的問題。從大家的成長經驗來看，每一個人都有非常豐富的成長背景與經驗，可分享相乘而結合的一股不可忽視的力量，這樣的競爭力，方能保護台灣的永續存在。今日大陸的年輕一代拚命學英語、努力想出國，清楚地知道在知識的領域如果不夠高，就是沒有競爭實力，在此壓力之下，他們不太談論諸如我是上海人、你是大連人，所以不跟你好的這類問題。中國大陸的下一代以世界爲視野，而台灣的下一代被困在狹隘的區域性劃地自限環境中。更何況台灣的政治人物不斷以否定的方式來看待歷史，以滅法來界定的台灣本土，否定，並不可能眞正磨滅歷史。

我常覺得人類的進化是極度緩慢的，現在的人與洞穴時代、中世紀時代差異不大，所有的愛恨情仇、自私卑劣與寬懷慈悲都沒有太大改變。科技和物質環境條件的進化，與人類文明心靈精神上的進化並不是成等比的進展。如此看來精神生活確是維繫人類文明進展不可或缺的重要條件，這精神生活的打造，就是從古至今歷代知識分子的使命與責任，而這使命與責任在這一代年輕人中是否依然被重視？在大學任教的我，深刻感受到由於政策的搖擺與混亂，以及「去中國化」的教改，造成一直削弱下一代對文字的使用能力。文字、語言是思想的載體，當語言、文字的表達能力不斷因爲政治的去中國化而削弱時，甚至要考慮是否以英

文取代中文，如新加坡一般，反觀新加坡的華文文化至今並未消失。重要的是，台灣要的是什麼？是文化繼續成長的台灣？還是一個政治立場鮮明，文化力量不斷被削弱的台灣？在文化的氛圍中，如何讓下一代有更多的能量釋放空間，當十幾億人口所使用的文字叫「中文」時，「它」已然成爲全球最大的文字力量之一，是否有理由自裁或放棄它，才値得我們深思！

就個人而言，我沒有文化迷思，我的文化就是放眼世界，站在相對性的位置。當在洛杉磯時，我是個洛杉磯的世界人，連結著洛杉磯以外的世界；在台北時，我是個台北的世界人，身繫著台北以外的世界；當在上海時，也是一樣相對的位置。由此移動的個人中心，來看待世界時，其實國籍已不再重要，思域亦沒有邊界。「邊界」是人類自我設限的思維，在地圖上繪製的線條，都是人劃出來的，近則是隔壁鄰居的一道牆，也可能是以巴之間永遠劃不清的邊界，而我則是一介沒有邊界的世界公民。看到對岸那一胎化政策下的許多小青年，是被每個家庭全力栽培具有國際視野的中國新青年，我認爲台灣本土化的減法演變過程是悲劇性的，再如此演變下去，在大規模移動與移居的世界新經濟勢力裡，台灣的新青年還會有競爭力嗎？這才是我焦慮的重點。

一覺回到解嚴前

——我看龍應台的〈五十年來家國〉

◎郭力昕

郭力昕，評論工作者，任教於政大傳播學院。作品包括《書寫攝影》等。

解嚴之前，龍應台女士出版了兩本評論文集《野火集》（一九八五）與《野火集外集》（一九八七．二）。作者在〈八〇年代這樣走過〉（收錄於《狂飆八〇》，時報，一九九九）一文裡，回顧「野火現象」帶給台灣社會的衝擊時，也做了一些她當時「放火」並帶著讀者一起生氣、十幾年之後自己的反省，包括：龍應台將「不再天眞爛漫」，因爲台灣社會當時那個令人氣悶的「瓦斯烤箱」，其實有著根本的結構問題；以及，龍應台留在主流媒體裡進行「最大顚覆」、因而被當時「黨外」刊物指責爲「拍蒼蠅不打老虎」的這項寫作策略，等等。

卸下政務、重返文化人身分的龍應台，最近發表了引起極大困惑與爭議的〈五十年來家國〉。以淺出流暢的筆調，讓更多人以非民粹媒體鬥嘴謾罵的方式，思辯政治與文化的問題，原本很有價値。但是，淺出不應該等於淺薄；然而，作者鋪陳問題之簡化程度，令人錯

愕。扼要地說，此文對現實政治（特別是民進黨執政後的政治）的批評，是去文化與歷史脈絡、甚至於去政治現實脈絡的；作者對她更在乎的中國／台灣文化的談論，是將文化當作故宮文物，帶著一種「返祖意識」的理解來看待的。

令我困惑的是，一位看來充滿憂國憂民情操的文化評論者龍應台，有著國際視野，又剛在台灣政治實務領域裡翻滾過一趟，爲何臧否政治，會如此去脈絡；申論文化，會如此簡單化？這篇長得並不必要的上萬言文字，除了以作者慣常而熟練的修辭，帶著二〇〇三年的讀者、生著一九八四年〈中國人，你爲什麼不生氣〉以來的類似的氣（這回再加上了被作者助長的集體沮喪與幻滅感）之外，還有些什麼新的意義？對應著龍應台〈八〇年代〉一文的自省，她是否果然已經「不再天眞」？若是，則在一個無話不可說的今日，寫一篇意義上只是繼續帶著大家生氣的文章，其「寫作策略」又是什麼呢？

該文前半段批評民進黨執政以來給社會製造的焦慮、沉重與幻滅。作者評論的方式，是去脈絡地對著執政後的民進黨、與獨裁了五十年的國民黨，各打五十大板。但是，作者出手顯然輕重有別：執政的民進黨，是清晰地展現醜陋政客面孔、赤裸地爭權牟利、讓人民幻滅、讓台灣沒有未來的利益集團，而失掉政權的泛國民黨，則只是因爲享有五十年權力而致反應遲鈍、「肥大懶惰的地主」。在兩邊各打板子的穿插書寫下，此文似乎在「理性」地批評執政黨這個效果上，取得了更多的正當性。如果這不是一種動機令人疑惑之「寫作策略」

的話，我看待該文的理解就只能是：龍應台對台灣政治，還是沒有脫離「天眞爛漫」、素樸地生氣的層次。

龍應台顯然氣得來不及認眞追究，霸佔了台灣政治權利超過半個世紀的國民黨，交到民進黨手裡的，是一台怎樣的國家機器？我同意該文（與其他各方批評）對目前執政黨的諸多描述：執政團隊人才不夠、能力不足，黨內不乏爭奪或濫用權力者、吃相難看猶有過之，等等。但是，當不甘心喪失權力的泛國民黨勢力，從文官系統、立法院，到許多有影響力的主流媒體，或明或暗地在實質上或心理上，三年多來全面扯執政者的後腿，並不惜讓無論支持或反對的民衆，集體瘋狂地攪在不理性與偏見的對立情緒裡不得抽身，進而以毀掉台灣社會內在質地做爲代價，以確保泛國民黨既得利益者四年後重新「爭回民心」、取回權力；則請問，設若民進黨執政團隊內仍有政治責任意識並勇於任事的人，這個社會給了他們什麼機會，以練習駕駛這台破爛鏽腐、所有時間花在維修甚至重新整理都時間不夠的國家機器？

台灣成人世界與主流社會之集體僞善與集體說謊的能力，舉世罕見。我們其實都清楚，民主在這裡是怎麼發生、成爲可能的（雖然至今其品質與內涵都很差），過去的獨裁者是怎麼遺害社會、極力阻擋民主政治出現的；但是我們許多人都在政黨輪替之後，選擇遺忘，好像黑板上的粉筆字，一擦就全不見了。當然，許多知識分子並未遺忘，但是他們選擇噤聲，因爲他們害怕一出聲反省過去、算泛國民黨的舊帳，會立刻被貼上「泛綠」、「挺扁」、「新

御用」這些避之唯恐不及的標籤。然後我們自我催眠，努力看著當下的各種不是，好像歷史與政治在台灣，都從二〇〇〇年才開始。

過去所謂「有怎樣的執政黨（國民黨）、就會產生怎樣的反對黨（民進黨）」，並不是一句各打五十板的犬儒式批評，而是要人們瞭解：台灣政治反對文化的貧瘠與弊端，其中重要的原因之一，是必須要在極其不堪、恐怖的政治文化發展史裡尋求理解；而今日變成執政黨的民進黨之許多敗壞品質，包括功利、妥協、或者缺乏擔當的性格，以及更嚴重的，民進黨更快地圖利財團、更徹底地臣服於美國利益的表現，也要不僅從歷史、文化裡找原因，還要從當前的政治現實情境裡求答案。「有怎樣的在野黨、就會形塑怎樣的執政黨」，已經變成今日（及未來，如果台灣樂此不疲於這樣的惡性循環）的另一種政治邏輯：面對一個只會扯後腿、亟欲惡形惡狀地搶回權力的在野黨，任何今日與未來的執政者，除了以更多的民粹叢林法則、短線交易、作秀以求自保並壯大，如何能夠「靜水流深、穩紮穩打地執政」、制定帶動國家進步的政策？

我們不僅要從台灣政治發展歷史裡，清楚一層地瞭解民進黨、國民黨、以及台灣民主運動裡的一些比較深層的現象與問題（包括兩黨跟地方利益的勾結、與資本家的關係、對美國政府的依附，等等），也必須比較深入一些地從文化的面向，理解今日的執政黨。龍文的後半段，討論台灣的「文化精神分裂症」。民進黨執政以來，泛綠勢力確如龍應台所言，有著

愈來愈嚴重的「文化的法西斯傾向」，與「部落式的族群主義」。但是，以「國民黨加上共產黨並不等於中國」、或者「中共不等於中國、中國不等於中國文化」這類繞口令，召喚著部落主義者反省、放棄其狹隘的族群意識，恐怕是徒勞的──況且這些說法，本身即有著相當的問題。

泛綠陣營的許多人將本土化等同於去中國化，確實只是個將「本土化」搞錯方向的族群政治訴求。然而，說中共不等於中國／文化（「他只是中國一個暫時的管理員」）、或說要反的是沙文主義而非中國文化，恐怕也對「文化」這東西採取了類似教科書式的理解。在這樣的話語裡，龍應台似乎意味著中共（或國民黨）的長期專政獨裁，是一種歷史的偶然，非關「中國文化」；文化沙文主義，也是一個外於「中國文化」而存在的東西。聽起來，好像中共是從外太空不小心掉在中國土地與歷史上的一組異形；而沙文主義，則似乎是隨時可以從「中國文化」身上脫掉（因而輕鬆就解決了問題）的一件外套。

然而，我以爲國民黨／共產黨雖不完全等同於中國（文化），但他們確實是從這個既博大精深又問題重重的文化裡誕生出來的（必然）產物；文化沙文主義也是一樣，它是這個文化血肉的一部分，一個精神上的潛藏因子。馬克斯固然是德國人，但是將他的學說教條化／工具化地使用、以鞏固其統治基礎的後來的中國共產黨，在中國歷史上有太多相似的前例（記得儒家學說是如何被歷代的極權者做爲正當化其統治的工具吧），怎麼共產黨會是「百分

之百的外來政權」呢？而言必稱中國「五千年歷史文化」，也只是將它供奉成一種故宮的神主牌、或缺乏辯證地將它看成鐵板一塊，否定了文化形塑在歷史過程中變動不居的特質。

至於中國或台灣版本的文化沙文主義，或者部落／氏族主義，在中國歷史與社會文化現象裡，可以看到它們的根源，例如漢族歧視境內或周邊少數族群的長久歷史與現狀（華人社會至今的各類種族歧視行徑，絕不亞於許多白種人之於有色人種），或者家族間械鬥的傳統。因此，中共的大中國沙文思想，當然有著更深層的文化因子，而不僅是某一批當權者的暫時性問題；它也不分「霸權者」與做爲政治弱勢者的廣大中國人民：當許多中國人民對內批評中共不民主時，一旦面對台灣問題，馬上槍口一致不由分說要求一個中國——而中共可沒逼著他們這麼說。只要稍微看一下與兩岸相關的網路言論，就有這些實證。

在這個意義上，民進黨或泛綠，確實也是不折不扣從「中國文化」裡孕育出來的一個產物，無論他如何否認。但是，台灣文化沙文主義的形成與今日的膨脹，除了文化因素外，更有歷史與政治的原因，而不見得特別是所謂「族群性格」的必然——所謂小鼻小眼島民性格的反轉。歷史一直並未給予台灣人民以開拓氣度的機會或條件（曾經有的一些大格局的人，在二二八等國民黨暴行中，大概也被殺得所剩無幾了）；當今日的經濟、交通、赴世界各地（包括中國、而非上一代的只有美國）求學的便捷，與網路社會的形成，我已經看到新世代裡出現了極爲優秀、令人讚嘆的恢弘視野與格局。而這確實是不管哪個顏色陣營的上一代

人，普遍難以察覺、理解，或者也無暇一顧的——他們忙著自溺於茶杯裡的矛盾。

執政之民進黨的墮落與無能，以及過去泛藍領銜、今日泛綠擴大的族群意識，當然要嚴厲批判、監督，否則執政黨墮落的速度，可以比過去更快；但是，去歷史脈絡與政治現實的批評、缺乏文化分析的話語，是難以讓理性社會服氣的。龍應台批評台灣社會沒有歷史感時，說今之統治者對上一代人（無論省籍），總是清算或忽視。我的看法剛好相反：民進黨最令我輕視的一個表現，就是它從來不敢眞正對過去國民黨的壓迫歷史，進行公開的清算。

對歷史不進行清算，反省與誡惕如何發生？二次大戰後德國人對納粹罪刑的歷史清算與集體反省，至今未止，因爲他們害怕自己文化血液裡的一些可怕的東西，會再跑出來。這點龍應台應該知之甚詳。基於公義與理性地對政治責任的清算，只會帶來國家與社會的進步。南韓的金泳三上台後，對前任總統全斗煥的政治責任進行了清算，讓他成爲階下囚。這讓南韓社會動盪、內亂不已了嗎？韓國此後加速地進步，今日早已把台灣遠遠拋在後面。

而中國的當權者固然不敢公然清算毛澤東（只敢拿四人幫頂替）、鄧小平的政治功過，台灣當年被政治迫害的反對黨，今日的執政黨，也不敢開誠布公地清算蔣介石、蔣經國、李登輝對台灣政治發展的責任，而寧可跟國民黨進行比爛的競賽。這一點當然也繼續說明了，民進黨是非常「中國文化」的。大家都發揮中國文化的現實性格，「親戚不計較」，不看過去，只管當前，進行無止無盡的協商、交換、權謀、分贓。

比爛法則，或犬儒地對它批評，當然不是任何社會進步的處方；而只能在兩個同質性甚高的政權集團裡，反覆期待聖王出現與清明政治，恐怕也是台灣某個世代以前的人們無能力超越的不幸宿命。也許黑米在〈請給我們一點時間〉（人間副刊，七月十六日）描繪的後現代社會新秩序，是個讓台灣離開舊世代族群噩夢、甚至於離開中國文化之負面內涵的一個「自動有效」的方案。不過，如果歷史、文化與記憶，不眞正能從人們的意識與行爲中連根拔除——即使是誕生於網路虛擬文化的世代、或是將現實性格與遺忘精神發揮到淋漓盡致的台灣的人民——，則在激動的生氣之後，仔細理解政治的歷史與文化，仍是必要的補課。然後，以具有主體性的政治行動，積極介入公民社會與公共政治的建立，可能才是治療焦慮、停止幻滅感，並離開藍綠兩個右翼政黨爲利益惡鬥之爛泥沼的眞正救贖。

原載於人間副刊，二〇〇三年七月二十三日。該文因應報紙篇幅而有刪節，此處爲作者原始完整版。

流動的現實與「定錨」的超現實

——以台灣霹靂火論龍應台的「文化精神分裂症」

◎石計生

石計生，現任東吳大學社會學系助理教授，筆名奎澤石頭，著作詩集《在芝加哥的微光中》（一九九九）、《海底開滿了花》（二〇〇一）、《時光飛逝》（二〇〇三）三種，理論研究《藝術與社會：閱讀班雅明的美學啓迪》（二〇〇三）等書。

後SARS時代的台北捷運，回復到從前看得見嘴臉的日子，擁擠的比肩，人們恣意交談，隔壁的少年仔打開手機，炫酷具有錄影功能的Nokia 8250，播放著昨天才完結篇的精彩片段，我湊過去也瞄了一段。現在全台灣無人不知，無人不曉的劉文聰，跪在祖宗牌位前，文聰的爸爸和媽媽蒙太奇地穿插出現，分別和他擁抱，狀甚疼愛。然後劉文聰雙手握住已經點燃的香，在眉心前面對供桌虔誠祈禱：「爸，請你保佑我（閩南語），心想事成，求仁得仁（國語）。」接著畫面就近距離特寫他著名的冷酷表情，復仇的意志熊熊燃燒。然後螢幕右下角就出現「Taiwan霹靂火」字樣，「我是來無形影，去無行蹤的藏鏡人……（閩南

語)」，秦揚主唱的主打歌出現，錄影在麥當勞廣告，那個紅底黃字的M出現時結束。民權西路站到，少年仔面無表情合上手機，看也沒看我一眼，就晃出了捷運。我看到了一個位置坐下來，車行鑽出了地下，中山足球場與珊瑚刺桐歷歷在目，我隨手拿起人家留下來的報紙觀看，《霹靂火》的討論到處可見，《劉語錄》明天發售，七月陽光依然刺眼。

我繼續約五分鐘的旅程，出士林站搭公車回到我的研究室後，面對一篇登在人間副刊的說台灣有「文化精神分裂症」的文章。龍應台以她一貫令人尊敬燃燒野火的批判宏觀視野，企圖將政黨輪替後的台灣政經文化，以拉回歷史的方式進行總清算。但事實上，當過台北市文化局長的龍應台所描寫的城市文化與五十年來的家國，這次卻是脫離流動的台灣全球化現實而以兩極化的觀念所做的定錨的超現實論述。這個「定錨」就是「文化中國」和「政治中國」的論述，所面對的卻是早已領先政治惡鬥，進行跨界流動、全球拼貼的「文化台灣」。

爲苦悶現實提供抒發的出口

龍應台於文中舉德國的「威瑪共和」覆亡的例子，說明「相似的歷史元素」：外力「謀殺」的威脅、本身「痼疾」的無力擺脫、與脖子上纏著權力鬥爭的「自殺」傾向，也都在台灣作用著。「文化中國」和「政治中國」是基於龍應台所說的「中共不等於中國，『本土化』不等於『去中國化』」而被區分開來。外力「謀殺」的威脅意指「政治中國」的「沙文主義」

窒息台灣，其代理人包括中共與蔣家政權的作用；本身「痼疾」的無力擺脫是針對容易腐化的理想主義發聲，力陳人民所寄望改革的化身民進黨，執政之後換來的卻是「被民主綁架的人民」、「一堆冷敗的灰燼」；而權力鬥爭的「自殺」傾向就是將文化視為政治權力的函數，而嘆息台灣患有「文化的『精神分裂症』」：兩極化地不是崇拜從沒看過的大中國的地理，就是神聖化、圖騰化狂熱的台灣土地之愛。雖然龍應台提出了廣納在台灣生存的各民族的「本土化」是天經地義的看法，但是，她的「文化中國」的「定錨」意識始終佔著絕對支配的位置，以至於龍應台野火就燒到了「超現實」的地方去了。兩極化的思考，使得她將政治光譜中的台獨基要派的粗俗的政治與文化主張視為主要的論敵對象，以至於陷入切割「中國」「台灣」的文化成分的論述陷阱，然而就當代文化台灣的眞實而言，事實上，這是一個過度推論，一個超現實；台灣文化所涵蓋的各種內容隨著時間展現更為豐富的多元性，人民的「由下而上」，透過文化與娛樂的結合，某種程度上解構了政客的單行道劃分，也讓「文化台灣」具有全球化色彩。

平心而論，龍應台的論述確實看到流動的政治經濟現實作用，拉到極高的制高點，以鳥瞰的方式闡述現今所有台灣的居民都感受得到的政治黨派動盪、經濟不景氣等民進黨政府與在野的國親各黨都必須擔起責任的事實，這點確實和威瑪共和時期的政治生活的「冷淡中帶著滑稽好笑的成分」、「議會裡的辯論充滿衙門式官僚氣息，有時還相當活潑激烈，但整個

看來則不免充斥著一種不實在的氣氛：黨派相互謾罵，大家大放厥詞，甚至相互污辱個不停，完全無視於外在成千上萬正在挨餓的人」的狀況雷同。但是，龍應台的類比，卻忽略了一個非常重要的事實，那就是「威瑪共和」同時是德國歷史上最爲璀璨偉大的「威瑪文化」時代。

威瑪文化。人在顛沛流離的安靜中，敏銳地生活創作讓自己表現爲時代的印記，因爲害怕自己不偉大。龍應台所說的「台灣是中國文化的暗夜燈塔，中國文化是台灣的珍貴資產」現在沒有那麼重要，「人民素質是夢想的基礎」則很重要。龍應台完全說對了一件事：政客不可寄望，人民素質是夢想的基礎。在這奇爛無比的台灣現況下，我們的時代的危機不在政治（因爲人民即使投了票也選不出像樣的未來），而在欠缺文化創造精神。這種精神，應該是能夠在商品拜物的現代中，印記短暫的歡愉，永恆的浮水印，展現抵抗的精神。威瑪文化的體驗汪洋大海一般的澎湃感情的詩人里爾克、尋找苦悶時代新人性的表現主義，都在一個亂世醞釀著文化的風暴與潮流。「不帶馴服的態度和魯莽的現代化風格，以及透過科學去解剖現實的方法，形成了眞正的威瑪精神」。這種威瑪精神，將德意志的文化再一次推向世界的舞台。

而不管你喜不喜歡，《台灣霹靂火》反映了政黨輪替後，在地文化成爲主流，是一種與盛繁榮的台灣文化象徵。我們這個時代所看到的不是一種以「文化中國」爲主軸的表現形

態，而是，台灣作爲一塊能夠鑲嵌世界文化的土地，它能吸納包括台灣本土、中華文化、日本、韓國、與歐美等各式文化的養分。《台灣霹靂火》展現全球化、資訊化的即時性與後現代的拼貼現象，不僅編劇與演員有來自香港，劇情除了發生在台灣環境，也牽扯到德國、日本與美國等不同的文化環境，劇中人物國語、閩南語夾雜偶爾還會說幾句英語，連SARS都即時被編入劇本，這是以往閩南語劇不曾有過的現象。而一個操著閩南語、有錢、年輕、迌迌、重義氣、情緒化、帶著暴力的解決問題方式的現代資產階級流氓劉文聰，成爲當前台灣人在政治、經濟與法律困境的苦悶現實提供抒發的出口，遠比龍應台超現實的「文化中國」來得有效。

我們可能喪失的更多

但是，《台灣霹靂火》反映的流動的現實，並不表示它就可以是我們這個時代的「威瑪精神」的代表。從龍應台令人同意的「人民的素養是所有夢想的基礎」的結論看來，《台灣霹靂火》的速食文化風格，可以印記短暫的歡愉，但仍欠缺在商品拜物的現代中，印象永恆的浮水印，展現抵抗的精神。它的流行文化的消費特質，也同時是「文化台灣」的全球性與後現代性的警訊。即時性與拼貼的後果，一方面可能豐富我們的文化內涵，但另一方面，我們可能喪失的更多，如果這些只是消極的娛樂與全民亂講式的抒發，其背後的金錢邏輯遠遠

大於文化精神性的形塑。這時龍應台用以「定錨」的「文化中國」的「超現實」力量就顯得格外醒目。「文化中國」的價值中心意涵和發散式的「文化台灣」顯得格格不入，像是在作夢一樣。當「文化中國」成爲龍應台所提倡的夢想時，在流動的現實中，「定錨」竟然就成爲「起錨」，成爲超現實運動所強調的夢的流動性，近看事物，以轉化現實的不滿的可能，形成抵抗的精神，雖然可能是個人式的、分衆式的抵抗，印象永恆的浮水印就在這種姿態中出現。於是，龍應台的「文化精神分裂症」的批判，才眞正是台灣「威瑪文化」的可能璀璨的一部分，如此「不帶馴服的態度」「魯莽的現代化風格」，原本是脫離現實的力道強烈的兩極化論述，在一個腐爛掉的政治經濟，動盪與衰退的現實氛圍中，超越享樂主義的歡愉和拼貼的反歷史快感，振聾發聵地標舉一種價值，一種威瑪文化式的「對生命新的完整性的追求」。我們可以不同意「文化中國」這面旗幟，可以換上另外一面，甚至多面旗幟，但是，不能沒有旗幟，或者，多到不知道有多少旗幟。旗幟不用以黨同伐異，旗幟用以迎風，航行，讓台灣的所有人民都在其中，有個嚮往的未來。如此，流動的現實與定錨的超現實，流行的《台灣霹靂火》和龍應台的「文化精神分裂症」論述相互激盪，交織，向離心靠攏，向中心錘鍊。

原載於人間副刊二〇〇三年七月二十六日，標題爲〈霹靂火vs.野火〉，此處爲作者原始標題。

龍應台只是歐洲來的過客

◎顧爾德

顧爾德，台大經濟系學士，紐約州立大學社會學碩士。曾任《新新聞》出版部總編輯，現任《新新聞周報》副總主筆。

龍應台常拿歐洲來貶台灣人，她也常問人家為什麼不生氣？她當然不知道原因，因為她只是歐洲來的過客。

紫藤廬怎麼成為公產？又怎麼變為私人茶館？背後政權交替的歷史，不是紫藤花「閒閒地開著」能解釋；其間過往人物不是一句創造歷史的「風流人物」可帶過——多少人在國民黨黑牢「封塵」而非「風流」過？紫藤廬就像台灣很多歷史記憶，不能被「一種膚淺的懷舊情懷」扭曲——「東方情懷」留給歐美來的過客吧！

龍應台批評台灣推行英語教育，又憑藉比一般台灣人好的外語能力，接受到更多的訊息，反過頭來教誨我們：歐洲有多好！什麼是全球化？她彷彿把全球化當成創世紀——奇

怪！那麼懂歐洲，不知道歐洲資本主義從十六世紀以來一直在搞全球化？不知道歐洲美麗農村是靠政府大量補貼農民，同時靠軍事、政治力打開別人市場，保護自己市場營造出來的？「現代化」要保護傳統，這句話只對霸權國家成立。資本主義世界秩序中，霸權要弱勢者接受（不一定要懂）其定義的現代化，好讓霸權維繫其文化、政經傳統。這個簡單答案應可解答龍應台疑惑台灣人爲什麼毋需知道誰是Valentine就能過情人節——只要知道Victoria's Secret網址就能讓美國人在情人節賺台灣人的錢！

「愈是先進的國家，對於國際的知識就越多……因爲知識，就是權力。」龍應台此言只對沒有歷史知識的人而言成立；有歷史知識的人知道，知識與權力建構過程中有著不平等的基礎。窮人家小孩自許要超越歷史因素造成的階級障礙值得鼓勵；但若像個歐洲貴族般問拉美印地安人：「你們爲什麼不像我們一樣寶愛歷史、知識？」拜託！不必了！

她像外來高僧般教導台灣人應關心世局——只有她知道美伊戰爭背後的角力？只有她知道非洲殖民史？若眞知道，會這般無同理心地批評台灣？爲何台灣人不能像非洲人、穆斯林反省自己的被殖民史？爲何認爲台灣人都把歷史創傷渲染爲「世界上最大的悲哀」？這種描述或有廉價的文學效果，但不符合現實。若台灣人這麼自艾自憐，不會有那麼多中小企業家、台商在世界各地開疆闢土。

「先進」是歷史進程中長期實踐的結果，不是在任一時空點上，空想效法某個典範就可

實現。當過台北市文化局長的人，可以對外國人說：「台北不好看，但很好玩。」彷彿好萊塢導演呈現一個髒亂的香港、哈瓦那，又穿插許多異國情挑，只想蒐奇獵艷，而未存同理瞭解之心。台北不長進是因爲長居於此地者「自我綁架」——文化局長沒責任，她該罵、該教的都做了，誰教台北人不像歐洲人懂得力求「先進」！

原載於《新新聞周報》，八五五期，二〇〇三年七月二十四日出版

II、挑戰文化野火

國家戀物癖

◎紀大偉

紀大偉，民國六十一年生，台中人，台大外文系學士、碩士，美國加州大學比較文學博士候選人。著有小說集《感官世界》、《膜》、《戀物癖》，評論集《晚安巴比倫：網路世代的性慾、異議與政治閱讀》。譯有《蜘蛛女之吻》以及卡爾維諾小說數種。獲聯合報文學獎，華航旅行文學獎等等。現居洛杉磯。

此文回應龍應台日前發表的一系列文章。龍文觸及的議題甚多，我只針對其中的「國家戀物癖」來談。通常戀物癖分兩類：有些人無法直接去愛女人的身體，只愛將慾望轉移至高跟鞋——這種睹物思人（或更堅決地，睹物而不必思人）的情結，是一類。有些人膜拜商品，是另一類。我將這兩類觀念延伸爲「國家戀物癖」。第一種國家戀物癖，是不愛甲國而愛乙國的傾向；而第二種國家戀物癖，是把國家當神像一樣崇拜的習性。

第一種國家戀物癖，陪伴「六年級」的我長大。初中時，我不知如何去愛面目模糊的八

○年代台灣，只好將慾望投射到遙遠國度——我愛讀三毛和龍應台（當時還看不懂張愛玲，太難）。這就好像一面吃泡麵，一面看電視美食頻道的幸福感覺。

國家戀物癖並非台灣的專利。人民和自己的國家脫節，改而去愛另一個國，在第一世界國家也是常見的現象。日本人追逐歐美時尚，不過日本並不會因此而面臨淪亡。但第三世界的國家戀物癖，到底不同於幾十年來在台灣盛行的國家戀物癖：日本人崇拜歐美，但他們仍被鼓勵去擁抱日本本土；昔日台灣人不得不向島外尋找愛戀目標，卻是因爲當時不准直接慾望台灣本土。

龍應台二十年來的文章，可以讀作自異國的風景明信片——龍應台像三毛一樣，雖然不依賴圖像，但她們的文字比圖像更會說故事，像風景明信片一樣動人。

有人大概會問：龍應台除了異國之外，也經常書寫台灣——爲什麼比作寄自異國的風景明信片？我的答案是：因爲在龍應台筆下，台灣搖身一變成異國。看過國外出版社編印的台灣主題旅遊書嗎？書中照片以魚眼鏡頭拍攝，以濾色鏡片加強色彩反差，以誇張俯角製造懾人效果——照出來的風景，恐怕連當地人都認不出來。

龍文一再強調台灣很特殊。台灣被描寫成異國遊記中的觀光地，「只此一家，別無分號」，好像出產全世界第一好吃的拉麵。有時，龍文把台灣寫得太燦爛——比如，龍文主張台灣是中國文化的燈塔。但我納悶的是，如果台灣發射中華之光，那麼爲什麼台灣、美國的

文史哲學者大量蒐購引用大陸學者的簡體字書籍？有時，龍文又把台灣寫得太黯淡——比如說，台灣的年輕人很失落，對政局沒信心。但這種失落感並非只在台灣出現——在北京擁抱中國文化的年輕人豈沒有失落感？東京民衆對政局就有信心了嗎？

如果採用龍應台鼓吹的國際化視野，會發現台灣的問題絕非「只此一家，別無分號」——台灣的問題，像國際連鎖店一樣在世界多國出現。

龍文主要在談兩件事：一，台灣在全球化時代的競爭力不夠。龍文指出，在新政府上台之後，台灣反而更加不安。而主要亂源，是「認同政治」被濫用（把人貼上「本省人」／「外省人」、「台灣人」／「中國人」等等「認同」標籤）。二，台灣如何提升競爭力。龍文指出，要揚棄「認同政治」，放下心結，進而疼惜中華文化——然後台灣就可以在全球化競技場站起來。

但是，將台灣置入國際環境來看，就會發現：一，動盪，並非只因爲國內政權不盡人意，也因爲全球情勢出問題。台灣處於世界經濟體系之中，只要第一世界的經濟一低迷，就受波及。二，「認同政治」的確危險，但它在世界各地普遍存在（試想美國的種族問題），目前並沒有任何國家成功馴服了它。要求台灣領先各國，解決認同政治的難題，恐怕是苛求。三，愛惜中華文化與提升競爭力並沒有必然關係。再說，一旦文化用來提升國家競爭力，文化就被化約爲政權的工具，亦即路易·阿圖塞所言的「意識形態國家機器」。這種機

械式的文化，是我們樂見的嗎？

之前提及的第一種國家戀物癖，是指身在甲國，卻不愛甲國，改而愛乙國的傾向。龍文的國家戀物癖有一點轉折：身在台灣卻愛異國，而這個異國正是台灣。亦即，龍文把台灣當作一個讓人大驚小怪的異國洋娃娃來愛。一如在旅遊圖文書中，異國觀光點不是被吹捧得太好，就是被責罵得太壞；遊客非去不可／遊客止步——只有這兩極而已。可是，當地住民其實活在兩極之間：家國並不必被高估，也不該被低估。

第二種國家戀物癖也在龍文出現，亦即對「國家」當作神像來拜。敏感的讀者可能會追問：這個國家，是哪一國？是這一國，還是那一國？

我是指任何一國。

在龍文中，國家是慾望的對象。不管執政者是誰，人民的愛與恨都投射至國家上頭。這裡的國家，是指運作國家的機制，而一般老百姓似乎是局外人。國家機器由政府領導人、官僚體系、商界代表組成，高高祭在神壇上；或許因爲如此，龍文特別關切政府領導人和高級官員，而沒有多談老百姓扮演的角色。人民好像只有兩種選擇：要不是膜拜政府，不然就是揚棄政府。

彷彿人民只要蹲在神壇下面，仰望空中的封神榜就好了。

如果只知仰賴國家機器，人民的政治想像力就被綁架了。許久以前有人說過，宗教是人

民的鴉片——根據這種說法，人民只要信仰宗教（任何宗教都一樣）就可以忘卻人間苦難，而不必親手改善自己的生活。在全球化時代、跨國企業凌駕許多國家的時刻，我們不妨也想想：國家是不是也淪為人民的鴉片？彷彿人民只要把一切都寄託在國家機器（任何一國都一樣），就可以理直氣壯忘卻自己的責任義務？

國家戀物癖的人民只知期待兩件事：一，天賜明君；二，自己成為高官。一旦國家機器沒有政治強人領導，人民似乎就只能坐以待斃。但，許多第一世界國家都由昏君領導，為什麼這些國家沒有崩潰？這是值得思索的現象。此外，官僚體系成為人民參與社會的唯一入口，彷彿當不了官就無法參與社會的改革。「不要做大官，只要做大事」這句老話，至今仍然具有警世效果。

事實上，仔細觀察今日台灣以及國際社會，就可以發現：人民就算沒有投入國家機器，也可以另外尋得參與社會改革的可能。例如，「非政府組織」（英文為NGO，如曾獲諾貝爾和平獎的「無邊界醫療組織」）、社會運動，以及龍應台解讀為社會紅燈的集會遊行。這些國家之外的民衆力量，都已經深入民間，推動台灣社會的改變。如果沒有民間自發的女性運動和同志運動，如果這些運動仰賴政府領導，台灣目前的性別生態必然遜色甚多。

覺得苦悶嗎？或許你也身為國家戀物癖一族成員吧：一方面將台灣當作異國來愛，另一方面又愛國家機器。何不暫別神壇，親自參加一場社會運動的街頭遊行？說不定你的台灣生

活就會重新開始。

原載於人間副刊，二〇〇三年七月二十六日至二十七日

II、挑戰文化野火

「去中國化」不等於「去文化」
——初步回應龍應台〈五十年來家國〉

◎蕭艸梅

蕭艸梅，業餘文化評論者。

龍應台最近於《中國時報》發表〈五十年來家國——我看台灣的「文化精神分裂症」〉一文，引起廣泛討論，不過針對其中的若干的論點實在有必要加以回應。

文中提到：「洗澡水用過髒了，得倒掉，但我們不會把盆裡的嬰兒連髒水一起倒掉。……國民黨令我們反感，共產黨使我們厭惡，但是，國民黨加上共產黨並不等於中國。兩個黨不到百年，中國卻有五千年的歷史。你不能把百年的細微泡沫當作五千年的深水大河。黨，不等於國；國，不等於文化；中共，不等於中國；中國，不等於中華人民共和國。嬰兒與髒水不能劃上等號，更不能閉上眼睛一起倒掉。」

乍看似乎有理，不過仔細分析，卻不免也替「作家龍應台」感到驚訝，因爲博學多聞、思辯清晰如她，竟不免仍舊陷入分類邏輯的謬誤而不自知。在此分疏回應一二：

龍應台，妳知道的，「國家」是一種變動中的概念，從封建國家，到民族國家乃至於現代國家本就意涵不同的想像。在現代國家的觀念中，中華人民共和國就是中國，中國共產黨就是中國執政黨，不管喜不喜歡，這就是事實。「去中國化」就是「去中華人民共和國化」。無關乎去「媽祖信仰」，去「陳三五娘」，去「舞龍舞獅」，去「祭祀、掃墓」，去「中秋、春節」。還有，「嬰兒」與「髒水」絕非「國家」與「文化」或是「國家」與「政黨」的正確比喻，「嬰兒」與「臍帶血」才是！

妳知道的，我們既不談「嬰兒」（五千年的中國已是「姥姥」哪是赤眞的「嬰兒」）也不談「髒水」，我們談的是生活制度的歸屬與認同，我們談的是「母親」與孕育我們的「乳汁」啊！

妳知道的，沒錯，就歷史「長時段」（the longue durée）的角度而言，中國五千年悠悠文化如深水大河，而現今中國與台灣的局勢形成不過半世紀，如泡沫中的泡沫，但是，別忘了，這半百年來的「事件」（event）可是我們活在當下的人每分每秒必須體驗與經歷的。我們就是親身體驗「誰理你們」的粗暴言語與遭受「四百枚飛彈」的野蠻威脅，多少血與淚就在這泡沫下隨風蒸散？五千年的「大歷史」會記得這些眞切與瞬間的「瑣事」嗎？

妳知道的，五十年來我們其實是只有「家」，沒有「國」的。而「去中國」是相對於「立台灣」的代名詞。從來沒有人要拿「去文化」的中國作爲威脅以建立「政治的」台灣。

那全是不善良的昧心指控。相反地，我們還要用中國文化、南島文化、大和文化、歐洲文化來豐富台灣！來建構一個眞正的家國！

妳知道的，在「文化上」，我們從沒有精神分裂症，在「政治上」才有！其實妳是知道的！對吧？

原載於電子報南方快報（http://www.southnews.com.tw/），二〇〇三年七月十六日

你可以再靠近一點

◎伊格言

伊格言，本名鄭千慈，男，一九七七年生。台北醫學大學醫學系肄業，現爲淡江大學中文系碩士班研究生，主持個人新聞台「看不見的城市」（http://mypaper1.ttimes.com.tw/user/Egoyan/）。曾獲聯合文學小說新人獎、短篇小說推薦獎等獎項。

吳繼文的《天河撩亂》是一部極其好看的小說。而其精彩之處，大致說來，或可謂在於其中如旋轉燈般炫目離奇的「身世變換」之主題搬演。就最顯明的表層情節而言，它至少容攝了兩個主要事件——其一，爲「敘事者之叔父自小即爲性別認同所擾，一心變性，爲此甚至遠走日本從事特種行業，終獲成功而搖身而成敘事者之姑媽」之奇幻一事；其二，則爲「敘事者本人身世之謎之揭露」一事。以此二事爲主軸，加之以環繞著「敘事者親族之間某些不可告人的欲望核心」旋飛而出的流亡與遷徙，整部小說遂成爲一本「未定之書」，漬印著某種類同於陳子昂〈登幽州台歌〉一般的蒼莽之美。天地悠悠，我從何來？

這當然是一種「認同亡失」的迷惘，一種在流徙不定的外在環境變動中無出路的鄉愁。在小說之中，這樣的情緒遂化身爲一迷人準確的意象——羅布泊——那在沙漠之中數千年來不斷變換其形貌位置的離幻之湖。藉由斯文赫定（Sven Hedin）〈漂泊的湖〉的互涉文本，吳繼文將此一意象處理得恰如其份。那不停移行且流浪的性別、性向與身分認同，其傷痕血淚斑斑，想必唯有眞誠包容之心懷——且必得互相了解——方得涵攝之、撫平之。

而這樣的一部文本或許亦能有助於我們採取一種更健康、更輕鬆且更準確的態度來看待龍應台前局長（以下簡稱「龍總裁」）。不知爲何，許是港版台製《霹靂火》看太多的關係，近來遇見朋友，總有直呼其爲「總裁」的衝動）的〈五十年來家國〉一文。家國五十年，江山易手大陸變色，原先富麗璀璨的古典中國甚且在文革的摧殘之下面目全非。自詡以文化使命如龍總裁者，想必憂心忡忡，怨自己生錯了時代，恨不得生爲當時之人力挽狂瀾一番吧。或者會不會，即使不能身爲當權者，至少亦可再燃「野火」一把，好好地燒出一場針對此事的直言批判呢？

這想必便是〈五十年來家國〉一文中最基礎的、烙印潑灑於字裡行間的精神底蘊了。那個時候，立場還很好選，非黑即白的世界裡總還有電腦射擊遊戲裡把關魔王一般的「萬惡淵藪」可供憤激有俠氣之人鞭笞一番。這些萬惡淵藪或者是廣闊天地裡發動打砸搶的文化殺手，或者是以戒嚴體制逼得衆人噤口的獨裁者（與其政黨），等等等等不一而足；總而言

之，那是個平庸評論者的黃金年代，目光無須銳利、思慮不必細密周全，只要有無畏的勇氣，立場堅定，把心一橫，「送他一桶汽油、一支番仔火」，也就對了。

然而時不我與，文化英雄亦老矣。龍總裁或許亦難免於陷入左支右絀的窘境——這世界再也沒能像從前那樣光與影皆分明了。就以龍總裁念茲在茲（且不惜大張旗鼓以「野火第二代」炙之灼之）的一大群台灣國族論者而言，於〈五十年來家國〉一文中，龍總裁的觀察竟顯得如此生疏而粗糙。或許因爲偏見、或許因爲實在急切、或許因爲不了解與論述的方便，龍總裁幾乎把形形色色、範圍光譜寬泛的各式台灣國族論者全打成了最極端、最不體貼的那種。然而事實上，這樣不體貼的人們人數並不多，他們的意見也並未成爲政治主流（也因此，我們今日所見檯面上的當權派其實少有此類者）。而我或許也明瞭龍總裁的論述必得如此以偏概全，因爲她可能沒有心情、沒有興趣、更沒有能力去理解那群被她不明就裡地批得一無是處的台灣國族論者們。龍總裁可能還活在從前那遍地野火，易於批判且無須細緻論述的世界裡；她可能「憤激」得很舒服，不想再出來了。就像若是一位獨派想攻擊統派，最便宜的方法便是將所有的統派都說成是馮滬祥一般。

二十世紀末期，解嚴之後的九〇年代台灣曾經經歷了一場劇烈而複雜的地殼變動，在台灣國族論者的陣營中亦陸續誕生了五花八門的政治論述。一九八八年，陳水扁主導民進黨〈四一七決議文〉；一九九〇年，謝長廷介入修正〈一〇〇七決議文〉；一九九五年，許信

良草創《新興民族》；一九九六年，周奕成等人擬定〈台獨運動的新世代綱領〉；一九九八年，郭正亮出版《民進黨轉型之痛》；一九九九年，民進黨全代會通過〈台灣前途決議文〉；二〇〇〇年，陳水扁提出「四不一沒有」的兩岸政策主張。在這些各式綱領性的關鍵文件之中，少見其否認身爲華人者，更少見其否認身處中華文化圈者；而多的則是對台灣這塊島嶼之上混種文化、多元異質的包容與推崇。龍總裁大概不清楚這些，但忙著像李豔萍一般濫發議論非但無助於彼此的相互了解，倒是有徒增誤解對立之功。如我所說——恰似是那撩亂的天河之中流動不居且無法被簡化論述、評斷的種種意象，那「漂泊的湖」——寬諒與前瞻必得是以相互了解爲基礎的。

龍總裁當然不了解台灣國族論者們。但他們當然也不會因爲龍總裁的不了解就變得比龍總裁更簡單。現在的世界已然不是一個用幾桶汽油和幾支番仔火所燃起的野火燒得盡的。龍總裁可能不很甲意輸的感覺，但我很想告訴她，您其實不必那樣擔心，並沒有那麼多人眞的想要讓您輸，眞的想要否認台灣多元文化中的中華文化性格。您其實可以再靠近一點。對，沒關係，再靠近一點——您會發現，他們其實都很不錯，或許值得您再思索個一百年。

原載於人間副刊，二〇〇三年七月二十五日。該文因應報紙篇幅經過刪節，此處爲原始完整版。

II、挑戰文化野火

處方簽開給誰

◎劉維公

劉維公，現任東吳大學社會學系助理教授，學術專長領域爲文化社會學、文化經濟、消費社會研究等。

在〈五十年來家國〉一文中，龍應台不僅試圖爲台灣戰後至今的文化發展歷程下了診斷（強權統治所造成的一種集體文化精神分裂症狀），也開了處方。（我們應該理直氣壯地對中國、對全世界說，眞正的中國文化在台灣；中國傳統文化再造的唯一可能，在台灣；漢語文化的現代「文藝復興」最有潛力發生的地方，在台灣。）龍應台開出此一猛藥，可說是基於兩大理由：一是中國文化在大陸遭到無情的摧殘與毀壞，反而在台灣獲得珍貴的傳承與發揚；另一則是對龍應台而言，中國文化是台灣文化的一部分，兩者的關係好比是心臟是人身體的一部分，去中國化事實上是在切除心臟，只會造成台灣文化的死亡。

雖然醫師相當用心在看診，但拿了此一診斷書與處方簽，相信並不會讓人覺得好過。因

爲如龍應台自己所論述的，在台灣跟在大陸一樣，掌權的政客對文化的蠻橫，五十年來（即使政黨輪替以後）根本上從未改變過，那麼在這樣的環境底下，爲何台灣可以生成出「更純粹、更精緻、更自由活潑、更文明、更人性的中國文化」，而大陸不行？還是在解嚴以前，正是權力的蠻橫讓中國文化在台灣有生存發展的大好空間？權力與文化發展二者間的關係充滿歷史的弔詭。細究這些，只會讓病情更加嚴重。

這樣的診斷書與處方簽到底是開給誰？難道只是給政客以及盲從於統獨意識形態的人？兩種人更容易有精神分裂。一是對同一性過於偏執的人。這些人強調本質與純正，差異／矛盾／曖昧是他們無法容忍的偏差現象，會不擇手段地去加以矯正、抑制。另一則是過於強調二元對立的人。對這些人而言，台灣／中國、東方／西方、在地／全球、精緻／通俗、精神／物質等不同事物間存在著一條嚴格控制的楚河漢界，不允許有跨界的交流、混合。全然以同一性或是二元對立的視框看現實的生活世界，只會讓人持續處於錯亂、焦慮、暴躁的心理狀態。

權力不該老被當作是歸罪的原因。背後令人憂心的是，每個人（絕非只是政客）如何看待不同的、異質的文化？台灣社會文化的異質元素不斷在增加（透過電訊科技、消費商品、外籍新娘等）。也許重要的不是台灣是否是「中國文化的暗夜燈塔」或是新國族文化的建立，而是這些異質文化如何互動，激發出台灣文化發展的動力。如果我們不改變認知的視

框，即使漢語文化文藝復興或是建立新國族成功，都將會是新的文化沙文主義出現，不會改善台灣的重度文化精神分裂症狀。

原載於人間副刊，二〇〇三年七月二十四日

II、挑戰文化野火

龍應台的中藥

◎姚人多

姚人多，清華大學社會學研究所助理教授。

前任台北市文化局長龍應台前幾天在報紙副刊上發表文章表示，台灣人目前普遍得了一種叫「文化精神分裂症」的病。針對這種病，龍應台所開出的藥方是多服用中國文化，讓台灣變成「華語世界的夜明珠」。

身爲台灣社會的一分子，當龍應台這樣一個曾經做過文化局長的知名作家都這麼說了，我也只好認了。不過，我忍不住把她這份近日來轟動「台北」藝文界的診斷書仔細看了幾遍，作爲病人的我有以下的感想。

首先，我實在搞不懂她的邏輯。龍應台一方面嚴厲痛陳台灣人「沒有國際觀」、「沒有歷史感」、「沒有未來擔當」、「沒有理性思考的能力」、「沒有執政黨」、「沒有在野黨」，不過另一方面卻又斬釘截鐵、情緒高昂地告訴我們「台灣就是今天中國文化的暗夜燈塔」。

這是怎麼一回事？台灣這個也沒有，那個也沒有，還能做「暗夜燈塔」？難道是因爲搶著做人家的「暗夜燈塔」，所以台灣今日才什麼都沒有？

再來，我也搞不清楚她說的中國文化是什麼。有的時候，它微不足道得像一顆無辜的小石頭，被路過的蔣家政權從地上拾起，打在台灣人身上之後就掉在地上再也與我們無干。有的時候卻重得如生命一般，「就比如心臟是人體的一部分一樣」，而「去了心臟還有自我嗎？」

然而，第一，就算文化是一顆石頭，那麼它絕對不是任何可以被人拿起的小石頭，而是一顆會把整個社會整個世代壓得無法呼吸的大石頭。第二，她這種生物學式的思考法是謬誤的。不容否認，文化有其傳統的面向，不過，文化絕對不是像心臟一樣自然天生的，它必須透過後天的社會化與國家機器的介入，然後經過時間慢慢形成建構甚至「發明」而成。

龍應台認爲，去掉中國文化，台灣便沒有自我，這也就難怪她在文章中點名批判了台灣國族主義，批判了「本土化」，也批判了「去中國化」，但她左批右批就是沒有批中國文化。不批中國文化，不去認眞地檢視中國文化在台灣取得霸權的過程，不用嚴肅的歷史眼光來審視過去，不把文化放進整個社會結構中來思考，最終導致了龍的文章展現了一種虛無飄渺的「文化主義」。在一片虛無飄渺之際，龍應台趁機把過去福佬沙文主義的屍體從棺材裡挖出來當成活人鞭打，然後把所謂的中國文化提升到一種神聖並加以膜拜的地位。正是在這種思維

方式之下，龍應台推演出一個似是而非的說法：即使像台灣這樣一個遭受日本殖民主義蹂躪五十年的地方，還是可以向對岸的中國人宣稱「眞正的中國文化在台灣」。對這群「龍」的傳人來說，有些神聖的東西是不會變的，我們是以中國人的文化傳統進入殖民主義，五十年過後我們還是以中國人的完整之身回歸祖國文化。

總體而言，龍應台開給我的「中藥」讓我有一種似曾相識的感覺，當年蔣家政權高喊「復興中華文化」不就是同一帖嗎？台灣人經年累月服用了幾十年，被龍應台診斷爲文化精神分裂症，今天龍應台卻連湯都懶得換就把這帖藥重新端出來給台灣人，情況會比較好嗎？

上個週六，曹錦輝在美國職棒大聯盟拿下第一勝。請注意，即使是台灣最統派的媒體都說這是「台灣人的驕傲」，而不是「中國人的驕傲」。這是時代的進步。在這個進步的時代中，我說過，我可以接受龍應台的診斷，不過我眞的很想問：龍女士，妳確定沒有給錯藥？

原載於《中國時報》觀念平台，二〇〇三年七月三十日

請給我們一點時間

——六年級生也有野火

◎黑米

黑米，民國六十三年生於高雄，國立政治大學公共行政學系畢業。任職於新竹科學園區，公餘常從事散文與小說創作，目前定居於桃園。

龍女士，或許您踏上仕途這幾年受盡煎熬、心力交瘁，可是，千萬不要低估台灣人的生命力，也千萬不要一直沮喪下去，就讓我這六年級生給您加加油、打打氣吧！因為如果不幫您加油打氣，您就會一直寫一些令人沮喪的文章，然後，您的文章隨著網路四處傳播，加上您的立論實在精確，久而久之台灣人心就會委靡不振，到時，台灣的未來眞的不知道要往哪兒去了。我在想，您的沮喪很可能只是來自於您個人過去幾年身心調適不佳的緣故，事實上，台灣的未來看起來並沒有那麼悲觀呢。

拜讀龍應台女士七月十日於人間副刊的大作〈五十年來家國——我看台灣的「文化精神分裂症」〉以及六月十三日發表的〈在紫藤廬和Starbucks之間〉，心中不免一陣酸楚：如果

台灣社會所謂三少四壯五菁英的秀異分子都對台灣的未來失去信心，那您叫我們這十幾二十的少年仔們要如何自處呢？

兩文中提到許多導致台灣目前看起來慘兮兮的原因：政府不明確的國際定位、台灣住民對本土文化及自我認知不清、政治鬥爭凌駕一切……經過龍女士的描述，整個台灣的未來似乎黯淡無光、前途無亮，可是，您寫完這些文章後要給台灣下一代的主要啓示是什麼呢？是讓我們自暴自棄？是讓我們離家出走？還是要我們就這樣等死算了？

我是個六年級生，明年滿三十，念到台灣國立大學畢業，現在在竹科上班，您文中所提到的每一個台灣的問題，我都深深地感動，也認爲您提到許多問題的重點……只是，什麼是這些現象後我們應該採取的行動呢？

您玩過RPG（角色扮演）的遊戲嗎？如果您要去打一隻火焰屬性的怪獸，您就必須裝備冰雪的盔甲、修練冰系的魔法，如果不能靈活反應，還是穿戴古老的笨重裝備，包管您兩三下就被打掛，瞬間被秒殺！您或許不懂我在說什麼，不過，就好像在您那個年代披頭四的每一首歌都成爲經典，在我們這個年代，如果妳不能跟上時代的腳步，學著年輕人了解On-Line Game的精神，自然而然就會有挫折感，然後不斷地沮喪下去。

On-Line Game的精神就是：隨機應變，快速反應。

四〇、五〇年代以來，台灣的貧窮落後以及政治的專制，造成了目前四五十歲的青壯派

對時代的反動就是不斷地拚經濟、反權威，所以，自然而然現在台灣就長成像現在這個樣子了！就好像您文中提到：

我們是在貧窮中長大的一代。他（陳總統）的長輩是困苦的佃農，我的長輩是流離的難民。我們這一代，站在台灣濕潤的土地上，承受著上一代人流離困苦的汗水淚水，在默不作聲但是無比深沉的愛中成長。越是貧窮，越是奮發。

舞台的轉變

那是您那時候的舞台。

把時間拉回現在，我引用您文章中的一段話：

八〇年代，是我們這一代人開始養兒育女的時候。用盡力氣改變現狀，一方面因為心中有夢，擺脫過去的壓抑夢想建立一個公平正義、溫柔敦厚的台灣，一方面因為心中有愛和希望，希望我們天真活潑的下一代在一個公平正義、溫柔敦厚的社會裡長大。

然而九〇年代帶給我們的，不是希望，是失望。官商的勾結更加嚴重，復仇，成為政治的核心動力，轉動所有的社會齒輪。族群之間愈撕裂、愈對立、愈聲嘶力竭，政客愈有資本。政治人物從歷史仇恨的把弄中極盡所能地賺取他要的利益。

這就是我們這一代所面對的舞台。

看起來悲哀到極點了，不過，我並不會因此就失去希望。因為，這兩個舞台看起來都不是容易過關的場景，但如果您們能過關了，我們有什麼理由不能過關呢？

您或許一直在回想過去徒步走一個小時才能上學的苦日子，而我們相對的回憶已經是每天搭公車一小時越區就讀，然後下課偷空打個快打旋風，接著直奔補習班的求學生涯；如果您懷疑：「為什麼最講究『禮』和『理』的文化人對我們的元首淡漠以待？應該崇高的不再崇高，應該尊敬的無法尊敬——我悲傷地想著：那受到傷害的是他，還是我們心中曾有的夢？」那我可以告訴您，原因是在於時代潮流在過去幾年已經轉變，年輕人習慣以比V字手勢和阿扁合照來表示親近、同時在國家音樂廳中再也不用以起立唱國歌來表示我們對所謂中國傳統主權的認同了。

每一個年代的年輕人都必須背負自己時代所留下的十字架，如果在三十年前最大的問題如果是匱乏及壓抑，我們這時代最大的問題或許就是競爭及選擇。

這十五年來，打從我國中開始，台灣這個社會經歷的變化是天翻地覆的！就政治來看，我們經歷了解除戒嚴、總統民選、和平政黨輪替，每三五年就有個新政權衝突；就經濟來看，PC及網路革命、消費性金融風行引起的生活模式改變，差異何止十倍數；就文化來說，行動通訊及全球化浪潮興起，台灣從只吸收美日文化到現在連美伊戰爭都可以二十四小

時現場直播，而台灣年輕人心中或許還理不清自己和中國大陸的關係；我們的父母輩或許弄不清楚爲什麼年輕人每天都要上網路，可是我們面對最大的困擾，或許是如何在成千上萬Yahoo交友的照片中，找到一個自己最麻吉的伴侶……這些事情，就是我們這一代必須背負的十字架。

每個時代都有各自的十字架

既然每個時代都有自己的十字架，那又何必那麼憂心呢？

政黨惡鬥、爭權奪利，沒關係啦，畢竟我們才從一黨獨大的戒嚴時代走來沒有幾年，五十年積的冰，哪有可能五年就化得了？而且，誰知道下屆總統還是不是陳水扁？相信我們這代代輩出的政壇新秀們，總會和前輩們一樣可以帶我們往更好的前方去……十幾年前不就是這樣發生的嗎？

台灣國際定位不明，沒關係，反正我們這一代開始讀台灣史也不過不到十年的時間，您怎麼能期望我們一下子就產生某種獨特的台灣民族情感呢？族群對立無法化解，沒關係，再國際化下去，您慢慢會發現，我們這一代抗衡競爭的對象是韓國人、日本人、美國人，還有北大的畢業生，再也沒人會關心閩外客原對立這種小問題。

台灣沒有自己的主流文化、文化傳承？沒關係，您就當我們是個剛剛獨立的小國家，再

過一百年，說不定職棒象牛大戰拋彩帶的活動、東港黑鮪魚季的元首拍賣開場、平溪放天燈這些原創性的台灣活動，就足以和美國職棒「地鐵大戰」、或是西班牙的奔牛節一樣，成爲舉世注目的焦點了……如果我們被安置的舞台是在急速變動中的，就請多給我們一點時間，相信很多事情就能自然而然走出自已的樣貌，而在變化的當兒，如果不斷地被沮喪無助所淹沒，那才是最可怕的事。

我大膽地問一句：

龍女士您的沮喪有沒有可能是來自於現在台灣這種樣貌，和您一生追求的理想有所落差呢？

可是，有所落差就表示那不是件好事嗎？至少，在這麼激烈快速變動的舞台，台灣人民並未出現滅絕性的武裝政變、追求減肥的人潮遠比吃不飽的人來得多、一年光賣樂透的營業額就比台積電一年的總營收來得大得多，所以，這樣看起來，我倒不對台灣的未來有什麼憂心的：因爲，台灣的一切才剛剛起步而已，而您的憂心和困擾，有沒有可能和三十年前父執輩只要看到女高中生穿迷你裙就皺著眉頭是同等級的心情呢？說穿了，還不就是因爲自己的失落，而產生對下一代的不信任吧！

如果是這樣，您會感到憂心並不讓人感到奇怪，畢竟，台灣年輕人目前表現出的集體樣貌，就是如此迷惘而不知所措。不過，如果把時間放長、眼光放遠，您就把我們當作剛進脫

水槽的濕衣服，經過一陣子天旋地轉，總是得打個結然後皺巴巴的，眞的，只要再多一點耐心，再給我們一點時間，包管給你們看一套清爽整齊的未來！而這個未來是什麼，好像已經不是可以被控制、被設計的，如果是這樣，龍女士您又何必憂心、何必沮喪，就請您泡杯茗茶或買杯咖啡，稍稍放寬心，喜歡去星巴客或是紫藤廬都隨您心情，眼睛睜大大看看我們所謂這些無助的年輕人，是怎麼在面臨急速競爭的舞台，創造出自己的一片天空吧！

原載於人間副刊，二〇〇三年七月十六日

樂觀的條件在哪裡

——試回應黑米先生的文章

◎荒魚

荒魚，民國五十九年生，台灣大學醫學系畢業，現任職北部某醫學中心婦產科主治醫師。

讀了龍應台〈在紫藤廬和Starbucks之間〉和〈五十年來家國〉兩篇文章，感觸甚深。後來又讀到黑米的回應〈請給我們一點時間——六年級生也有野火〉，心中有言，不吐不快。

我是五年級生，一九八五年左右《野火集》開始燒時，我十六歲，說我們這一代是讀龍應台文章長大的一代，並不為過。近二十年來，台灣發生了幾乎是翻天覆地的轉變，我們都看在眼裡並且身處其中。我的同學，高中時還不會用電腦，現在是竹科老闆級的人物，年收入千萬。我們曾經跟著政治人物走上街頭，然後親眼見到他們日漸腐敗（或是露出眞面目）而傷心懊惱。我也曾經迷過RPG（角色扮演）遊戲，廢寢忘食。雖然現在很紅的On-Line Gane，我沒玩過，但是，說實在的，我一點也不覺得那跟個人所以安身立命，面對時代挑戰的能力，有什麼關係。

先來談談「隨機應變，快速反應」吧。

面對瞬息萬變的世界局勢，人類社會越走越快的歷史腳步，黑米兄的這八個字，確實是金玉良言。但是什麼是「隨機應變，快速反應」呢？是黑兄文章中說「要去打一隻火焰屬性的怪獸，您就必須裝備冰雪的盔甲、修練冰系的魔法」嗎？在我看來，那不叫快速反應，反而應該叫「制式反應」才對！重點不在於是否「穿戴古老的笨重裝備」會被殺死，並不是「古老的」、「笨重的」裝備才會死，而是穿錯了裝備，或是用錯了魔法都會死吧。那麼，爲什麼非得用冰系的魔法才會打贏呢，難道不是寫遊戲程式的人設計的嗎？寫遊戲的人如此寫，我們便如此玩，而且越玩反應越快，我們會不會在這樣反覆的遊戲中，把大腦練得越來越簡單化了呢？事實上，我還蠻懷疑這個被拿來與披頭四相比並且「能跟上時代的腳步」的遊戲產業，是否能夠啓發年輕人獨立思考的能力？我也衷心的期望，受過這「遊戲時代」洗禮的年輕人啊，請不要把現實世界想成和遊戲一樣簡單。因爲在現實世界裡，有太多可預期或不可預期的挑戰，是沒有作者，沒有固定解法，沒有祕笈，沒有外掛捷徑，也不能走錯了再重頭來過的。九一一如此，美阿衝突如此，北韓危機如此，兩岸關係如此，SARS也是如此。

那麼，談談SARS吧，這是我比較熟悉的話題。在舉世的SARS風暴中，我們很清楚地看到人性被考驗到什麼程度。當然確實有許多人在亡羊補牢，奮勇抵抗SARS風暴。但是我

也親眼見到大醫院與小診所互推病人，親眼見到許多醫界大老自動退居「永遠的二線」，讓年輕醫師上戰場。簡單的說，自私與無能在SARS面前無所遁形。但是我們並不是現在才知道人性中有自私與無能的部分啊，是我們的制度缺少了防止自私無能出現的機制，還是執行這個制度的人給予了自私無能有出現的機會，或者是，原來我們對一再發生的自私無能已經麻痺了？

應該不只是「WHO的專家沒來」這麼簡單吧。也不是我們「辦公投加入WHO」就可以解決的吧。

所有的問題都變成政治問題，所有的政治問題都變成統獨問題。然後統獨問題又再簡化變成「愛台灣vs.不愛台灣」的二分法問題。不只龍應台，我相信這是包括小弟在內許許多多人失望與痛苦的原因之一。文化、教育、經濟、衛生、國際關係，應該有的遠見，應該有的深度思考都被政治淹沒了。政治人物圈完了地，戴好了帽子，等著每一次的選舉收割。

樂觀的黑米兄說「每個時代都有自己的十字架」，這句話小弟十分贊成。我們生存的這個時代，確實不是自己可以選擇的。前人留下了這個時代給我們，卻不必然保證我們能帶領時代走向更美好的境界，否則，歷史的悲劇就不該會一再重演了。一千年前基督徒與回教徒戰爭，一千年後基督徒仍然與回教徒戰爭，難道這一千多年來因戰爭而死亡的千千萬萬人都白死了嗎？不是的吧。戰爭的形式與目的各不相同，但是導引戰爭發生的人性還是一樣的

啊。除了自私、無能，還有貪婪、自大、霸道、愚弄，這些一千年前存在的東西，現在也統統都還存在啊。所不同的，歷史多給了我們一千年的識見，是不是能讓我們在被口號口水標語符號淹沒了的某個夜裡，多深思片刻，如此而已。正因爲世界不必然變得更美好，所以知識分子在面對人性的弱點時，才更應該把所見所思說出來，把心底的憂慮說出來，把政治人物不愛聽的話說出來。而不是簡單的「自然而然現在台灣就長成像現在這個樣子了」可以一語帶過。

樂觀當然是好事，只怕天上掉下來的禮物少，麻煩多。

「政黨惡鬥」、「爭權奪利」、「台灣國際定位不明」、「族群對立無法化解」，我不知道「獨特的台灣民族情感」是不是解藥萬靈丹，照我們政治的發展和政策制定的方法，只怕這樣的環境未必能產生足以與美日大陸競爭的下一代，而我們卻走向離「台灣民族情感」越來越遠的道路了。同樣的，所謂文化傳承，難道眞的是以政治上「獨立」與否作爲開始的原點？歐洲千年來政治分分合合，版圖不斷變化，可是就算只看數年前剛剛分裂各自獨立的前南斯拉夫聯邦諸國好了，獨立的波士尼亞會認爲自己的原創文化剛剛開始嗎？獨立的克羅埃西亞，會認爲自己是一個只有十年文化的國家嗎？

冰凍三尺非一日之寒，台灣今天會變成這樣，喜歡也好失望也罷，都不是一朝一夕造成的。我們不妨捫心自問：龍應台的兩篇文章，其中提到的台灣現狀，是不是事實？我們是否

在夜深人靜時，也曾發出過一樣沉默的吶喊：「台灣，我們的台灣，怎麼會變成這樣？」我們的政治人物，手上是不是依然操縱著「金錢與權位的交媾，復仇與奪權的鬥爭」？對於政治、經濟，我們是不是比十年前看得更透徹，卻也更無力？我們是不是親眼見到台灣「只有選舉技巧的無休無止的賣弄，沒有靜水流深、穩紮穩打的執政；只有鞏固政權的措施，沒有鞏固國家的政策；只有權力的操縱，沒有責任的擔當；只有民意的短線盤算，沒有願景的長程擘畫」？說簡單一點，我們除了明年的選舉，是否看到了更長遠，十年、二十年後的國際局勢？是否看到了全球化與反全球化背後，世界經濟即將面臨的巨大轉變？我們的電視是否充斥政客的面目口水，而吝於呈現國際上普遍關注的「戰爭、生態、貧窮、飢餓、新思潮的出現、舊秩序的突變、大危機的潛伏」？

是的，我們感到憂心，我們覺得沮喪，但是憂心、沮喪、無力，不代表我們不想改變現狀，更不表示要大家統統坐著等死。相反的，樂觀是需要條件的，要看得到問題，要思考的能力，至少至少需要張開眼睛。一句話，如果是眞話，請不要計較它好聽還是不好聽。此刻的我們，正是站在時代的轉捩點上。也許將來的某一天，歷史會寫下：這個世代的台灣人，在經過深刻的反省後，終於找回樂觀的權利。

原載於人間副刊，二〇〇三年七月二十三日，該文因應報紙篇幅經過刪節，此處爲原始版，並經作者刪節。

包袱太沉重，七年級的悲哀

——讀〈五十年來家國〉有感

◎Lemon

Lemon，生於台中，長於台中。十七歲，高中生。喜歡文學和哲學。對探索未知事物很有興趣，尤其感到知識的無止境。以各種方式閱讀、思考、看世界，期望自己學習作個挺拔的知識分子。

我是被貼上草莓標籤的七年級高中生。

每天我的作息是清晨六點起床，匆匆忙忙趕到學校開始對付一天的考試，不，應該說考試是學習的同義詞，下課時間除了用來考試，就是補前一天不足的睡眠，筋疲力竭地度過八節課，再像政客趕場作秀似地一群一群蜂擁赴補習班坐著連續上數小時的課，大家都是一樣。試卷紙上的排名就像一場生存競爭，弱者淘汰，被擠下來的人永無翻身的機會。競爭、競爭，每天就這麼反覆進行，看起來永無休止，大家都害怕，下一個被擠下去的人是自己。

我真的不敢想像，也不敢質問，爲什麼我要過這樣的日子。

爸媽的成長背景，是在台灣經濟尚未起飛的五〇年代，小時候家裡並不富裕，靠著教育拚命念書翻身成爲現在社會上的中產階級。「當學生，」他們說著，「哪能有什麼假日。」他們認爲當學生是最幸福的，但他們似乎沒有體會到當台灣的學生幸不幸福。當時的台灣很有理想，就是爲了未來獲得更好的幸福而打拚。我們七年級末尾出生不久，恰好是股市破萬的榮景，在上一代的汗水被滋養，於是許多人就說了，「你們這些草莓族！抗壓性這麼低，亂花錢，也不懂得父母工作的辛苦。」我們何嘗不懂？他們又何嘗懂？每個人有各自的苦啊。

所謂七年級，就是在他們眼中嬌生慣養的一代，回頭想想，七年級的我們，與其他人年輕時候，輕狂年少，又有什麼差別，而我們想要所謂的青春，竟然是一種奢侈。

我們所承受的重量，少於當年的他們嗎？他們難道不懂被迫提早長大，被迫認識這個世界的殘酷，是一件多麼辛苦的事。每個人都有夢，童年的夢想被迫提早結束，對一個小孩而言是件多麼殘忍的事，我們的童年是電視，是鋼琴，是小提琴，是作文，是圍棋，是繪畫，是各式各樣的才藝班，爸媽都說不可以輸在起跑點上，大一點，生活就是補習班和學校。我們在夢想和幻滅的夾縫裡掙扎，我們難道不想有個正常的童年嗎，我們難道不想有一群兒時一起探險，一起望著天空的雲發呆，一起大聲喊出未來夢想的朋友嗎。

我們的時間都被瑣碎的考試和補習割據，小學的時候，當鄰居的叔叔伯伯阿姨對父母

說，你的小孩好棒，好厲害，又會好多才藝。我當時還小，可是我的心只有不斷往下沉，因爲我知道我犧牲了我要的童年，來換取這些對我自身根本毫無意義的讚美，我們就像古文明祭典的犧牲品一樣，被上一輩的虛榮豢養。

在虛榮裡，我根本看不到什麼是理想，什麼是光明的未來。我只看到我被競爭和壓力不斷往下推擠，我越是奮力掙扎，逆流的力量就越大，對於未來我只感到無力，再有理想也被現實消磨得乾乾淨淨，於是在黑暗中我看不到一絲光明，我到底在做什麼，我到底爲何而戰，我到底爲何要拚了命去完成別人期望中的我，眞的好沉重。有位我的同學說著：「贏在起跑點，累死在起跑點，輸在終點。」有天，和好幾個同學聊起來，大家不約而同地嘆了口氣，「我一直以爲，在我們這種年齡是可以無憂無慮的，盡情去揮灑我們想要的人生，但是，我們的人生好像很灰白。」

我們期望它是彩色，卻偏偏跌入他人評量你的眼光。

在這個世界裡，學歷、金錢、權力代表了一切。又是個被社會炒作之後遺忘的例子，不知是多久以前，有位建中學生自殺，我想了好久，也難過了好久，他書包裡那張化學九十九分的考卷，是他用了多少的努力才換來的，身爲學生這點我再清楚不過。然而他這麼輕易地就把那些努力拋棄，他想告訴我們什麼？想到這裡我更覺得難過，同樣是高中生，同樣背負著對未來的期待，我知道，他一定有他的夢想，可是我們都看不到未來，理想？幸福？好像

太遙遠了。聽到這個新聞之後我心裡消沉了一陣子，有時讀書當夜闌人靜時經常想到，我們這一代，又失去了一位有自覺，企圖挑戰這個不合理而龐大價值觀的朋友了，雖然我並不認識這位同學。後來，又有一位附中高三同學也同樣這麼做，我看了，眞的五味雜陳，我認爲我應該勇敢一點，繼續在懸崖夾縫中挑戰這個世界，這個企圖主宰我們這一代視聽價值的世界。

人啊人，到底是爲了什麼而活在這個世界上呢。

我沒有答案。前方，那好像是我們都曾經仰望的未來，就像不透光的無底黑洞一樣，那麼黯淡，而深沉。在這個晦暗不明的世界，意義不應該用學術用語來解釋，我們直觀，我們憑賴直覺找尋最眞實最原始最混沌的意義，竟然又在找尋的過程裡恍然迷失，這是何等諷刺。

前陣子有部電影《藍色大門》，以附中學子作爲背景，述說青春記事。這部電影上映不久，我在報紙、網路上看了無數篇影評，這些評論者大多是五、六年級，他們評述這部電影時，不約而同拋下了他們所受的專業訓練，不論哲學、心理學、社會學、經濟學，都不足以解釋這些，他們以最直覺來貼近自己的心情，寫出那些影評，爲什麼呢？因爲他們曾經有過這段歷程。可是我看完這些影評，我對自己的反應感到有些不可思議，我有點兒嫉妒，我極度、極度不平衡，因爲我沒有。怎麼會？明明正値青春年少，電影述說的那些，影評家寫的

那些，我都沒有，除了我擔心我能不能考上大學和電影說的一樣，但是電影裡的男女主角不用像我們從小時候就得去上一大堆才藝班來贏在起跑點，電影裡的活生生的人們彷彿不食人間煙火，更不必因著迷濛的未來而付出所有。

我們，還要犧牲多少，才能換取得到那些所謂幸福，與所謂快樂？無底洞到底還有多深？

原載於中時電子報浮世繪討論區，二〇〇三年八月十九日，本文經作者修潤。

III、為觀點而爭

走出「以古非今者族」的時代！

——回應龍應台「野火再燃」與眾家評論

◎張伯宇

張伯宇，民國六十六年生於台北，淡江大學中國文學系畢業，現就讀淡江大學中國文學系碩士班，研究領域為宋、明、清理學。

筆者為所謂「六年級後段班」的一員，出身於「純正」的台灣閩南家庭，就讀中國文學系、所數年，在這個近乎「以古非今者族」的時代，常常感覺到一種憂鬱與悲哀。在拜讀了龍應台先生（先生為尊稱）的大作，與眾家的回應文章之後，果然讀到了一個龍先生也應該會同意的事實：中國文化的優良傳統在今日台灣確實是衰敝已極！龍先生提出中共不等於中國，國民黨或共產黨也不能代表中國，曾遭到論者以「不明現今政治學理論對『國家』的定義」、「國民黨、共產黨甚至是民進黨的缺點也都是中國文化的一部分」等觀點加以否定、鄙薄。

其實他們誤會了，「中國」在傳統知識分子的眼中，一直是用「道統」去界定的，一時

的「政統」（政治）不見得都能夠合於道統，合者稱之爲「正統」，不合者只能算是「變統」。龍先生的憂慮，並不在於中國歷史上醜惡的一面是否續存的問題，她說的是今日台灣對「道統」的嚮往追求已經半自覺甚至是自覺地放棄了。

處在這個經解構洗禮的後現代氛圍，我們固然可以懷疑一切歷史經典的正確性，可以宣稱我們背負當代人的十字架，用當代人的方式去開創天空（如黑米），固然可以刻意甩落一切看似甩得掉的中國質素（如極獨論者），但是有一樣我們不該放棄的，就是對道德的講求。道德從來就不是僵化的教條，而是根於天賦良心，在生活應對中時時體貼、善意、果敢的關懷與行動。這就是仁義。良心從人與人出發，張開空間的規模，就形成社會；拉長時間的軸線，就匯成歷史。蕭蔓小姐友人的家譜，不記女輩的條例的確應該修正，但以黃帝爲始祖可能還是來自於道統上的意義。道統又重於血統。古代中國人，可以爲了歷史（含家族）、道德而勤勉經營他一生的事業，西方人也有將心力表現只爲讚美上帝的情況。今日台灣人一切的思慮活動都指向「生計」。到底什麼是「生計」呢？在超過了食、衣、住、行的需求後，就指向「錢」。「繼承開發歷史道德」或「讚美上帝」，與「皈依金錢」有本質上的差異。前二者實帶有形而上的追求，有同通萬物的方向；後者只徒在自私上用力，始終不脫形而下的藩籬。則古今之外，又有厚薄輕重不同。

台灣過去五十年執政的僞善故是「惡」，但當下政治的眞小人也眞的是「小人」。不同的

是，僞善有禮文設防，爲惡固然或不在小，但對於社會一般風俗的敗壞恐怕還不如「眞小人無忌憚者」來得迅速、劇烈。今日政黨可以公開坦示，其發言或文宣的擬定是出於技術（票房）考量，主事教育者可以宣稱教育是一種投資，是一種商業活動，一切制度行政的立定可以完全用「市場價值」來考慮。於是，故宮文物的價值、博物館的價值、校系學科的價值、大型建設的價值，甚至是一個人、一個文化的價值，都可以毫不猶豫、明明白白地用市場價值去衡量，量化成一筆一筆的數字。

不錯，一般辛苦營生的小民是應該常常用市場價值去計畫行動，嚴肅而正當。爲國者亦當時時念慮國計民生，固是嚴肅而正當，但是在生計之上還要有一個道德理想，這也才是經濟之全功。《孟子》載：「孟子見梁惠王。王曰：『叟不遠千里而來，亦將有以利吾國乎？』孟子對曰：『王何必曰利，亦有仁義而已矣。王曰何以利吾國，大夫曰何以利吾家，士、庶曰何以利吾身。上下交征利，而國危矣。』」不幸的是，我們台灣今日就是一個競逐功利的景況，這也就是教改永遠失敗的原因。陶淵明〈桃花源記〉說：「南陽劉子驥，亦高尚士也。聞之（桃花源），欣然規往，未果，尋病終。後遂無問津者！」即便生存的世界不理想，只要還有人在努力、在追求，就還有一分希望。如果失去了「問津者」，失去了九死不變的理想性，那眞是教人徹底絕望。中共信奉馬列主義，將中國歷史看成是一部「生存鬥爭史」，其泯滅道統，無足論矣；國民政府早已開始一味傾向美國，但移植不了西方的宗教，

雖說有「中華文化復興運動」，然價值功利化卻越益變本加厲。蔣家後人，竟無一人以傳承中國文化爲務，計較利害則時有所聞。所以，龍先生在文章中說：「嬰兒與髒水不能劃上等號，更不能閉上眼睛一起倒掉。」龍先生講的「中國」，正是純潔富生命力的赤子良心，正是道統的中國。中國歷史上，政治處於變統時，道統在哪裡呢？就在「學統」裡面，就在那些言行謹重的士大夫、文人、知識分子上。「始於議政事，繼以論風俗，終於思人才，極於正學術」（錢賓四《中國近三百年學術史．自序》），學術與教育，本來就擔負著承續道統的使命。今日又有所謂純學術、純藝術的追求，亦相當珍貴，但這種「美」的追求從來也是超功利的。

筆者曾赴捷克布拉格參加國際漢學會議，與會學者除本地查理大學的學者外，還有瑞典與俄羅斯來的學者。這些漢學家大都講得一口流利的中文，對中國文學與思想文化，有著深切的情感。對比於台灣社會功利取向下的妄自菲薄，我有點難過。在台灣，立志要追求美麗與善良，研究並宣傳生命嚴肅責任的青年學子，常遭到父母的責難、同學的輕嘲，甚至是老師的「規勸」。利益導向在校園中是公認的價值，道德理想的聲音不但式微，而且羞赧。研究所的師生關係常被慣稱爲老闆和僱員的權利關係，大學生也每以消費者的心態來看待學校，對校園環境和老師、同學缺少敬意。在這種對生命、對倫理缺乏關懷的基調下，即便取得了知識與學位，仍是僞學：「蓋至於今，功利之毒淪浹於人之心髓，而習以成性也，幾千

年矣。相矜以知，相軋以勢，相爭以利，相高以技能，相取以聲譽。……記誦之廣，適以長其敖也；知識之多，適以行其惡也；聞見之博，適以肆其辨也；辭章之富，適以飾其僞也。」（王陽明《傳習錄》）學術活動一旦只是知識與名位的買賣，便自己撤銷了光環，頓失重量。

縱觀今日華人世界，也確乎台灣擁有最厚實的中文文化，這也是前五十年學術教育提倡文教的努力。這與講國語或閩南語、客語無關，它們都是漢語，都是中文。更何況一個社會其語言的品位與生活的格調是分不開的。今日執政黨確實放棄「中國」一詞，也有去中國文化的傾向，這種否定中國歷史文化的態度，與中共反倒成了同路人。在野黨的傳統文化意識也近乎滅絕。當令所提倡者就是帶有「去中國化」意向的「本土化」，偏偏台灣主要的文化都是中國文化的一部分，於是本土化實行起來便是否定稍遠於時俗的一切傳統。於是吃生魚片、唱卡拉OK可能比書院講會的朱子理學還要「本土」。當各種新興的博物館急著成立時，位於台北縣泰山鄉的明志書院被樹壓塌了，這座記載於《臺灣通史．教育志》的明志書院竟缺乏照顧。板橋林家花園的古色古香裡，竟然用粗糙的叫賣用擴音器全園大聲播放電子琴伴奏、薩克斯風主奏的時下流行歌曲，而不是如至善園亭樓上所用的「中國」古琴音樂。這就是我們要的「台灣文化」嗎？

的確，如龍先生所說：「我們沒有歷史感。」當然，我們也可以像蕭蔓小姐所說的：

「誰還在乎家譜呢？」我們可以放下歷史，但一定要有良心道統。可是，一如上述，我們的良心生命有一種同通天下的方向，一種包容萬物、與人爲善的關懷。良心從人與人出發，張開空間的規模，就形成社會；拉長時間的軸線，就匯成歷史。堯、舜性之，湯、武反之。生命固然可以全從我開始，但繼往開來、薪盡火傳又是一種豐厚充實的光景。高明的人固然可以全憑自我良心，一般的人仍然需要歷史的提領。即便就所謂「競爭力」來看，中文是目前台灣學術界最有國際競爭力的學問。西方文化強勢不過二百多年，誰知道將來會怎麼變。中國文獻典籍浩如煙海，文化內涵深蘊在世界上可謂數一數二，傳承中國文化，我們的文化生命有二千多年之久。捨去中國文化，我們的文化生命就只有幾十年。這在世界文化史上是不平等的。眞要講求功利，也要深謀遠慮，而不只是短視近利。

筆者的這些論調，未必盡同於龍先生所言，預料也不會引發太多回響或討論。秦代非古，忽焉而亡。什麼時候，我們才能走出一個「以古非今者族」的時代呢？

原載於中時電子報浮世繪討論區，二〇〇三年九月十一日，此處收錄文章經作者刊校過。

論證多元融和：談台灣埤塘

——回應張伯宇之回應

◎方偉達

方偉達，民國五十五年生，美國亞歷桑那州立大學環境規劃碩士、哈佛大學設計碩士、哈佛大學設計學院博士課程結業、德州農工大學生態暨管理博士候選人，歷任哈佛中華民國學生聯誼會會長等職務。

史家論證台灣，如連橫的《台灣通史．序》：「斷簡殘篇，蒐羅匪易，郭公夏五，疑信相參。」那是因爲史料缺憾造成的歷史斷層，所以有些研究不容易找到原因，讓連橫寫《台灣通史》時頭痛不已。但是要說現代台灣，去××化，如「去平埔化」、「去西班牙化」、「去荷蘭化」、「去日本化」、「去中國化」，事實上，這些都是毫無意義的。台灣本來就是多元融合，你要說，台灣受到××影響，都對，也都不對。台灣就是台灣。

筆者在哈佛念博士班時，有一位台灣來的漂亮女生，是當年台灣聯考狀元，筆者看到她第一句話就說：「你的祖先是荷蘭人。」她笑了一下。荷蘭人都已經是十代以前祖先了，筆

者一眼能斷定，實在也不容易。所以說台灣人今天基因這麼優秀，那都是因為歷史太多統治，太多的混血，和太多的文化衝擊。

筆者研究的是自然科學，不擅長歷史辯證，也不做中文研究，相信的是實驗驗證，所以講歷史和中文，一定會輸給諸君，不過，近日一篇小文〈再現桃園埤塘風華〉被《中國時報》「時論廣場」青睞，筆者再補充一些資料，以台灣的埤塘研究，作為對張伯宇君精采文章的回應。（張先生寫得很好。）

台灣在史前時期，平埔族（蔦松文化）在嘉南平原已開掘埤塘作為水源。和亞歐非大陸大河民族不同者乃至於因為台灣山地坡陡，河川流速湍急，易釀成洪患，且本島氣候高溫多濕，居民容易罹患瘴癘疾病，因此平埔族選擇較為乾燥缺水的嘉南平原居住，開始台灣埤塘文化的濫觴。五代至宋元時，中國的東南部沿海居民為了要躲避戰禍，至台灣墾殖，元順帝（西元一三三五－一四〇年）在澎湖設官分治，置巡檢司於澎湖，以管理農田水利。明朝天啓四年（西元一六二四年），荷蘭人自澎湖來，西班牙人當時已佔據基隆淡水，至此，北台灣由西班牙人統治，中部及南部台灣為荷蘭人統治，台灣進入荷西分治的時代。明崇禎十五年（一六四二年）八月，荷西戰爭，西班牙人戰敗向荷蘭人投降，荷人據台四十年，招漢人兩千五百戶開墾，以西方之術設置埤塘，並且開鑿水井為飲用水及船舶用水，埤池水井為西方之術進入台灣之始，至明朝更輸入了中原灌溉的技術。

桃園台地的埤塘相較於台灣其他地區的埤塘，發展較晚，始於十七世紀中葉。從高空俯瞰桃園台地，星羅棋布的桃園埤塘，是明朝鄭成功的部隊屯田鑿池蓄水的傑作。

桃園埤塘爲什麼非常可貴呢？在地質上來說，桃園台地形成隆升於十八萬年前。當時桃園古石門溪尚未被襲奪，由石門直接向西北入海，形成古石門沖積扇，由於沿新莊至關渡一帶發生山腳斷層，斷層東側下降約兩百公尺以上，使台北一帶陷落成盆地，台北盆地誕生，因爲台北陷落，導致三萬年前桃園台地上游的河川（古石門溪）被北向的河川所襲奪，古石門溪也因盆地陷落而改道，向北再轉東北流入台北盆地，就是今天的淡水河的上游大漢溪，其沉積物也以砂礫爲主。當桃園台地上游水源被截斷後，下游水源不足，屬於短小易乾涸的「斷頭河」，導致其侵蝕量大量下降，水源不足而且水量很少，再加上台地較高的地形，取水不易，形成農耕的障礙。桃園台地屬於黏土礫石層，容易儲存水分，因此從明朝永曆十四年（一六六〇年）鄭成功克復台灣，開始興修水利，挖掘桃園埤塘，這時桃園台地農業用水多仰賴埤池，軍民用水則仰賴井水。自從十七世紀中葉從閩系軍隊屯田，後來清人治台，十八世紀客家村落在桃園台地邊坡鑿池，閩客系共同在台地建立了萬餘座池塘，此時的埤塘均爲私有。

一八九四年因中日甲午戰爭，中國戰敗割讓台灣，日本明治三十一年（一八九八年）設臨時台灣土地調查局，繪製二萬分之一台灣堡圖，此爲台灣埤塘有近代地圖之始。明治三十

四年（一九〇一年）七月，日本總督府頒佈公共埤圳規則，開始桃園埤圳調查。明治三十七年（一九〇四年）二月，頒佈公共埤圳施行規則，欲將水利設施納入總督府組織。日本大正元年（一九一二年）及大正二年（一九一三年），連續兩年的夏季七月台灣大雨，一九一二年淹水面積達到兩千兩百甲；一九一三年七月十八日至二十日，台灣畬起湖雨量達到兩千又七十一公釐，創全世界最高紀錄。全台洪水蔓延，可是桃園台地卻在一九一三年鬧旱，日本台灣總督府有鑒於桃園地勢獨特，於大正五年（一九一六年）在八塊厝（中壢附近）興修官設埤圳，此爲桃園大圳的緣起。日本大正十四年（一九二五年）五月十七日舉行通水典禮，改良旱田並且用機械化耕作黏土地帶。昭和三年（一九二八年）桃園大圳全線完工，供應桃園、大溪、八德、龜山、蘆竹、大園、中壢、觀音、楊梅、新屋等地農田。日人爲統一桃園大圳和埤塘事權，在昭和四年（一九二九年）組成公共埤圳桃園大圳組合。昭和五年（一九三〇年）改組爲桃園大圳水利組合，此爲桃園農田水利會的前身。

桃園大圳全長二十五公里，支圳一百四十公里，連結兩百餘口埤塘。昭和四年（一九二九年）全島大旱，高亢的桃園台地卻不受影響。桃園台地西北半部的土地利用開始改變，西北半部因爲桃園大圳的灌溉，再加上「公共埤圳原則」，小埤圳慢慢整合成大埤圳，西北半部的埤圳明顯變少，且重要埤圳歸爲官有。

民國三十四年（一九四五年）台灣光復，原有桃園大圳的水利，已經不足以供應龍潭、

新竹等地用水，爲了改良桃園台地的灌漑技術，民國四十三年（一九五四年）石門水庫設計委員會成立，民國五十二年（一九六三年）十月石門大圳輸灌工程竣工通水，民國五十三年（一九六四年）石門水庫竣工。民國五十三年（一九六四年）一月一日成立台灣省石門農田水利會，承負起石門灌漑區的水利灌漑任務。

石門大圳幹圳全長二十七公里，支圳一百零一公里，圳總長度一百七十五公里，連結埤塘四百餘口，日治時代桃園大圳土地是強制徵收，民國時代因爲民主萌芽，石門水利興修計畫較慢，導致土地及水權徵收不易，且石門大圳所經之處較起伏，所以興建較有挑戰性，但是完工的石門水利工程，灌漑了桃園台地的東南半部，也影響到桃園台地東南部的埤塘分布，導致埤塘減少。

筆者認爲，埤塘消失的命運是「敗也大圳，成也大圳」。根據日據時代出版的《台灣堡圖》（一九〇四年）及歷年來台灣地圖研判，埤塘消失有兩個峰度，第一個峰度是桃園大圳參與灌排，第二個峰度是石門水庫興建，此二者改變農田灌漑方式，造成埤塘地位降低，其數目消失了一半；到了一九六〇年代中葉台灣經濟起飛，地位更是一落千丈，成爲爹不疼娘不愛的小媳婦，剩餘埤塘岌岌可危。直到休閒經濟農業興起，公私有埤塘成爲農戶施肥撒種的養魚池，埤塘數目微微抬頭，但已經是明日黃花，風華不再。埤塘興衰充滿人文歷史、工業發展、生態土地、水利農業衝突競逐的意象，也是台灣濕地研究最爲脆弱的一環。在台灣

人文鄉情的終極關懷上，埤塘佔有一席之地。

這篇文章，看來囉哩囉唆談了許多過去的事，就是在佐證，平埔族、西班牙人、荷蘭人、日本人、中國人對於台灣埤塘的「照顧」。只是桃園台地一千多個小小不起眼的池塘，竟然匯合了那麼多的文化。我記得監察委員馬以工曾說：「政府應該以桃園埤塘向聯合國申請世界人類文化遺產。」那是因爲桃園埤塘享有多國混血的偉大成就。

今天筆者舉出小小埤塘爲例，就是說，文化，不只是一種封閉型的自我愛戀，而是一種開放型的截長補短。配合人地事物，才可以一窺全貌。妄想截斷歷史，自我膨脹，在歷史的長河中，都是小小的逆流泡沫。讓後來的人，笑是夜郎自大。唯有多元開創的新生地，才是值得嚮往的伊甸園，也只有靠科學研究輔助，才能看到歷史和文化的全貌，這些全貌，是歷年來在這塊土地奉獻的人們，共同完成，有開始，但沒有結束，一直在進行。

原載於中時電子報浮世繪討論區，二〇〇三年九月十二日

想發光發熱，先廣開言路

◎包淳亮

包淳亮，政治大學東亞所博士候選人。

龍應台這些日子的一些文章，包括〈在紫藤廬和Starbucks之間〉和〈五十年來家國——我看台灣的「文化精神分裂症」〉，引起了不少批判。不過，雖然許多人對龍應台的「台灣成爲中華文化的燈塔」頗有微詞，但某些台灣文化似乎已經在中國大陸發光發熱，說是燈塔也不爲過。

在中國大陸吃香走紅的台灣文化，其實超越了一些「文化人」的想像。鄧麗君、張惠妹、周杰倫代表的流行音樂，蛋白質女孩、誠品書店、珍珠奶茶代表的小資生活，王永慶、施振榮、張忠謀代表的企業精神，乃至於民進黨、陳水扁、馬英九代表的民主政治，都吸引了大陸人的目光。

我們可以自信地說，台灣文化固然有許多亟待改善的毛病，但亦多的是細緻柔美之處。

然而，在一些人妄自菲薄之際，有些人卻又敝帚自珍。龍應台的文章雖然邏輯破碎，但提倡精緻文化的用心卻引來「挾洋自重」的譏評，何其之厚誣。文化相對主義或者「本土化」，似乎成了一些人故步自封的藉口。

現在台灣文化生機勃勃，只怕一些人大喊文化保護主義，卻反而成了窒息台灣文化的兇手。「取法乎上，得乎其中；取法乎中，得乎其下」，追求卓越的台灣文化，無論是否成爲中華文化的燈塔，都將帶給世人一片驚喜；與此相反，關門主義則是自甘墮落前兆。「愛拚才會贏」迄今風行大陸，台灣文化要繼續高奏凱歌，也得廣開言路面對競爭。

原載於《中國時報》時論廣場，二〇〇三年七月三十一日

III、爲觀點而爭

回抱海洋需要內陸重建

——我看〈面對大海的時候〉

◎宋國誠

宋國誠，現任政治大學國際關係研究中心研究員，學術專長領域爲馬克思主義、後殖民論述、中國研究、全球化議題。著有《馬克思的人文主義》、《中國跨世紀綜合國力》、《後殖民論述：從法農到薩依德》，編有《二十世紀中國（二卷）》。

繼〈五十年來家國〉之後，龍應台再撰〈面對大海的時候〉，先前鋒利的政治批判回轉至文化心境的反思。龍應台以「海的意象」來敘述一個民族心理在政治重力下遭到扭曲和變形的困境，此一困境來自於台灣人民雖然實現了政治解嚴，卻從未擺脫文化戒嚴與心靈戒嚴。台灣雖是一個海洋國家，但大海卻象徵著隔絕與孤立，危險和威脅，歷史的制約使我們習慣內陸思維，於是今天的台灣雖有海洋卻沒有海洋文化。「背海面陸」是龍文「海的意象」中悲情鬱結之所在，它造就的是孤島思維下的內陸凝視，孤立、不安、困守，藍海變爲人文的黑牆，海峽成了人民心靈的巨壑。

然而問題不在於面對大海還是縮身內陸，問題在於即使專注一島、凝視內陸，台灣是否因此造就出令人驕傲的「內陸文化」？古來，海洋文明與大陸文明分別是人類文明的兩種範型，如果近代以來有了冒險犯難的海洋文明，人類也早有綿延流長的大陸文明。希臘首先以內陸城邦建立了公民政治典範，隨後跨洋出海而有「迦太基文明」的發揚，俄國雖也背海面陸，但自專制沙皇以來也蘊育出輝煌的文學與藝術，德國半海半陸，但向來自稱內陸國，也造就了黑格爾、康德、馬克思等高尚的「德意志哲學」。反觀今日台灣，既跨不出大洋，也活不出內陸，既無乘風破浪的海洋性格，也無沉穩內斂的大陸志氣。

政治戒嚴的陰影仍然盤據在文化意識的深層結構中，甚至文化戒嚴的因素處處氾濫，人文的踐踏和生態的掠奪一樣劇烈，對大海的陌生、疏離和傷害，照樣移轉至對內陸的掠奪、欺混和狡騙。政治解嚴之後民主濫施，選舉過動之後政客橫行，於是，政黨你死我活的對決，政客噬肉噬血的貪瀆，納同排異的族群對立，閩語霸權的獨尊立威，歷史竄寫的我行我素，歷史史實可以拼貼零湊，人物的評價可以賤爲政黨利害而裁剪切割，鼓動復仇施恨的影劇竟是家喻戶曉，Call in節目眞理愈辯愈不明、立場愈辯愈堅硬，經濟大犯可以三審之後減刑，公司老闆可以淘空資產逍遙海外。

龍應台籲求重新面向海洋，走向心靈解嚴，這種浪漫期許，既可遙在彼岸的盡頭，也可近在自家的花苑。然而在擁抱海洋之際，更需要陸地的除掃和人文地基的重建。沒有平野四

闊的內陸氣度，就不會有重洋遠渡的驚豔。今日台灣最渴望的，應是以文化批判大力解構政治鐵板，以文化百花覆蓋政治亂崗，以文化反思厚植公民涵養。讓背離海陸的政治烏煙散去，讓海陸兩棲的文化論述輕車揚帆！

原載於人間副刊，二〇〇三年十月六日

III、爲觀點而爭

龍應台與她的挑戰者

——期待「論爭文化」的誕生

◎黃瑞明

黃瑞明，德國杜賓根大學法學博士，私立靜宜大學法律學系副教授。

看了人間副刊在這幾天來所登載的「挑戰龍應台」之後，我的感觸頗深。挑戰者的批評文章當然都有其見地，眞正令我意外的卻是：爲什麼它們會被刊登出來呢？

二十年來，龍應台就被譽爲當代台灣最知名的文化評論家之一。早在劉文聰的番仔火還未狂燒之前，她的《野火集》就已經在台灣社會興起了燎原之勢。這本書曾經在戒嚴時代扮演著啓蒙人心的角色，即使到了二十一世紀，它也還在以現在進行式的時態繼續燃燒著。挾著發行至今一百七十幾版的紀錄，《野火集》稱得上是台灣四百年來最暢銷的書之一，它簡直就是文壇的長明燈。這種現象的確耐人尋味。一個可能的解釋是台灣社會在這些年來卻步不前，因此龍應台的觀點歷久彌新。然而，挑戰者的突然湧現卻又說明了：知識分子之中對此不以爲然的人其實不少。

或許是我孤陋寡聞的緣故，批評龍應台的文章雖然在以前就曾經出現過，但卻是寥寥可數。《野火集》之後，勤於筆耕的龍應台在這些年來以專欄（三少四壯集）、時論（《百年思索》）或是小說（《在海德堡墜入情網》）等方式所寫成的作品不知凡幾，出書之後不僅都依然暢銷，同時也鮮見批評。這位跨足評論界與文學界的超級巨星在台灣似乎享有著豁免於批判的尊榮待遇。

龍應台的情況不是特例。放眼望去，從評論家、小說家以至藝術家，特別是所謂的「名家」，他們在台灣其實都擁有批評不沾鍋的特權。不管是在報章雜誌或是自己的書本上，他們都可以盡情地在自己的城堡之中高談闊論而不必擔心異議人士前來踢館。這些「名家」之所以能夠如此養尊處優，媒體是癥結所在：台灣的媒體不喜歡論戰。《中國時報》刊登了某位作家的文章之後，讀者很難在那裡找到批評的聲音；不僅此也，《聯合報》等其他報紙更是不會刊登相關的評論加入戰局。歸根究柢，媒體之所以不喜歡論戰，除了可能是其主編基於私人情誼而不願開罪「名家」之外，媒體與「名家」之間所存在的共生結構尤其也是原因所在。特別是在平面媒體，「名家」靠著媒體的吹捧而名利雙收，媒體也因爲「名家」的踴躍投稿而成就了「質報」的美名。正因爲這種利益的結合，媒體甚至刻意呵護「名家」，不讓批評者動他們一根汗毛。難怪言論市場只是名家的一言堂，論戰當然無法形成。自從七〇年代的鄉土文學論戰偃旗息鼓之後，論戰在台灣也就跟著成爲歷史往事了。其結果，台灣的

「名家」彷彿活在懶人國之中，他們吃香喝辣，聲名（虛名）永垂不朽。

一言以蔽之，在台灣的知識界之中流行的恐怕是誰的名氣夠大，誰就可以稱霸一方的鐵律。就威權獨裁時代來說，這並不令人奇怪。在一個多元社會之中竟然也依舊如此，那麼問題就不可小覷了。由於這種在解嚴之後持續存在的「文化單邊主義」，公共議題的討論往往無從深入。知識分子因此失去了對話，這不僅可惜而且危險。

最近身陷砲火的李遠哲就是一個極佳的例子。把教改失敗的責任全都推到他身上當然不公平，但他難辭其咎則已經是許多人的共識。冰凍三尺，非一日之寒，教改的弊端其實早在前些年就已經開始浮現，媒體也確實作過相關的報導。然而，在過去十年來，甚至直到不久之前，媒體上卻（幾乎）從未出現過任何質疑李遠哲獨攬教改的聲音。當這位頂著諾貝爾化學獎光環的人說教改的方向沒有錯，教改的問題是出在家長與教師不願調整心態時，媒體只知全文照登，沒人反問過李遠哲可能才是問題的根源。如今痛定思痛，除了哀傷一個世代的人成了小白鼠之外，我們其實也應該思考一下：如果關於教改的論戰能夠早一點開始的話，如果批判李遠哲撈過界的言論得以及時問世的話，這個社會是否就可以及時懸崖勒馬而不用付出這麼慘重的代價？

再拿在今年七月間走下《中國時報》「名家專論」主播台的李筱峰、陳芳明為例，由於他們自己分別在最後一集專欄上「爆料」，外人總算知道原來不喜歡他們的讀者為數頗眾。

在一個言論自由的社會之中，台獨基本教義派當然也有宣揚理念的權利，不同意見的人則儘管放馬過來，彼此一爭高下。問題是：挑戰李、陳二人的擂台到底在哪裡？

以龍應台常喜歡拿來比較的德國來說，他們就有一套截然不同的作法。在這個「詩人與哲人之國」（德國人的用語，帶有自我諧謔的味道）裡，要在文壇成名並不容易，一旦成名之後，他們則必須面對著虎視眈眈的批評家。不管是偏左或是偏右，只要是有水準的的報紙雜誌，獨排衆議或甚至尖酸刻薄的批評家都是備受青睞的座上賓。《時代週報》（*Die Zeit*）登了一篇觀點特別的文章，隨後在《南德日報》或《法蘭克福廣訊報》（FAZ）上就可能會出現不同的聲音，指名道姓地反駁前者的觀點。如果討論的文章一多，論戰就於焉形成。最有名的一次大概要數發生在一九八六年的所謂「史家論爭」（Historikerstreit）。當時因為對於納粹罪孽的評價立場迥異，兩派歷史學者與哲學家天天在各大報打筆仗，德國社會也因而得以深刻地思考過去的歷史往事。

德國人是如此地酷愛論爭，以至連格拉斯（Günter Grass, 1927 -）都難免淪為批評家的受害人。遠在榮獲一九九九年的諾貝爾文學獎之前，他在德國與世界文壇就享有盛名。然而他在數年前所發表的一本新書卻也遭遇過「批評家教皇」藍尼茲基（Marcel Reich-Ranicki）的無情批判。《明鏡週刊》在當期封面上印著這位批評家將格拉斯的新書撕成兩半的圖片，意思就是說一文不值，裡面則詳列不堪一讀的種種理由。藍尼茲基堅信「批評家是文學的辯

護律師」，因爲他們的鐵面無私，文學才能保有高品質的水平。正因爲懷著這種信念，所以藍尼茲基的一字之褒，榮於華衮，一字之貶，嚴於斧鉞。

德國人把這種經由不同觀點的辯論所交織形成的現象稱爲「論爭文化」（Streitkultur）。當代知名的哲學家哈柏瑪斯（Jurgen Habermas, 1929 - ）就此建構了一套博大精深的溝通理論。在他看來，人世間的眞理不易究明，唯有透過不斷的討論與對話，我們才有可能更加趨近眞理。簡單說來，就是「眞理愈辯愈明」。曾經當過記者的哈柏瑪斯不是象牙塔中的棲息者。他身體力行，以公共知識分子（public intellectual）自處。每當德國社會裡出現重大的文化爭議之時，他就當仁不讓地挺身而出表示自己的見解。立場左傾的哈柏瑪斯是「史家論爭」得以爆發與持續的關鍵性人物。當柏林圍牆倒塌之後，德國人欣喜若狂，他卻在《時代週報》上發表了一篇長文，忠告「德國人還不是一個正常的民族」，納粹原罪使得他們必須小心翼翼地處理民族主義。在第一次美伊戰爭爆發前夕，面對著瀰漫在德國社會的反戰氣氛，他又撰文解釋他爲什麼支持美國攻打伊拉克。等到這一次美伊戰爭已是箭在弦上之際，他則起而與主流輿論一起反對美國的霸權主義。儘管哈柏瑪斯言之成理，持之有故，但他卻也同樣經常成爲被批判的焦點。因爲沒有言論豁免權，所以已經七十四歲的哈柏瑪斯依舊必須兢兢業業，他也因此成了世所公認的一代宗師。

龍應台與她的挑戰者究竟孰是孰非，讀者自有定論。無論勝負如何，在這場擂台賽落幕

之後，台灣的「論爭文化」似乎終於露出了一線曙光。然而，如同德國人所說的，一隻燕子的出現還不等於就是夏天的來到，人間副刊只是踏出了早就該踏的一小步而已。在「論爭文化」開花結果之前，台灣的媒體工作者仍然還有一段漫長的路要走。或許有朝一日，當「名家」不再只靠媒體的吹捧或甚至封殺批評的聲音時，這個社會也可以眞正地邁向多元化。

〔後記：本文最早完成於今年七月底，當時曾經投寄人間副刊，唯編輯並未採用。我於是接受中正大學羅世宏助理教授的建議，將拙文放到媒體改造學社的媒體改造論壇（twmedia.org）之中。南方電子報（www.esouth.org）的站長看到拙文之後表示有意轉載，我自是欣然同意。《司法改革》雜誌的編輯林欣怡小姐其後也與我聯絡，認爲司法改革的討論也需要論爭文化，我甚感窩心，當然也樂見轉載。等到時報出版公司的編輯女士來函，說希望將這篇登在南方電子報的拙文收錄於龍應台女士的新書《面對大海的時候》時，我卻猶豫不止。我的主要顧慮是：既然人間副刊不願採用拙文，那麼時報出版公司的意圖究竟何在？他們是想拿這篇文章湊足頁數而已，還是用來背書這次的挑戰是一場偉大的論爭——當然榮耀也就全歸時報報系？兩位編輯女士最後說服了我，使我相信拙文談的是一個許多關心台灣媒體文化的人應該都會感到興趣的議題。爲了更清楚地表達其看法，我也趁此機會將原文內容稍加修改。〕

二〇〇三年十一月三十日

輯三
讀者有話說

寄件者：M．Y，美國
主　旨：感謝您對文明的定義
日　期：二〇〇三年七月二十七日

龍女士：

在中時電子報上讀到您的文章，相當感動。而且是數年來不曾讀到的，您的語調相對地溫柔而犀利。您在兩篇文章裡的語調越溫柔，文章就越犀利的叫我讀得有點喘不過氣來……同時燃燒著感性和理性的文字直是相當罕見的機緣。

要謝謝您對台灣現狀的分析，如此全面而透徹，以致我能肯定地說，是的，這就是了（在沒有讀見您的文章以前好像什麼都不是？回台一年，正爲島上的語言教育種種亂象感到迷惑，尤其是英語）；我更要感謝您對「文明」一詞的定義，您不知道，那是一行多麼重要的句子！它使我在生活的庸碌之中的進退有了依據，更使我在此刻的繁忙之中的茫然有了著落。更直白一點地說，它使我平靜。

寄件者：T．C，美國
主　旨：我們還要容忍龍應台多久
日　期：二〇〇三年七月十六日

上週在紐約陽光燦爛的街頭，一個向來溫和的好友，十分意外地用了激烈粗語痛罵龍應台的一篇新文章。這讓我回去馬上好奇地找出這篇文章，看是「偉大」到什麼地步可以讓好友如此憤怒。結果是，我用了三倍的髒話來罵，並且在平靜後，（但仍然激動的心情），寫下這篇反駁文章。這篇文章，眞的是龍應台長期以來所提出反動論述的高潮了，而我認爲這是台灣新民主的最大危機。這證明，在台灣社會的民主過程中，對於民主的信念及認知從來沒有被徹底檢討過。而這些未經反省的言論卻每天充斥著主流媒體。因此，如果這篇文章有一點點可看性的話，希望大家繼續傳下去。或者，應該每個人都把你的不滿寄給龍應台以及人間副刊，讓他們知道。我們眞的生氣了。

台灣人，你爲什麼不生氣[1]

張鐵志

二十年前，龍應台以〈中國人，你爲什麼不生氣〉，在戒嚴時代燃起了所謂的「野火」。那把野火的燃燒，是因爲她在窒悶的體制下，觸碰到了台灣社會的許多問題。但是她卻迴避了這些問題的根源——一個壓迫的威權體制。政黨輪替後，從北市文化局長卸任的龍應台又開始在主流媒體上，用她

華麗而深具煽動力的文筆表達她的不滿，並且自以爲她再一次成爲沉默多數的代言人。

但是，她的許多文章，充斥太多對歷史和事實的誤解，而讓人懷疑這到底是無知還是愚弄民衆？

現在的龍應台，以及她所呈現出的反動論述和意識形態，體現了台灣民主當前最大的危機：對民主認知的淺薄，對威權時代的美化。

對於所有關心台灣民主的台灣人，你還能不生氣嗎？

二十一世紀初始的三年，我們看見了許多五十年來不曾見過的事情：最斯文的教師走上街頭遊行，最憨直的農民漁民上台北抗議，最苦幹的工人綁起白布條；這是士農工，而商，啊，商人不上街頭，他們用腳直接出走了，留下一棟一棟的空屋。在生活的挫折下，憤懣激進的人滿載汽油去撞政府大樓求同歸於盡，那膽小怯懦的便爬上高樓，帶著自己稚幼的兒女，一躍而下求一了百了。貧者愈貧，富者愈富，不甘於貧又無力於富的人則鋌而走險，持槍行搶。

過去五十年來我們「不曾見過」斯文的教師走上街頭？

過去二十年來那些爲了台灣自由民主，或者爲了教育改革議題走上街頭的教師都不是教師，還是他們都不斯文？

過去五十年來沒有憨直的農民漁民上台北抗議？

龍應台忘了，在八○年代，就在她野火集專欄刊登的副刊之外，同樣的報紙也日日在記錄著台灣的教師、農民、漁民、勞工和所有被環境問題迫害的人民在街頭憤怒的身影與聲音。

是這三年的抗議行動多，還是龍應台所緬懷的美好八○年代的抗議行動更多？

可以肯定的是，這三年人們的抗爭，一定比五○、六○、七○年代更多，但這就代表當時人民不滿比較少，生活更美好嗎？

龍應台是眞的不知道，這是因爲當時台灣人民沒有對政府表達不滿的權利嗎？

而當八○年代到九○年代，人民走上街頭表達意見是要遭受被逮捕、被警棍毆打的威脅時，但他們還是義無反顧往前行時，是哪個年代的不滿比較強？

在生活的挫折下，憤懣激進的人滿載汽油去撞政府大樓求同歸於

盡。

不曉得龍應台女士是否知道，在八〇年代，也有一位憤懣激進的人——鄭南榕先生——用自焚來悲壯地向體制抗議。但是他所面臨的「生活的挫折下」不是他個人的經濟狀況的挫折，而是因爲他深感獨裁者對台灣人民表達與言論自由的剝奪。

五十年不曾見過的更是執政者的清晰面目。戒嚴時代，統治者給我們看的是正氣凜然、威嚴莊重的面目；恐怖的迫害、權力的橫行，都在國家神話的幕後進行，我們看不見。……政治人物面孔的醜陋，我們五十年來第一次如此清晰地看見。

如果五十年來龍應台沒有見過執政者的清晰面目，那麼在過去我們可以不怪她，因爲台灣人民沒有機會、沒有足夠的資訊看清楚統治者的面目。如果現在她還是看不清楚過去統治者的面目，那麼她應該學著對歷史保持起碼的謙虛，看看許多政治社會經濟歷史學研究，所揭露過去五十年執政者的清晰面目。而即使「恐怖的迫害、權力的橫行，都在國家神話的幕後進行」，

但是台灣的人民並沒有「看不見」。他們可以感受到白色恐怖的壓迫，可以認知到司法和政治權力的腐敗。除非她自己先蒙上眼睛。

如果眞的「政治人物面孔的醜陋，我們五十年來第一次如此清晰地看見」，那麼這不是因爲現在的人物比較醜陋，而是現在我們才有徹底的機會看見。這是民主的可貴。

這三年中，政治淹沒了台灣。經濟議題變成政治議題——台商變成台奸；疾病議題變成政治議題——WHO聯合全世界來「打壓」台灣；生態議題變成政治議題——核四要用還沒有法源依據的公投來決定。這三年中，沒有政策，只有政治。

所有的問題在這裡都被簡化，所有的事實都被扭曲。這似乎不負責任的政客的講話口吻。

事實上，的確經濟問題、疾病問題、生態問題都和政治息息相關。某些經濟議題，如台灣與中國的經濟互動，難道純粹只是經濟議題嗎？（問題是，扁政府何時稱台商爲台奸？）

台灣不能加入WHO難道不是被中國打壓嗎？這個議題成爲政治問題不

是台灣想要把它成爲政治問題，而是中國無所不在的政治壓迫，以及國際組織本來從來就不單純的政治性。（不過衛生單位可沒有說過是「WHO聯合全世界」！）甚至，當是否要建核四成爲不同終極價值的衝突時，不是該讓民主機制——政治的本質正是價值的分配與抉擇——來解決嗎？

這三年中，比從前更多的人相信自己的電話被國家竊聽。

這句話之離譜已經不用反駁了，並且充分顯示龍應台對新民選政府的妖魔化。

這三年中，只要是權力所需，執政者可以推翻民主程序，扭曲法律解釋，或者根本公然違憲。

我們不知道是那些案例造成龍文做出這樣嚴厲的指控。如果有，當然應該批判；但是，我們不能理解爲何龍應台沒有看到三年之前的舊政權，尤其蔣家政權，從來心中無憲，更是完全壓制一切民主程序。

這三年中，我在公開場合上見到現任總統三次，都是上百、上千個文化人出席的重大場合。每一次他走進來，絕大多數的人都照樣坐著，沒有幾個人起立表示尊敬。他尷尬地走到第一排，尷尬地坐下。

我不知道，爲什麼文化人看到總統一定要起立表示尊敬；也不知道是什麼樣的重大理由讓他們覺得用不起立對總統表示不尊敬（兩岸沒統一？經濟沒搞好？）。不過，如果這同一批文化人對壓制創作和言論自由的蔣家父子會起立的話，我們只能說這些文化人連一點對創作和思想自由的尊重都沒有。

八〇年代，是我們這一代人開始養兒育女的時候。用盡力氣改變現狀，一方面因為心中有夢，擺脫過去的壓抑夢想建立一個公平正義、溫柔敦厚的台灣，一方面因為心中有愛和希望，希望我們天真活潑的下一代在一個公平正義、溫柔敦厚的社會裡長大。

然而九〇年代帶給我們的，不是希望，是失望。官商的勾結更加嚴重，復仇，成為政治的核心動力，轉動所有的社會齒輪。族群之間愈撕裂、愈對立、愈聲嘶力竭，政客愈有資本。政治人物從歷史仇恨的把弄

中極盡所能地賺取她要的利益。

這似乎進入龍應台文章的本質了——美化八〇年代及更早的威權年代，而民主化以後的九〇年代至今則是一切醜惡的象徵。如果龍文認為現在，復仇成為政治的核心動力，那麼她應該問的是，為何這些人有「仇恨」（雖然我看不出這是台灣政治的主要質素）？是什麼樣的壓迫與不滿造成這些仇恨？這些不滿與壓迫解決了沒？

對於後面這個問題，不管綠營或藍營，很多人或許會說，台灣應該早日「走出悲情」。

但是，光是龍文呈現的意識形態，我們就可以知道，台灣主流社會對歷史反省的淺薄（雖然龍應台一向很喜歡談德國人如何檢視歷史）。我們太容易把民主與人權掛在嘴邊，甚至很多人也或許願意形容過去時代為「威權」，但是他們不願誠心檢討威權時代的統治者（尤其現在仍在位的舊時代統治者還沒開始自我反省），並讓那個時代種種不義的壓迫機制暴露在陽光下。沒有對威權時代的價值做出最深沉、徹底的反省，我們就不可能對民主的意義有更深切的認識。這就是為何龍文及許多人對民主這麼快失去信心。

本文無意為這新政府政績辯護——我當然同意龍文所說民進黨政府「只

有民意的短線盤算，沒有願景的長程擘畫」，我們也可以進一步分析民進黨政府如何和過去結合的社運脫節，如何向金權政治靠攏。但是，我們的不滿是因爲我們對政治有更高的價值期許，而且我們相信，台灣歷史起碼是逐漸在進步的。而不是在面對現實的挫折之時，卻只是盲目地回頭緬懷、美化威權時代，甚或爲威權時代的權力集團辯護，忽視台灣人民辛苦爭取來的民主。

品質更好的民主不是一蹴可幾的。台灣的政黨輪替不但考驗著朝野政黨是否能扮演好她們的新角色，也考驗著台灣人民對民主的信念。如果只是因爲新執政黨的政績未如理想，就對民主的可能性失去信心，就失去了清明的理性、錯置歷史，那麼這才是眞正台灣人的悲哀吧。

1本文原文只是針對龍應台女士文章的第一部分做回應，而爲處理關於本土化與國際化的爭論——雖然這部分也有很多誤解事實的問題。本文所稱的台灣人不是指本省人，而是指涉所有居住在台澎金馬的國民。

寄件者：J．Y，台灣
主　旨：我是個台灣之子
日　期：二〇〇三年七月十一日

您好，看到您今天（七月十一日）在《中國時報》的文章，深深受到感動，您點出了我胸口中那份長久以來的鬱抑之氣。在台灣生長了二十五年，我是個台灣之子，可是我卻看不到對於這塊土地未來的希望。每天起床後面對的是一種無力的生活，意識形態操縱著我們的食衣住行，然而卻從來沒有人去反省台灣牌、大陸牌、日本牌、美國牌……大家都緊緊握住自己手上的利刃，企圖奪下敵人的神主牌，逼對方就範。我好難過，對於自己的國家，沒有人肯用思考去反省自己，也許是大家根本都已經忘記如何去思考，有的只是塡鴨式的標準答案。看到這篇文章，激起了我很多的想法，只是我是一個平凡人，不知道能做什麼，僅能以一封短信，寄上我對這篇文章的敬意。謝謝您說出了我的心聲。

寄件者：C．W，台灣
主　旨：語言的「置入行銷」
日　期：二〇〇三年七月十八日

這篇文章眞是深得我心，只可惜具批判反省能力的人畢竟只是少數，仍有很多的人正被各式各樣的愛台、賣台、本土、非本土等政治語言所操控，還將這些語言視爲神聖的神主牌，撕裂分化族群。何時促進台灣「族群融合」的價值觀才能夠眞正被體現？

自從新執政當局執政以來，令個人最不能忍受的是其經常性的於各種公開場合以閩南語發表正式言論，用一種個人聽不懂的語言強行置入性行銷，完全不尊重客家人及其他族群，既然國家以國語爲官方語言，一切公開的正式談話應以官方語言來讓全民能瞭解，這種強迫大家只能以閩南語接收政府資訊的作爲實在是很霸道又專斷。這種示範是否表示若今天的執政者是客家人或原住民，就可以恣意的以其母語對外正式公開發表各項談話，這種不尊重其他族群，矮化狹義化本土就是閩南語化的作爲，著實令人感到不受尊重。

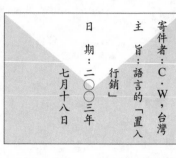

寄件者：S．Y，瑞士
主　旨：我是一個客家女兒
日　期：二〇〇三年七月十一日

我是一個客家女兒，在台灣，客家人不知道算是什麼，在選舉期間，客家人會忽然搖身一變變爲台灣人，各政黨會忽然變得異常親熱，候選人還會赫然紛紛溜起幾句客家話，無不多想賺幾張選票。我們客家人，只有在選舉期間頓時水漲船高，立時，被歸爲台灣人陣營，想當然爾該反省外省人……但是時間久了，我茫然了，桃竹苗依然落後，一旦政府當權，不管是誰，換了哪一種面目，客家人還是一名小卒子，我們永遠不是台灣人，因爲台灣人只有一個定義，是說閩南語，雖然他們永遠不會說出事實，因爲客家人說少不少，總還有個未來票源的考量，但是在整個政治權力架構下，棋盤的佈置卻早已清清楚楚。在國民黨尚未解嚴之前，外省人算是利益的享有者，現在本土化取代了意識權力中心，閩南人和閩南語就獨領風騷了。客家人和原住民，這些弱勢族群，偶爾當當兵馬搖旗吶喊，但是我們卻永遠不是眞正的台灣人，只像一個灰撲撲的影子，在兩邊飄來飄去。

我不是想要爭什麼，我只是想要知道我是誰……這個感覺在我出國讀書之後，感到加倍的徬徨……由於很多的機緣，我來到了瑞士讀書，也快要和一位瑞士男子結婚了。也因之，認識了不少在歐洲讀書或是結婚定居的台灣人。長期接觸這些海外華人的結果，讓我覺得有種莫名的壓力和疑惑……有一次，一個聚會上，我就聽見一個台灣太太跟她的瑞士先生講，她在語言學

校，只跟日本女生交往，因爲中國女孩很俗，沒什麼世面又愛要心機。但因爲又沒有其他台灣人，所以她只好找比較投緣的日本人當朋友，我聽了，馬上問她，「你等到五年期滿，申不申請瑞士國籍？」她就回答，那當然，瑞士護照比台灣護照好用多了，台灣人到哪裡都要申請簽證，看他們外國簽證官的臉色多受氣啊！所以當然是做瑞士人好囉！……云云……聽了我心都涼了，其實，在海外我有很多中國朋友，跟他們甚至還相談甚歡，對我而言，奸詐狡猾的人任何國家都有，與人相處，我寧可相信眼前的事實和個人判斷，而不願用意識形態或宣傳去自限。也因此，在海外，我只感到更多身分認同的衝擊和無奈，甚至在有些台灣人聚會上，我是不被接納的，因爲大家講台語不然就是打麻將，我只有感到一種深深的距離……距離……

今年的口試考，因爲我的學科的關係，加上我的質疑，於是我做了一個關於從兩岸文學的現代性萌芽期的身分認同探討的專題。因爲這個報告，我找了幾本書來做比較，不論是誰：賴和、吳濁流、楊逵、鍾理和，對岸的魯迅、郁達夫諸人，看了之後我覺得過了幾十年，情況眞的就像您文中所言，還是老樣，政治人物從歷史仇恨的把弄中極盡所能地賺取他要的利益。您這句話讓我思索了好久……難怪我們會失望……我們會徬徨……我們是誰？我們到底是誰？我們的身分認同已經被現實的大手狠狠扭曲了，我們怎麼可能

還找得回我們的初貌原樣？最恐怖的是我們可能還不覺察失根的痛苦，還能若無其事的取笑中國人的鄙陋，甚至我們之中才會有些人「只能跟日本人做朋友」，只能「去換別國護照」……原因是當台灣人還是不夠有尊嚴，頂多只能用來嘲笑「更低級的人種，如中國人之類」……

沉痛……

寄件者：長沮，美國
主　旨：變機在大陸
日　期：二〇〇三年八月三十日

一、說台灣的文化精神分裂症，是外來強權統治所造成的一種集體文化精神分裂症的話，這黑色邏輯得推到皇民軍國教育與其殖民文化的深處。一九三一年後到國共民族抗戰的集體靈魂的疤痕，才是統獨在文化上斷裂的根由。台灣意識對這段歷史，無甚感受，對國共內戰，蔣氏敗退，也視爲外省人狗咬狗，殃及台灣而已。換句話，你逃你的難，幹嘛喧賓奪主，殺我「哥哥爸爸眞偉大」，恐怖三十年？

二、但是誰的抗戰？是誰的民國？一個眼只見濁水溪的族群的本土意識，能把它集體靈魂的源流推到多遠？這是台灣文化要面對格局上的挑戰。可憐的是陳水扁所謂台灣之子的這一代，在三十萬蔣氏或外省國民黨敗軍「白色恐怖」與美帝國主義的護衛之下，拾歐美自由主義之牙慧，以爲把一切歷史的困境怪到威權獨裁與外來統治身上，迷信選票與公投，自能成就永續的台灣政治文化與傳統。很像單親的愚子，不知前幾世的艱苦，稍有委曲，便要死要活，要大家都做不得人，非出走分家改姓不可。這是那一門子的自由民主與人權？這種精神，能安身立命？能公平正義、溫柔敦厚？豈不氣死連横、蔣渭水等眞正的本土先賢？

三、即使是受難人的特權，就靠著這外來政權道義上的賠償，就能拚經濟、搞改革不負政治上的責任？這受難就有正義權利的邏輯，又何其像毛澤

東掛窮人翻身的羊頭，賣其一窮二白卻怪罪反黨走資敵人的無能經濟政策狗肉的手法？

四、即使泛藍主政，難道憲政一中的政策，就能讓本土民質，脫胎換骨，改變一切？

五、台灣的運命與將有的變局，文化已派不上用場。文人一如政客，都已不管用了。

六、政治上台灣局窮。變機在大陸。

七、活著的中國文化是辛亥以來的民國文化。要談先進文化，就得以民國文化為主體。民國文化中有南中國的上海、蘇杭、江浙、湖湘、廣東、香港與台灣等文化，還有華中、華北、西北、東北各地的民間社會經濟與區域文化。台灣文化能不能成為先進龍頭與明珠？我不樂觀。文化雖不應有沙文的霸道，但有其王道淡而不厭的從屬與階序。天地鬼神親尊大小，各有其位，台灣文化趕時尚是走在前面，缺的不多不少就是這大的階序與格局（光榮革命後，英國輝格文明能開維多利亞的格局，正有其一文明共和同利的格局）。

八、但改革開放後的中共能不能經一光榮革命，回歸聯省自治的民國憲政格局？可能是有，而台灣問題，經濟結構轉型時的危機與區域間長期的失

衡，會是秦失其鹿的搏浪槌。後共將是民國文化，去延安土共一黨專制惡質體制後，重新根深枝壯，開花結果世代的來臨。中國會有讓國如讓座，王道共和憲政來臨的一日。

九、近日看《走向共和》的連續劇，驚訝於大陸影劇界，在近代史上的眼光與氣度。也許海內外，都低估了大陸知識界與大衆文化對歷史文化涵容品鑑的能力。媒體影視中深層的語言與圖像，往往展示出葉落知秋的歷史時節。中宣部刪節的部分，對中共現行的黨國體制，確是項莊武劍，意在沛公的以古非今。孫文在劇中，五權憲法多黨責任內閣與三民主義的闡釋，正點到中共政改修憲世紀性的罩門。

十、台灣的國民黨已無此氣度與格局。也許中共修憲啓動不久，會有新生代的地方民間社會勢力，重新以孫文號召，就中國政治經濟的實質需求，成立務實監督的在野國民黨。大陸臥虎藏龍，人才濟濟。共產黨新生代城鎮幹部中，一如滿清維新後的新學與新軍，一旦憲政啓動，會造成新的政治動向與暗潮。反而中央部會與大城市既得利益的黨政機構，會成爲被動的棋子。

十一、除礙手礙腳的所有權公有集體制外，改革開放的中共與國民黨訓政黃金十年的政策（一九二七—一九三七）大同小異。不同的是白白丟了近

八十年可根深枝壯的先進時序，犧牲了六七代人才精英，還深藏著一民族公怨義憤集體靈魂的疤痕，不知將以如何方式顯靈討債。

十二、你我不同文化世代，對百年中國的磨難，感受不同。影響我最深的不是事，不是書，而是人。北伐抗戰世代大江南北的民國人中，我生於斯長於斯。漢唐明清的質地，我以大江南北民國人的素質與教養來理解驗證。除卻活人的氣質素養，文字是空的，話是空的，文化又何嘗不空？

十三、對台灣，你仍是熱腸，行文中，你的關心已快到要把自己都撕成兩個的程度，我走得早，還能隔個距離，來個冷眼。

十四、民國文化指的是：戊戌、辛亥、北洋、南京、上海到抗戰，包括《阿Q》，林語堂《吾國吾民》、《京華煙雲》，《圍城》到張愛玲，胡蘭成《今生今世》中的民國男女。對我來說，台灣文化只是民國文化的延長，尤其是曾與台灣生死廝守的軍公教世代群，正是抗戰後忍辱負重不棄傳統，又能接受現代文化的幾個世代。大家平起平坐，不論階級出身，讀一樣的書，考一樣的試，接受一樣的國難，不喊冤，不叫娘。刺刀炸彈下，有誰分過，是誰的長江？是誰的黃河？是誰的濁水溪？是誰的淡水河？都聽過郭國基、高玉樹的政論，沒聽出異議者對台灣的困境有任何卓見。直到今天也沒兩樣。

在海外，看到國民黨依著抗戰後兵戎逼出的《憲法》，平平蕩蕩交出軍政大權，讓國如讓座，深感民國終於建立，這舉世大功，若非民國世代的教養習氣，怎能完成？民間起兵不難，但民間的王氣，卻非幾世培養得到。只望台灣的新生世代，有點出息，接掌了民國世代的名器，至少要有個擔當的道德勇氣，不要再怨東怨西。

寄件者：H．L，台北／德國人
主　旨：我也憂慮
日　期：二〇〇三年七月十四日

我是一個在台北住了二十年的德國人，台北是我第二故鄉。

我讀了您在《中國時報》刊出的四篇文章，覺得說出了我的心聲，尤其是關於語言和台灣民族主義的部分。這種走極端的發展，著實令人憂慮，前南斯拉夫的例子夠清楚：走民族主義極端通常有惡果。

台灣認同以及兩岸關係當然很複雜；或許德國、瑞士、奧地利的關係模式可以借鏡。三國有共同的文化歷史傳統，尤其是在文學和音樂的領域。瑞士和奧地利作家都共屬一個德語文學。有些作家選擇用方言寫作，那麼他們的作品就僅只在國內區域流通。

德、奧、瑞三國享有共同文化傳統，因政治發展不同而分開，但是和平共處。三國的人民並不一定「相親相愛」，彼此間也頗多偏見，但是彼此尊重對方存在的權利，在文化方面更是密切而且多元地合作。

我很希望台灣和中國發展出這樣的共存模式。

寄件者：林煒舒，台灣
主　旨：史達林不是俄羅斯人
日　期：二〇〇三年七月十二日

龍應台閣下台鑑：

從少年時期開始，我就很喜歡讀閣下的文章，還記得以前廢寢忘食的讀《野火集》系列作品，是一種滌塵洗心的美麗文章。

今天看到《中國時報》上〈五十年來家國〉的文章，迫不及待的把它讀完，迄下午為止，已經讀了三遍，閣下文章中所呈現「秋水文章不染塵」的風格，直是令識者流眄難轉，我想我這輩子是學不來了，更希望能經常讀到這無可挑剔的文章。

但，有幾個與歷史相關的議題，閣下所引用的材料，似乎是不對的，諒恕敝人鄙漏，容於此提出，尚祈閣下海涵。

首先，史達林不是俄羅斯人應該迨無疑義才對，閣下在文章中所指出的，「我們都知道馬克斯是德國人，列寧和是史達林是俄羅斯人。」應非歷史的事實。根據史料記載，史達林於一八七九年十二月二十一日出生在喬治亞（Georgia）的哥里（Gori），喬治亞人的領土是外高加索的一部分，屬於亞洲的亞熱帶地區，這個民族僅是外高加索七十個民族其中的一個民族。喬治亞為古希臘時代著名的神話傳說中的科爾斯基古國和金羊毛的國度，拜占庭時代則是一個富裕的獨立王國。

有趣的是，史達林在哥里教會讀書的時期，沙皇政府實施了俄羅斯化的

政策，在這之前的喬治亞是用喬治亞語作教學及主要語言，而俄羅斯語文是僅僅當作外國語學習，情況有如台灣是以國語作主要的教學，而英語則作外國語言學習。據史料所記，當時史達林曾帶頭抗爭以俄羅斯語取代喬治亞語教學的運動。而列寧奪取政權後，史達林擔任的職務則是代表少數民族參加革命的人民委員會民族委員。

史達林是來自於邊鄙之地的少數民族，在俄羅斯民族爲主體的國度成爲獨裁者。就好像拿破崙以一個義大利人（一七六九年拿破崙出生，前一年科西嘉島才從薩丁尼亞政府手中割讓給法國。因此，以法律而言，拿破崙是法國人；以血統、文化而言，拿破崙應該算是義大利人）成爲法蘭西的皇帝，希特勒以一個奧地利人而主宰德意志國的命運一般。

威瑪共和政府共計十四年，經歷二十一個內閣（臨時政權時期三個，共和政府十八個），平均一個內閣只有八個月的執政時間。希特勒是以合法手段在一九三三年三月二十三日由國會通過《授權法》，全名是《解救國家及人民困局的緊急法令》（Ermachtigungsgesetz: Gesetz zur Behebung der Not von Volk und Reich）因此，威瑪共和政府在法律上的死亡應該是在這一天，而這一天之前的希特勒內閣，還是威瑪共和政府的一個內閣，不能漏列。

事實上，若以法律、體制而論，所謂的威瑪共和國（Die Weimarer

Republik）是並不存在的，德國自一八七一年建國以降，所用的國號爲「Das Deutsche Reich」，這個國號存在了七十四年，直到一九四五年第二次世界大戰結束，德國被瓜分豆剖爲止。而在這段期間，帝國體制存在四十八年，共和政府十四年，納粹十二年。筆者依據手頭現有的一部一九七八年出版的《德英大字典》查校「Reich」一字解作：「empire, kingdom, realm（also fig.); Deutsches-, Germany,（Hist.）Germany Empier」則意義再明確不過了。威瑪共和國的正確理解方式，應爲在威瑪制定的憲法之謂，而非眞有該共和國存在之謂。

由法律概念來看，中華人民共和國在一九四九年建國之後，搞了一部《憲法》，其他的法律在毛主席在位的期間，只有頒佈一部《婚姻法》，眞應了毛「皇上」的名言：和尚打傘，無髮無天。我個人認爲，最應該感謝蔣介石統治台灣的，應該是搞台獨以及民進黨人，當初如果沒有蔣的保台衛台，台灣早就成爲中華人民共和國的一省，文化大革命的時候早就被蹂躪、踐踏，哪還會有今天保存的中華文化。試想，今天台灣人所崇仰的媽祖，如果在文革時期被拉下來在台灣人民的前面被鬥爭，那今天台灣還能保存對媽祖的信仰？

民進黨搞的去中國化，造成的損失很可觀。現在的大學生，如果你要他

們作一篇作文，十之六七作不太出來，連兩三百字的文章，就算寫出來也是七零八落，不知所云。今天的大學生，千萬不要跟他們講中國，甚至台灣的歷史，十之八九擺出一副與我何干的姿態，如果某些大學生還能記得關羽是誰，不要指望他知道關羽的故事，其實他所知道的只是他從電腦遊戲知道有這樣一個人物存在。

對於閣下的文章與人格，本人深致崇仰之意，亦願以閣下如椽之筆，沐春風而化雨，爲端正台灣錯誤的思想觀念而努力，並爲以文化、思想的力量，撥開被政治的污濁、朽臭所污染的天空。

寄件者：澤斌，台灣
主　旨：我的戀情撐不過選舉年
日　期：二〇〇三年七月十一日

龍小姐：

連續兩天，在中時電子報上拜讀您的大作，等不及第三篇，就冒昧寫信給您。

我有一個不成熟的理論，姑稱之爲「歷史的壓力鐘擺」，本省人在百年來的殖民屈辱與反抗失敗的記憶中，不斷面對統治者的高壓手段，等到小蔣晚年，終於初嘗民主的滋味（當然不能忘卻雷震、郭雨新、余登發、黃信介的前仆後繼），就像是一口沸騰已久的壓力鍋，累積多年的怨氣怒意一古腦地崩爆開來。台灣之所以在短短十年內，歷經解嚴、開放黨禁報禁、國會全面改選、總統直選乃至於政黨輪替，統治者的意志與國內外局勢，固然都扮演一定作用，基層民意的所謂「賭爛」情緒，也是決定性力量。

（我還清楚記憶，在我高中及大學時期，只要每遇選舉，黨外及其後民進黨的競選場子，台下總是塞滿黑鴉鴉的群衆，躋身其間，你可以感受一種情緒的共振，即便夜空落起冷雨，幾乎沒人願意散去，我在近幾年的選舉場合中，極少重溫這種感動。）

等到反對黨一步步取得地方政權，也成爲國會無法忽視的少數；另一方面，國民黨經由李登輝的浴血鬥爭，重新「老店新開」，誰都不能否認所謂的「本土勢力」早已取得政治的主導權，我忽然發現，身邊的外省朋友，的的

確多少有種失落感，他們一夕間似乎從「沒落的貴族」，變成「政治與歷史的流亡者」（必須強調的是，這些朋友多數只是老兵之子）；他們斷去了與大陸的臍帶，卻還找不到新的認同，少數本省人曾喊出「把外省人趕下海」，更讓他們己身出現巨大的危機感，也促使了某種族群大集結，第一個明顯的高峰，是趙少康與陳水扁的北市長選戰。

我必須說的是，歷史的壓力鐘擺，目前已經擺盪到另一端。沒錯，本省人還存有一些悲情怒氣，但大多來自於中共的壓力，關起門來，很難否認，外省人才是島內的弱勢族群。尤其在參政權上，國民黨時代就處處可見「省籍考量」（民進黨就更別說了），或許有人拿馬英九、宋楚瑜反駁，但我要說：沒有李登輝、沒有「新台灣人」，即使在外省族群比例頗高的台北市，兩年前馬不可能選得上。

至於宋楚瑜，答案就更複雜了。我認爲他在總統大選能拚個小輸，主因有二：一是他在省長任內，運用行政資源打下的基礎（白話來說，就是透過老國民黨的系統，撒錢佈樁啦）；二是他在桃竹苗得票率超高（至於李扁情結、連戰太弱，這屬於外部因素），第二個原因就值得深入推敲了，恕我亂猜，客家族群對於閩南族群躍爲政壇主流，是否也有些不自在的危機感？

至於族群、統獨，互爲連體嬰，都是如此龐大複雜的議題，是我們親愛

的父祖輩留給我們的「遺產」，本難在一時三刻間，解開百年老樹糾結。不過，統獨尚牽動中共、國際態度等外部因素，相較之下，族群問題範圍略小，套句老共的口頭禪，這是我們的「家務事」，解了族群問題，統獨或許仍無解；但不解族群爭議，統獨就絕對無解，這是我的一點心得。

且舉兩個我切身的例子，我世居在迪化街，馬扁對決那年，兩陣營在媒體前相互約束，不以族群作武器，敝里民進黨籍的里長，卻在選前兩天透過全里的放送頭，到處揚言：「別讓那個外省狗（不好意思，敝鄉親多以『馬英狗』稱呼那位先生，於今猶然）當選，否則咱本省人就沒好日子過……」台北市的民進黨籍里長尚不多，很容易查證此事眞僞。

第二個極端的例子，我的前任女友是山東人，他們全家在選舉期間，幾乎與我爲敵。原因是他們認爲，台籍政治人物一旦得勢，他們在台灣就無容身之地，只有在新黨黃旗的號召下，他們才能感受溫暖與共鳴。他們寧可選擇王建煊也不投馬英九，因爲王雖然當選無望，卻能眞正代表外省族群，而馬英九，只不過是台灣國民黨裡的一個棋子罷了。

我的用意，不在譴責那些至今仍操持族群歧視語言的本省鄉親，也不是試圖解釋我的戀情爲何撐不過兩個選舉年，事實上，我不認爲他們中的任何一人應該被苛責，他們只不過是一個錯誤的大時代，所塑造的悲劇縮影。

我認爲，應該被譴責的，是那些造成這種時代悲劇的政治人物，是那些假裝族群矛盾不存在的政治人物，是那些製造美好口號以贏取選舉、私下卻想一票一票操縱民族情緒的政治人物。

無論如何，我認爲在壓力鐘擺的定律下，強勢者必須讓弱勢者先有安全感，而後才能談歸屬感、認同感，中共對台灣如此，閩南族群對外省客家族群更是如此。美國能建立一套論述，並以「民族融爐」自傲，黑人才能與曾經奴役他們的新英格蘭人共處。本省、外省族群同文同種，如果能解決雙方歷史歧異、國家定位走向、政經利益等矛盾，當然可能建立一新興的海洋民族；而非陷入永恆的誤解與鬥爭，甚至走上如前南斯拉夫的「種族淨化」悲劇。

拜讀大作，胸口翻湧不已，彷彿回到《野火集》的年代，只不過更添幾分焦慮、幾分悵然。

寄件者：P．L，香港
主　旨：愛台灣不是台灣人才有的權利
日　期：二〇〇三年七月十四日

我是一名大馬華僑，九〇年代初負笈台灣，在嘉義中正大學唸書，畢業後工作了兩年才離開，今在香港工作。也許因為在台灣度過的這段時光我正值二十多歲，所以對台灣的記憶總是甜蜜美好的多，對台灣的人、事、物也總有一份難以割捨的情懷。

見到台灣社會、經濟、政治如今走到這樣一個「亂」的局面，真的令人難過。可幸台灣還有像您這樣的有識之士站出來，用您鋒利的筆劃破社會上許多政客的虛偽，把游離於灰色地帶的許多似真還假、顛三倒四的觀念一一說個明白，道個清楚。

「比起香港新加坡，台灣的漢語文化底蘊厚實得多。比起北京上海，台北更是一顆文化夜明珠，幽幽發光。」

您的看法我十分贊成。我在香港從事翻譯工作，雖然只是小小譯匠，但對中港台的翻譯和漢語水平還算有些了解，其實台灣的漢語文化比中港來得深厚這是鐵一般的事實。香港雖強調兩文三語，但近年的趨勢愈發揭露了其英語文化厚度不夠厚實，但漢語水平也低落的困窘局面。台灣要加強英語學習，但不能因此就拋棄了自己的漢語，去「漢語」，這是本末倒置的做法。

台灣漢語文化是台灣的優勢，為何不將之強化？台灣以前老是想著反攻大陸，現在就老是想著買武器去防衛自己，但台灣卻忽略了，他的漢語文化

底子就是他最強而有力的利器。如高希均先生曾在其某篇文中所言，台灣可以考慮設一個國際翻譯中心，用他的漢外語言人才，專門翻譯文學作品。文學疆界無限，利用文學潛移默化地影響對岸中國甚至於全世界，不是比用武力得來的版圖還大嗎？

許多和我一樣曾到過台灣留學的僑生，都對台灣有著一份不可言喻的感情；我想，如果愛台灣不只是台灣人才有的權利，我們這些曾短暫停留寶島，常期望台灣能夠好起來的人，算不算得上是愛台灣的一分子？我們都希望台灣好，可是要好起來，還得台灣人自己跌倒自己爬起來，朝正確的方向走啊。寶島這顆夜明珠，哪時候能再次發光發亮？我們眞心期待這一天的到來。

寄件者：R．J，日本
主　旨：台灣文化不必是正統
日　期：二〇〇三年七月十八日

龍局長您好：

我是一個駐外人員，在網路上偶然拜讀您所著〈在紫藤廬和Starbucks之間〉乙文，感觸良多。首先對於您文章訴求清晰、理路分明表示我個人十二萬分之敬意（非常慚愧，我是第一次拜讀貴著）。但是對於文章中若干論點又無法全然同意，其實我在海外看國內更能感受年輕一代的茫然、徬徨與焦慮，但這也許是一種過度轉換期而已，我們對自己國家文化似乎不必急著給她定位或限制。有一次我對日本各大學生說明台灣的國內外情勢，之後在餐會中，我曾對他們說，我以承繼優質正統之中國文化為榮為傲，只見他們默然無語。幾個月後，在一次與日本關西大學教授用餐時，我也表示，台灣繼承了中華文化之精髓，卻被這位教授說，他不認為台灣能代表中國文化之正統或精髓，即使台灣擁有故宮文物，即使中國經歷十年文革之破壞，並不表示孕育四千年深植十三億人民心中之中國文化就消滅殆盡或正統淪落他處。至此我才恍然大悟，原來台灣文化就是台灣文化，並不適於定位在任何其他單一文化之繼承或以正統自居。台灣經歷荷蘭、明清、日本、國民黨之統治，其時代背景的點點滴滴所匯集培育的、渾然天生的就是我們的文化。而國家文化的認同，並非全然是為政者或在野政黨之責任，與其消極的批判，不如積極的建議。日本的「內向」、「閉塞」與「國際化之淺薄」均比

台灣嚴重，可是他們仍成功地保存其文化，其中自然也有當政者之政策取向，惟仍取決於民間的積極作爲，歌舞伎如此，能劇如此，茶道、生花、書道均如此。我們不要再自認爲是漂浮無根的花草了，就先從自己認定的文化開始積極發揚吧，也許有些人是原住民文化，有些人是武士道精神，有些人是唐詩宋詞，這些都是台灣經歷的文化，我們應該概括接受，就讓這些多元多樣的燦爛文化滋潤我們的心，發展我們的國家吧！

本文雜亂無章，尚請原宥。

寄件者：M．L，日本
主　旨：台灣亂得受不了
日　期：二〇〇三年九月三十日

龍女士〈紫藤〉和〈五十年來家國〉二文中所提出的基本觀點，個人認為都是事實，也深表讚同。也要感謝龍女士痛痛快快地道出了個人胸中鬱積三年而無法宣洩的情緒。然而不論任何一項問題，都是攸關台灣「國(!?)運」的根本大事，個人以為，在短期內是無法得到有效解決的。何況今日各族群間的壁壘已立，芥蒂日深，又各持立場，僵持不讓，要大家客觀冷靜地想想未來大計，無疑是癡人說夢。

台灣政黨輪替後的三年，我都在日求學，一年僅得回國一月有餘。由於不曾身處其間，因此對於制度政策的改變並沒有深刻的感受，但卻也注意到幾個現象：

其一，是自我出國至今，每回與衆親朋好友聯絡，得到的回信中總有一句：「台灣現在眞的很亂，受不了。」甚至有部分親友忠告我將來，「能不用回來就不要回來。」

其二，是今年我回國時所拜訪的六位學術界前輩（都任職於高等研究機構），無一位不向我抱怨政府無能、當權者霸道和衰象愈顯。而其中四位還是從來口不臧否人物的。

其三，鶯歌和淡水的老街不聲不響地遭到全部毀滅，完全失去舊日蹤跡。彰化市內雍正年間所建的古跡開化寺慘遭粉刷改建，內外一新，所有古

意蕩然無存。

其四，老字號的京兆尹餐廳收掉所有店面、大使館餐廳也收掉了雨農路店面。家附近幾間熟悉的餐館店鋪全部倒閉。

凡此種種，我想不是一個偶然可以解釋。

是啊，台北街頭，乍看之下仍舊是車水馬龍，依然是酒綠燈紅。你可以說再給台灣一點時間，再給誰某一些機會，也可以說過渡時期，亂象難免，甚至佯裝歌舞昇平，譏諷批評的人是無病呻吟、小題大做、杞人憂天，外加斷章取義地扭曲詭辯……。民主自由麼，大家都有各說各話或故作冷漠的權利。

問題只在於老天爺，或者歷史的潮流給不給台灣時間和機會。

物極必反。有時候，我眞會由衷地覺得，唉！想要口誅筆伐的，都歇歇吧！就由著他們搞一次「台灣文革」，把所有帶上「中國」味的東西全行毀棄，故宮寶物拿到國際場上拍賣恐怕還値不少錢。把洋文當成國語，甚至搞個公投讓台灣如願以償地成爲美國的第五十一州，皆大歡喜。或者就宣布獨立，擅改國號，愛改什麼就改什麼。想另立什麼新憲法，儘可以就立刻訂定。當政者想要用「意識形態正確」的人，就儘管用他認爲合格的人。教改改得下一代全部變成弱智無能，也無不可。論者振振有詞，想必都有必得如

此的大道理，也就無可不可，悉聽尊便。長痛不如短痛，或者如此任由他鬧到翻天覆地，無以復加，新局面來得或者還快一些。

然而最可悲的是，心中作如是想，口中作如是論者，眞讓他付諸實行，他還不敢做……

寄件者：S‧H，小琉球
主　旨：那麼愛台灣，卻不知道有小琉球
日　期：二〇〇三年七月十二日

您好：

從十八歲看了《野火集》，是國文老師推薦閱讀的，在當時的時空背景，書的內容對我產生思考上的衝擊。今年我三十六歲了，上台北也五年多了，知道您將擔任北市文化局長很高興，卸任後看到報導您居住台灣的消息，又開心了。

最近您的〈五十年來家國〉，看了（上）頗有所感，台灣社會一窩蜂崇尚有「國際」字眼的一切活動，如學習英文成了高級時尚、尖端流行，不說個幾句ABC，就落伍了、邊緣了，看到下一代還不知道《三字經》，卻是滿口順暢英文，覺得難過，教育不該是這樣的，本末錯置，更遑論國際化，世界接軌，因爲我們沒有自己的文化。

今天又看了（下），您說出了我想要告訴周遭朋友的話，其實中國文化博大深遠，從大歷史來看，政黨政客只是暫時，文化才是長久，民主程度和人民水平則是相對應，改變現況唯有教育一途，且是全面性，不斷的潛移默化，方有所成。

謝謝您願意在這個家園澆水灌溉，幫助她早日脫離迷惘！社會多一些有心人，將美好的種子播出，我們一定會更好，您們一定要堅持崗位！加油！加油！

（我是小琉球鄉民，從國中畢業就必須到本島升學，同學都是一樣，家鄉是漁村，很美，以前上小學要學國語，現在流行講台語，對我而言，都一樣，國語好聽，台語親切，都是文化的一部分，不知道現在變得這麼複雜，以語言來分族群，當人家問我愛不愛台灣？爲什麼不講台語？你是中國人還是台灣人？我很煩，我只有一句話——我是小琉球人，您覺得呢？不過通常可以讓對方沉默，然後我告訴對方，你那麼愛台灣，怎麼連台灣有個小琉球都不知道，太遜了吧！）

寄件者：Z．L，台灣
主　旨：打擊中國文化的是自由主義知識分子
日　期：二〇〇三年七月十二日

龍女士你好：

今天在《中國時報》上看到你的文章，一方面是感動，一方面是疑惑。

我的疑惑是，打壓中國文化最嚴重的，不就是李敖柏楊這些自由主義知識分子嗎，你是屬於他們那一自由主義的傳統，怎麼會提倡中國文化呢？比方以中醫爲例，傳統中醫不是長久以來，就被西醫以不科學之名打壓嗎？在哲學系所整個中國文化的思維方式又是什麼？不是早已被西方的思維方式，不管是自白主義，或後現代思潮所取代了嗎？也許你反對因強調本土化而要去中國化，但實際上眞正主流的只有西方化。什麼本土化中國化都很空泛。

台灣要成爲中國文化的燈塔也是空談（要拿出東西來！）。

看到你說台灣是中國文化的暗夜燈塔眞的是很感動！但是不免懷疑，你眞的認爲中國文化是那麼寶貝嗎？或者你心口不一，其實也不確定中國文化有那樣的價値。中國文化有五千年歷史是很空泛的說法，有人認爲只有兩三千年歷史。而其中一大部分是醬缸（柏楊）。

不是有一些台獨人士，就認爲中國文化只是醬缸文化，而要遠離中國嗎？除非你先肯定中國文化是寶是明珠，你才會去保存並發揚光大，如果你認爲中國文化只是醬缸，你當然是除之而後快，我認爲中國文化中有很多是

明珠，比方像中醫，像最近我看了一本書，叫《氣的樂章》，作者在結合了物理學及中醫後，對血液循環作一個全新的了解，並打開了新的境界，眞的很了不起，這不是單純在西醫的思考下能做到的，其中有一些話很引人思索。比方：「中醫的相生相剋理論，如果依據現代的力學來看。就是從線性到非線性的現象，而這個理論西方的物理學家一九五〇年代才導出來，我們中國人至少三千年前就已經知道了。可能還超過這個時間呢。」這是不可思議的。幾千年前的人怎麼知道我們最近的尖端科學？看來我們對古中國的傳統本質及由來都不太了解，只會胡亂批評罷了。

你說中國傳統文化再造的唯一可能在台灣，漢語文化的現代文藝復興最有潛力發生的地方在台灣，又說台灣是中國文化的暗夜燈塔，又說中國文化是台灣在國際競爭上最珍貴的資產，眞是令人感動！但是我想指出，對中國文化不尊重並一直打擊的，恰恰是五四以來新文化運動自由主義的知識分子。

寄件者：B．H，台灣
主　旨：我父親曾說中國文化是骯髒文化
日　期：二〇〇三年七月十五日

龍小姐：

拜讀你的大作，我也要來湊熱鬧寫給你。

我五十多歲，商是我的本業，現已退出，改到國小去教台語課。我不是學者或文化人，但從參加教育部資格考到任教兩個學期以來，努力學習並與同道切磋，才知道台灣不是沒有文化，過去我們的政府灌輸中國文化才是文化，台灣是草莽之地，沒有文化可言。近一年多來我才發現根本錯誤。

不管台灣文化是否精緻，以語言爲例，它的源頭何來，當然你可說源自中國，但應該不只，因爲很多話是源自於原住民。我們常說「母語」一詞，「媽媽的話」，不要忘記有「長山公，無長山媽」這句話，還有外來統治者，包括荷蘭人西班牙人日本人以及客家人，充分顯現它的源頭廣闊，在這塊土地求生存的壓力下產生了它自有的文化，也是生活智慧結晶。

你也可以說文字都使用華文，但其實不對。很多話要寫下來華文無法盡其功。本來就有可用的文字可記載，花蓮有一個阿嬤，你可以說她不識字，因爲她一個華文看不懂也不會寫，但其實她用羅馬字寫了很多動人的詩，現在八十多歲偶爾還能寫。我一個阿姨她也八十多歲，有時會說這個社會不公平，她完全沒有讀過書，但因信教關係會讀羅馬字《聖經》，後來教會受政府壓迫只能讀國語本《聖經》，她無法從頭學習，就此被人家說她是一個不

識字的文盲。

受到外來統治者的壓迫致使文化無法傳承。如日據時期的皇民化運動，二次大戰後國語推行，六○年代教會做禮拜有警察保護他們免使心靈受到污染。在兩年多以前我也一直以爲所謂文化只有中國文化，台灣沒有文化，台灣話是沒有文化的人在講的話。今天很多壯青少年不會說母語，連我們的小孩也跟著不會說母語。就連最主要的台文推動機構——教會，也發生斷層現象。在本月你的大作裡所寫讀者回應篇，很大部分仍是源於對本土文化不瞭解的自然反應。實在爲我的過去及我們的下一代感到悲哀，因爲連根都被拔掉了，要國際化有什麼意義。

曾有人說過「多數被少數統治，被統治者會忍耐，因爲總有一天會輪到我」、「少數被多數統治會有焦慮感，因爲看不到明天」。我以過來人能心有同感，雖然不能說每個人能和我一樣，這我能理解被統治少數人的焦慮。我希望那些少數人能以你今天的焦慮感去同感當年多數被統治者的感覺是否可以釋懷一點。這樣你是否可以心裡好過一點，不必事事以先入爲主的想法來度人之心。其實我相信也只有當年最上層統治階層者及其後代才有那種焦慮感，一般平民百姓皆已融入這個社會，爲什麼要隨那些極少數人起舞。

近半年來有某些人的行爲使我感到很訝異，第一個就是某些民代在議場

上拿本土語文課本要官員讀出來讓官員下不了台，二是電視及平面媒體三不五時說一些本土語文教學的負面新聞。我本人因從事相關工作所以要我讀那些課本當然沒問題，但是如果在兩年前要我讀我也一樣不會，那些官員五十年來從沒學過當然不會唸。那些媒體則是故意要讓一般民眾對母語教學產生疑慮，一心只想讓好不容易剛起步的母語教學夭折，我想這些都是那種焦慮感的反射行為，不值理會。

你說台灣可以做為中華文化的世界級中心，我想那要有選擇性，我已過世的父親以前常說中國文化是世界上最骯髒的文化，純潔的台灣人都被他們污染了，他的話是有點偏激，但五千年的文化有好有壞，今天社會的亂象不多源於中國人的劣根性嗎。那你所講的歌仔戲、節目等，我想美國和澳洲目前也應承受很多英國文化，好的可以保留下來，請你不必過於質疑，這我們可以接受。某些人的否定行為亦請你以同理心來思考，他們是有可能過激，我想是一種對過去的反彈行為。

很感謝你有耐心的讀完，其實你所捲起的風雲我很感謝你，台灣有今天你的功勞可以記上一筆，台灣四百年來台灣人都能在很困難中生存下來並一再突破，我永遠相信自己並相信我們的後代。

寄件者：L．R，台灣
主　旨：請不要用精神病或精神病人打比方
日　期：二〇〇三年七月十三日

龍應台你好：

首先跟你致歉，我將很直接的把我閱讀〈五十年來家國——我看台灣的「文化精神分裂症」〉的一些些感觸告訴你。

其實，我原先並不打算閱讀此文，一如我也不曾讀過前些日子刊出的〈在紫藤廬與Starbucks之間〉，爲什麼？

閱讀你的作品總會讓我沉睡多時的熱情又血脈僨張，然而，熱血奔騰之後呢？我仍舊得面對柴米油鹽醬醋茶，生活仍舊不會有所改變。呵呵，因爲小你近一輪的我，在幾年前不幸的被台灣的經濟風暴、失業率掃到後，漸漸的對國家這樣子的「東西」感到可憎與不可信任。也幾乎所有的政客總無例外的是那麼的不入流，你說對了，哪個顏色的政黨上台都一樣，只管抓權抓錢，無法與民同苦。血脈僨張熱血奔騰之後，只有虛脫無力，無望……。

讀這篇文章是奉我親愛妹妹之命，原因無他，我那敏感的妹妹對於你文章裡提到：「……挖掉自己的心臟是精神病人瘋狂了才做的事……」，她有些些的疑惑（或者該說有些些的不悅），爲什麼你一定要用精神病人來形容，啊，也許你猜到了，我親愛的妹妹正是持有重大傷病卡的躁鬱症患者，她向來對於新聞媒體報導有關精神病患的事件很「感冒」。並非我們故意要斷章取義的解讀那段文字，也知道你絕無冒犯精神病人之意，但是，請注

意，正是幾千年來大家對精神病人一直是抱持「荒謬、怪誕、極度危險、不定時炸彈……」的刻板印象，而你，一位我們所景仰的作家，也是華人世界重要的作家之一，你的每一句言論，都會影響著你的讀者，這才是我和我妹妹憂心之處啊。

若能將「精神病人」改成「心神喪失者」，可能比較不會挑起我妹妹及諸多精神病人那敏感的神經吧。

寄件者：J．Y，英國
主　旨：我們失去了溫柔
日　期：二〇〇三年十一月十九日

龍教授：

多年來已有許多的讀者寫信與您分享過他們內心被您的文字觸動後的聲音或呻吟，我常常在想您究竟是幸福，還是辛苦。但無論如何這是您選擇的人生，先祝願您走好。

一九八九年夏天的午後，國小五年級的我在高雄縣的家裡偷閒，爸媽都出門了，出於和伯朗特姊妹動筆創作一樣的理由，我到爸爸的書架上，又興奮又期待的拿出《野火集》。那個年代家裡書架上有一排禁書，柏楊和李敖名列其中，您的《野火集》則因爲封面的書法引起了我的興趣（我國小時最愛的就是書法）。

那年發生了很多事，並不單只有被您打開（撞開？破開？）眼界的我人生被改變，世界上許多人的人生也在經歷著各種力量的推拉。沒幾天之後我在電視上看到發生在遠方北京的——那個時候中國還是祖國，也才兩年前我還取締著班上說方言的同學——一場可怕的事件。港台歌手寫的歌學校音樂課老師不情願地教，我則懷著恐懼的心情一邊唱一邊困惑著。只是一直忘記不了電視上柴玲的聲音。到現在。

六年級生記得的遠比想像的多。文革結束後一年我出生，未曾有機會選

擇一個可以像美國人一樣「沒有歷史包袱，可以讓年輕人昂首闊步」的地方。到現在我仍在學著怎樣接受這一項賜予，而停止抱怨；兩天前在學校的語言課，Academic Speaking的課上跟來自法國、奧地利與荷蘭的同學談，我不禁羨慕他們能這麼清楚的說明自己國家廢除死刑多年的信念，那種安靜的自豪自重感我沒有，我仍爲陳進興事件時台灣的混亂感到悲傷。翻開《野火集》的書頁後沒兩年，台灣開始捲入一場旋渦，青少年時自以爲遠在文化沙漠的我沒想到其實我從來不在這場漩渦之外。

爸爸是個孝順的孩子，媽媽說。她這樣說是爲了要安撫我被爸爸責罰我差勁的閩南語，因爲爺爺不會說國語，奶奶則是連國字都不懂，這個謎我一直到六年後上了大學在台灣文學的課上才解開。爸爸希望奶奶不要聽不懂自己孫兒的話，我卻想著那我究竟在他心裡有什麼地位？在被窩中我仍偷看著徐志摩和朱自清，管他什麼台語。

中學結束的夏天，聯考剛過，我在近百個頻道中看到了台大法學教授演講閩南語的音樂性的時候，我第一次感到了對母語的情感。學術上有吵不完的話題，但我想一件感情的事並不是完全能夠用思辯去分析甚至指導的，而當學術夾著政治清高的身分與思辯理性的強勢討論觸動許多人感情的問題的時候，便顯得苛刻乃至可惡，好在台灣學術話語從來沒有機會眞正「大衆

化」。上了大學，大論社裡不是外省第三代就是客家子弟，我中學時對相聲的喜好讓我在社團中很舒服的安頓了下來。

一九九六年夏天我終於離開了號稱文化沙漠的高雄，來到林強嚮往而羅大佑不當是家的台北。一年內陳進興鬧得台灣大亂，我卻意外的只因爲停下腳踏車聽一場演講而在中正紀念堂和一群各校的學生待了一個禮拜。第一次我感受到小時候電視上未曾傳過來的所謂群衆的熱情與悲情。又一次我的世界被撞開了，但這次不是文字，而是眼前深愛台灣的遊行民衆期許的眼神和聲音，是各校學生爭論不休的沉重表情，還有警察的盾牌。

其實這已經是八〇年代台灣社會力迸發的末端。在我的中學六年裡台灣已經變得極度不同，您所謂的精神分裂症其實只能放在文化認同的框架內，事實上全面瘋狂已經顯露端倪，說多重人格並不爲過。

入伍。我第一次跟這麼多同年齡的不同階層的弟兄相處。很殘酷的事實是：我國語太「標準」了，他們不信任作爲幹部爲他們向長官爭權利的我。我仍然獨自一人看著書，這次是簡體字的隨筆文集，文革青年學成從德國歸來後在香港藉著討論文學電影一方面發洩對文革時革命沙文主義的惱怒，一方面憂心改革開放後大陸的沒有方向的自由。我則是要藉他的文學電影重述我台北五年「搞運動」後留下的創傷。

二〇〇三到了英國，第一次見到和自己同年齡的大陸小孩，第一次聽到這麼多種口音的漢語——我是指在舞台表演之外。「你很特別。」他們告訴我。「我覺得台灣人中你最好親近。」「國慶日（十月一號）那天我們唱國歌的時候你跟女朋友也一起站起來讓我好感動。」我突然間覺得自己像是騙子一樣，當然我當場就繼續「騙」下去了。我心裡其實只希望我從甘肅遠遊到吉林再到英國的朋友快樂。

在倫敦街頭和朋友約見。他說寫了一篇文章給您，我不曉得最終他有沒有寄給您，但他文章的大義看來只能變成微言，誰不曉得政治人物在舞台上搞的跟小老百姓的生活無關呢？誰不曉得小老百姓有自己要過的日子，有自己要煩惱的問題？但是當民主政治已經成爲表演事業的時候，如何操縱觀眾的感情本來就是基本的能力，要不就會淪爲票房慘劇。作爲公眾人物的作者，我想您不得不以高度理性的姿態，用宏觀的角度說明您所看到的一切，而這也是一位知識分子的職責。

但是您覺得這樣的效益您滿意嗎？

台灣是一個時代錯亂的地方，短短的三代人之間我們從殖民到「獨立」，從前現代的農業到後現代的消費，三代人之間失去的是什麼？

我不太說得出口，但我確實這樣覺得：我們失去了溫柔。

您提出了好問題：去中國化要去掉什麼？去掉故宮孔廟？去掉端午元宵？去掉漢字（這是我最不能接受的一點，倒是大陸已經改變了漢字）？那個十八歲青年的沉重和茫然我懂，我也懂我們似乎沒有根。但是政治運作的邏輯是這樣，一如您說的，同仇敵愾最容易換來選票，那把自己弄得慘兮兮的當然最好，一直喊著被壓迫，選票自然滾滾來。但是誰壓迫我們呢？製造敵人是一種藝術。我們當然沒有根，因爲我們沒有溫柔能夠接受跟我們不一樣的文化、不一樣的美，而沒有溫柔是因爲我們滿心憤怒，自以爲被壓迫。好像羅大佑唱的〈亞細亞的孤兒〉一樣。

這樣的憤怒很難消解，而憤怒的多是上一輩受日本統治，自己經歷戒嚴時期的中年人。他們不了解大陸，也沒有認同官方中國文化的條件（但這比較複雜，且讓我說我是多麼的羨慕您可以到父親的故鄉去看看）。大陸對他們而言就像一面模糊的鏡子，映照出來的臉既模糊又相似。這更加深了憤怒的需要，他掩蓋了恐懼：恐懼自己什麼都不是，也恐懼認同自己乃至走出自己的樣子的辛苦和勇氣。

您說我們沒有歷史感，沒有理性思考的能力，沒有擔當。當然我會好奇這裡的我們是誰。作爲個體的存在本來就不需要這些，這些都是「社會」乃至「政治」裡才需要的東西。我覺得台灣缺少的卻是對少數的關注。您的文

章中也提到了，閩南文化客觀的看只能算是台灣文化的一部分，馬祖的閩北話、原住民的文化、客家文化、中國各省的文化都有一份。但在民主社會中他們算什麼東西呢？民主社會是相當經濟的。

但台灣文化就是這樣了嗎？這樣算一算有多少年？我們有多少的「文學史」「美術史」可以算給孩子呢（我會這樣提問，正好表示我的教育中沒有太多）？台灣要在全球中自我定位，我想要心平氣和地承認在文化上我們有多少遺產，在政治經濟上的成就在世界史上是搭上了什麼樣的潮流，和中國文化是何時接觸如何相互影響的等等。

我們藉著異化來尋求認同。這邏輯雖然簡單，但我仍期待什麼時候我們有可能可以用握手乃至擁抱來取代割席？

我十分贊成您的中國文化或者漢語文化的提法，數年前劉小楓「漢語神學」的提法就讓我激賞，但對於台灣是中國文化的紐約我卻持保留的態度。如果我們的小孩有資格在課本地圖上學習自己生活地方的花草樹木山水的話，那中華人民共和國的國土無疑保有了大部分中華文化發生的地理空間；再者，台灣若在殖民歷史中累積了不同的文化內涵的話，沒有道理大陸的歷史傷痕就不能成爲文化內涵的一部分；第三，如果台灣有原住民的多元文化的話，大陸也有各地方言族群等的文化，我想不比台灣「不豐富」（寫到這

裡我開始懷疑自己是不是台灣人了）。

第四點向您請教，中國五四以及其標誌的文化現代化的過程在文化上是不是一種斷裂？我們的人文傳統究竟該怎麼算？我們的白話文用了一世紀，全然是現代化衝擊下的產物，我們的古典文化跟西方社會裡古典文化的位置我想相當不一樣。

寄件者：N・H，吉隆坡

主　旨：馬來西亞華人看台灣

日　期：二〇〇三年十一月十七日

記得SARS的高峰期，我每天在新加坡《聯合早報》網站上讀到「新加坡戰勝台北」之類的文章，無非是反駁當年您針對新加坡缺乏言論自由而說出的「水至清則無魚」一番話。作爲一個熱愛華文、但又嚮往自由民主的人，我一直爲華人世界缺乏言論自由感到憂心，直到台灣民主轉型，才讓我看到一些希望。

但近年台灣在政治上的一些所謂的「亂象」成了南洋地區華人冷嘲熱諷的話題。很多四十歲以上的華人，心裡雖然也渴望馬來西亞的政治和言論空間可以像台灣那樣寬廣，但他們內心深處的「大中華情結」卻促使他們傾向中共，排斥台灣的台獨勢力，因此台灣的負面新聞，無論大小，都成了這些人嘲笑的材料，甚至有人說，「如果民主自由意味著台灣可以從中國獨立出去，那我寧可要馬來西亞和新加坡這樣的威權統治。」這樣的論調，很讓我心寒。

SARS危機的爆發暴露了新加坡和台北政府應變能力的強弱，「台式民主」更成了本地一面倒傾向中國政府的華文媒體取笑的對象。吊詭的是，對於中共一開始就隱瞞疫情、封鎖新聞的惡劣手法，很多「大中華」的華裔馬來西亞人不是視而不見，就是企圖替中共解釋。當然，新加坡那邊的重點是在於「龍應台錯了，新加坡模式才是成功的」。

所以，那段時間，我是很茫然的。我看爲華人世界模範的台灣，眞的走錯了民主路嗎？華人社會眞的需要「新加坡式的家長領導」嗎？難道華人的民族性註定我們不能像瑞士和北歐國家那樣，既有言論自由，又有高效率？

您的回答給了我很大的啓示。作爲一個「民主的嬰兒」，台灣還處在一個摸索的階段，所以問題的產生，可以是危機，可以是轉機，就看人民和領導人是否有意願繼續走這條民主的不歸路。我很同意您講的，面對著對岸中共的霸權和威脅，台灣是否能夠走完這條路，很叫人擔心和懷疑。

馬來西亞很多華人也傾向認爲，印尼換了民主政府，不見得情況就比蘇哈托總統獨裁來得好。我的看法是：一個經過了超過三十年極權統治的國家，一旦民主了，很多以前的問題都要爆發出來。但回頭就一定有出路嗎？假設蘇哈托獨裁至今，整個體制不過是把種種問題的「總爆發」延後，到時災難恐怕更可怕、代價更驚人。但一般來講，馬來西亞華人是很短視的。

寄件者：M．F，湖北
主　旨：兩岸的文化隔膜
日　期：二〇〇三年七月二十六日

龍先生：

請允許我稱呼您先生。我是大陸湖北的一名大學生。我在《南方周末》上看到你的電子信箱的，所以來信想和你談談踏歌與文化和政治相關的邊緣問題。你曾經是一個從過政的文化人，想聽聽你的意見。請不要介意。同時我也不知道你看不看得懂簡體字。

我覺得大陸和台灣之間有著一層深深的文化隔膜。這種隔膜緣於政治和歷史。大陸的共產黨在歷史書上盡說國民黨的壞話，將起妖魔化，在小學生的骨子裡都形成一種意識：台灣的政治派合成人物都不是好東西，尤其是國民黨。而媒體在對待民進黨是也將其大加討伐。也就是說，他們只說你們那邊的壞處和陰暗面，而好的方面都不提。同時你們對待我們這邊也是如此，說共產黨是極端分子。在百姓心目中形成一種意識：他們很極端，如果他們來管理我們的話，我們的財產等一切都沒有保障。

所以，我認爲，彼此雙方要解決問題，包括一切問題，首先應該解決的是文化上的共同化，也就是彼此正視彼此的長短，在文化上文明，再在政治上文明，從正視到理解，再到信任和友好。我早想寫一篇論文：〈中國兩岸問題的解決，關鍵在於文化上的共識〉。論述這種政治文化的文明歸宿。我們這邊有著好的文化，你們那邊也有，我們只有相互承認文化，再彼此借鑑

文明，最後才是接受彼此的政治意識形態。只有這樣我們才能在文化和政治上融合，成爲眞正意義上的一家人。只談政治，不加強文化，甚至避開文明，我們的隔膜還會在有些政治因素下延續。

寄件者：D・M，湖北
主　旨：社會發展的選擇，非你我能改變
日　期：二〇〇三年七月二十日

勇敢的龍老師：

我是懷著沉重的心情讀完你的文章。

那般的沉重，讓我許久無法釋懷，頭很亂，不知該從哪開始寫起。

一個人的力量是有限的，更何況是一個文人的力量。你認眞嘗試過，但收穫的更多的是失落和徒勞。

語言的力量有多大？評論的實質作用有多少？它到底能夠給千年沉澱的政治文化帶來多少「活泉」，多少變更？現實的格局直根於許久的利益關係和官場的潛規則之上，你的努力像《皇帝的新裝》（《國王的新衣》）中說眞話的小孩。但那種力量是柔軟輕微的，因爲你的權力不夠，或者說環境不夠，造勢不夠。

總覺得中國的政治是一種實力的較量，至少現在這樣。文人學者無法眞正的融入到其中，他們只能像一個阻止別人跳水卻無力擋阻的人。但如果許多像你一樣的民衆站起來，那將匯成一股力量，但那需要時間和土壤。

一棵樹的空氣淨化能力是有限的，如果能夠播種一片森林，最好。

你是一個認眞的政務官，但官場眞實一筆糊塗帳，更多時候不需要認眞和清醒。

你認爲是非眞假標準一旦顚倒混淆，一切將從頭開始。但我認爲一種觀

念意識，形成並受制於那個時代，是時代凝聚的結果，並非幾個人或者一種意識流可以顚倒改變的，那是社會發展的選擇，其中更多是人性的驅使，你我無法改變。

所以，變更一種體系，或許比較有效。

寄件者：L．W，深圳
主　旨：自己的文化「不同」在哪裡
日　期：二〇〇三年八月十七日

龍應台先生：（雖然您是女士，但我還是願意稱您爲先生，以表尊敬）

您好！

我是深圳高級中學的一位教師，今年四十六歲。昨天我在《南方周末》上，讀到您談全球化的一篇文章，深受啓發。您說：全球化是用別人能理解的方式表達自己的不同，這句話深得我心。那麼什麼是「自己的不同」呢？您好像認爲是文化傳統和自然環境雙重影響積澱下來的遺存，不知我理解得對嗎？但我仍有兩個方面的困惑。一是世界許多民族的文化傳統中也存在不少相同的東西。中央美術學院教授呂勝中曾經考察過中國和國外許多民俗，他發現世界上許多民族的民俗文化，如圖騰、祭祀、婚喪、宗教、習俗、民間藝術等，很多地方都驚人地一致或相近。這些民俗文化算不算「自己的不同」呢？如果算，它們卻區別不大。如果不算，那麼「自己的不同」還剩下什麼呢？

二是傳統不是固定不變的，所謂中國傳統，其實是融合了許多民族的文化，比如被視爲民族樂器的二胡，其實就是從西域少數民族那裡傳到中原的。既然傳統是一個流變的過程，那麼在全球化背景下，在歐美強勢文化的影響下，傳統又該怎樣流變呢？這種流變是人力所能左右的嗎？我每每看到許多學者爲北京或西安的古建築被拆而痛心疾首，但這種事情今後只會越來

越多，似乎這是一種難以阻擋的趨勢。我曾經去皖南的西遞村旅遊，這個村子仍然完整地保存著明清時的舊模樣，幾百年居然沒什麼變化，後人沒有給它增添什麼，它是一個沒有生命活力的僵化物。它古是古了，但古得讓人絕望。如果「自己的不同」是這種沒有變化的靜止事物，那麼它還能有生命力嗎？我覺得，西遞村這樣的遺存，只具有旅遊價值，並不能作爲「自己的不同」的主要內容。我覺得，傳統更多地表現在後人不斷給前人增添新東西的過程上，關鍵是怎樣添，添什麼？傳統是一個生生不息的新鮮活生命，它只要一停止生命的新陳代謝，必然面臨被淘汰。中國文化的病根就在於缺乏新陳代謝或靜止不變的「傳統」，到底是怎樣形成的呢？又怎樣改變呢？這其實是更迫切的問題。如果中國這樣的古國，每個城市中到處是幾百年不變的古建築，與那些現代化的高樓大廈混雜在一起，這樣的城市將是多麼的不堪入目！以中國的人口問題，又不可能躲開古建築另建新城。而且新城將來也會成古「建築」，到時又要建新房時拆不拆？如果不拆，那麼中國不眞成「古」國了嗎？

您的文章我非常喜歡，您的書我見到就買。您談全球化的文章應當連續寫下去，這個問題非常重大，它關係到國家今後發展的一切方面，應當深入討論。

寄件者：S．F，中國
主　旨：大陸人的悲哀
日　期：二〇〇三年八月十二日

龍老師：

您好，我是一名大學生，素我冒昧未經您的允許就叫您老師。第一次給您寫信還不知該怎樣稱呼您，後來想了想還是叫您老師好了。文字沒法換成繁體字，感到很抱歉！

老師在前幾期的《南方周末》上發表了一篇關於權力的劃分，以及各權力執握這的職責的文章，令晚生對很多認識模糊的問題有了答案，這也是我第一次認識了您。其中「運動員不能當裁判、博物館主不能開骨董店」的觀點，我經常用來解釋一些形形色色的社會問題，我想您應該是位民主、自由人士吧，才能對權力有如此徹底的認識。

今天在《參考消息》上看到轉載《中國時報》上您的〈在紫藤廬與Starbucks之間〉，您委婉的批判了台灣的當政者要把英語變成官方語言的行爲，還比喻成拿人家祖宗牌位自己拜。我看了後也覺得他們不該，畢竟中華文化已有幾千年的歷史了，早已深深扎在中華大地上、早已深深的扎入每個炎黃子孫的心坎裡了。還有您把國際化理解爲知己知彼，這很新鮮，我一直以爲達到世界先進國家生活模式的平均就是國際化，不過這個「平均」不好定量。

您有感於台灣將失去自己的文化根基，而淪爲香港、新加坡。不過這還

算好的啦，大陸就不行了，在大陸能夠看到傳統的地方，只有去看偏僻的鄉村和被保護下來的文化遺產（有些文化遺產也變成商業區了，像泰山就已經失去文化遺產的本性了）。前不久看到一篇大陸記者的報導，大概是說台灣是中華文化繼承最完整的地區，在台北街頭到處洋溢著傳統文化的氣息，還有語言上保留著「府上」、「太太」等稱呼，這些在大陸只能在電影上才能聽到；繁體字和文字排版方式就姑且不說，連政府部門用的印章也頗具傳統色彩，而大陸只有「章」沒有「印章」，把具有象徵漢字的方塊印章換成了章。這不能不說是大陸人的悲哀，該變的不變、不應變的變了。我想今天大陸那些好大喜功，大拆「四合院」、挖明孝皇陵腳跟的那些官員們在看到您這篇文章會怎樣想（也許他們「忙」的沒空看）會感到羞愧嗎，也許他們所理解的「國際化」就是西化吧。

寄件者：J．F，中國
主　旨：這樣下去台灣會被邊緣化
日　期：二〇〇三年八月十日

龍先生：

不知道您是不是龍應台先生（女士），也不知道您能不能收到我的郵件。我今天在網上讀了您的〈五十年家國——我看台灣「文化精神分裂症」〉，讀後引起了我的極大共鳴，我對您的學識、文采佩服不已。我是大陸的一名工科研究生，平時對國家大事比較關心。您從中國文化角度分析台灣與中國大陸的關係，我非常贊同。我覺得台灣是中華大家庭的一員，也是文化最完整、經濟政治發展比較先進的中華大家族的一個個體。台灣最近發展出了些問題，我想除了一些國際經濟發展宏觀趨勢外，台灣島內政治生態不健康也是有些原因的。誠然，現在的台灣肯定是比大陸民主，但是如果任由目前這種仇視中共，連帶仇視中國大陸一切的政治思維發展下去，台灣早晚會被邊緣化的。我想這肯定不是每一個中國人所樂於見到的。

我覺得您說的台灣應該從文化方面與中國大陸競爭是很明智的，兩岸擱置爭議，互相發展自己，從對方身上看到長處和不足，從而促進自己更好的發展，則中華民族幸甚！

最後，我有點不同的想法也要坦白的告訴您：中共的一些打壓台灣的做法雖然說是有點霸權，不民主，但是我想有些底線真的是大陸政府也是大陸人民所必須堅持的，這一點也請您從更高的角度想一想，中華民族版圖能幾

千年大致不變的傳下來，我想這與中華民族的堅持大一統的本性也是有點必然聯繫的。像台灣被打壓的一些事例從台灣人角度看是屈辱，但是從大陸人來看如果不是台灣要謀求加入聯合國，我為什麼要對自己的同胞恐嚇呢？從目前世界的大形勢看，我覺得台灣放棄謀取國家地位，全力發展經濟文化，「從文化上與中國大陸爭主權」，則是兩岸都所願看到的。

寄件者：J·F，中國
主　旨：漸行漸遠的兩岸
日　期：二〇〇三年七月三十一日

龍應台先生：

您好，我是一名剛剛畢業的大陸大學生，即將赴英國深造。今天夜間，我在北京大學的BBS站點「未名」站上看到您的作品〈五十年來家國——我看台灣的「文化精神分裂症」〉，深感於您對中國文化的摯愛，對時局的洞悉，看罷只覺心中百感交集，遂藉電子郵件一吐心聲。

台灣之於中國，無疑是心上一處難言的痛，數十年來盤根錯節，在朝者憂之而暫不得解，百姓無知，或漠不關心，或流於飯後談資。書生如我，效古語「處江湖之遠則憂其君」，「位卑未敢忘憂國」，通過各種渠道了解台灣現狀，留心兩岸歷史日久，有時也曾自不量力，爲兩岸之前途作自己的一家之想。然而事實嚴酷，大陸威權當道，寶島台獨囂張，於近觀之，既有吳儀「誰理你們」之語，也有水扁推動統獨公投之舉，兩岸關係，迷霧重重，如于右任老先生那般發出「大陸不可見兮，唯有痛哭」的老人，恐怕已經所剩無幾。再看社會主流，大陸充斥著各色的民族主義，憤青以及武力統一的論調，台灣則是去中國化，新台灣人根本沒有對中國的認同，甚至仇中甚於仇日，長此以往，兩岸恐怕將漸行漸遠，當民族的信念與歷史的瘡疤，長遠與短暫的利益無法調和之時，即是兩岸兵戎相見，中華民族的又一次災難和傷害之刻，每念於此，未嘗不扼腕嘆息，乃至黯然垂淚。

所幸台灣有如先生這般清醒之士，能發出「台灣是中國文化的暗夜燈塔，中國文化是台灣的珍貴資產」這般振聾發聵的聲音，令人耳目一新，又或覺得未來還是有那麼一些的希望。

我是一個普通的大陸工科的學生，雖然我深愛著我的中國和這片地上生長出來的文化，無奈天資駑鈍，又忙於學業，不敢說自己已得中華文化之眞義，就連這篇短信，也寫的不通文理，讓先生見笑。料先生事務頗多，不敢有勞先生回信，僅祝先生身體康健，繼續爲中華文化的傳承努力。我亦期望有朝一日踏上台島，親身感受別有一番風味的台灣文化。

寄件者：Shannon，台灣
主　旨：可怕的政治人物
日　期：二〇〇三年九月二十九

龍老師：

剛剛拜讀您面對大海的時候，心裡一震，我曾爲那溺水的六名大陸女子哀悼，以爲自己夠寬容了，但是對於其家屬來台提出索賠，竟出現了你所提到的現象，我覺得我眞的劃地自限，把自己當成鎖國的人，對他們的索賠竟感到厭惡；從來沒有人給這樣的一個觀念，海洋的新觀，這讓我想起在法國尼斯的海岸，在英國，每到海外就有一種掙脫的感覺；有時候朋友邀我去海邊玩，我總提不起興致，小時候住在台南縣鄉下，對海岸的印象，誠如您文中提到，是警戒線，去玩會被水鬼吃掉，加上父親是老兵，所以對文化的認知更是侷限在蔣家的威勢，一直到念警察大學，簡直是鎖國中的鎖國，有時候發現，我所接受的資訊竟是如此貧脊，而我的學歷、工作，在台灣而言，應屬中上，我，竟然都還停留在內陸的想法，更何況是其他一般人呢？我想到自己的七十五歲的父親，他沒有上學，完全靠自修讀字，他從大陸被迫來台，一無所有，至今還在爲悍衛國民黨而和台南縣鄉下的鄰居吵架，我眞的覺得政治人物眞的很可怕，不提升全民的教育，不注重文化，只會到處散播對立的種子，我們眞的蠻悲哀的。

每次閱讀您的文章，總有些新的啓示，你一定要繼續加油，我想，像我這樣藉你的文章重新思考自己思維方向的人一定會愈來愈多。

寄件者：L．Y，上海
主　旨：台商的心酸
日　期：二〇〇三年十二月四日

龍小姐您好：

朋友轉來您的文章〈五十年來家國〉，看完後我心中感慨很深，想想幾乎要覺得鼻酸。謝謝台灣還有您這樣明明白白的人。

四十歲，從二〇〇一年起，我與太太兩人離鄉背井來到上海，在這個現在被稱為東方明珠的地方找生存的空間。我們沒有高學問背景，也沒有家人經濟的支持更沒有一個當地朋友，不只是為了尋找自己的未來，心中對台灣這個母親有太多的無奈甚至有些失望也讓我們毅然來上海。兩年過去了，我漸漸覺得原來家鄉是可愛的，身為台灣人，在這裡甚至可以覺得驕傲。在上海小吃店上賣最多的是台灣香腸，隨便路上的商店裡撥放的是台灣歌唱，台灣餐廳的服務是上海人推崇的地方，上海最大的麵包聯鎖店是台灣人開的，有名氣的婚紗攝影公司都是台灣來的，家樂福裡到處是賣得火熱的台灣商品，台灣影歌星在這裡受歡迎的程度令人咋舌。

以前我們老覺得美國的文化侵略很嚴重，政客們應該要親自來看看感受一下在大陸蔓延的台灣文化，那不只是歌曲，也不是一種口味而已。它是一種精神，甚至變成了一個象徵。在這裡的大多數台灣人是被尊重為有禮節的，有文化水平的。這也許是視大陸為妖魔鬼怪的「本土台灣人」所不能感受到的。

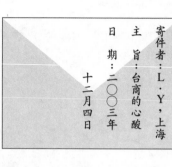

這樣的心情算被統戰了嗎？每次回鄉一次就心急著想回上海，因爲看到或經歷有些疏遠卻不習慣的台灣現象，人們對未來不確定感的無奈，尤其政客嘴臉與您在文章中所提的種種……也許我們心中有著眼不見心爲淨的逃避念頭吧。至少在上海有著良好的治安，晚上睡覺沒有呼嘯而過的飆車族，隔壁的工地在晚上幾點就必須停工，你可以對惡形惡狀的計程車司機投訴，沒有人會無緣由的找你麻煩，四通八達的交通系統讓你到處去不麻煩……人們追求不過是一個安居與樂業的生活環境罷了，大陸每天都爲了進步在進步，我們呢？政客腦子裡是不是只有權力與腐敗？像一個乞丐，只能爲了下一餐飯煩惱而不必有禮義廉恥。

我們這些來大陸的人，爲了生活的一種選擇權力算是背叛嗎？我生長在南投鄉下，熟悉家鄉的一草一木，您所提到的正是我心中深處一個不可抹去對家鄉的快樂記憶。我沒有辦法去除自己對家鄉土地的熱愛。偶爾，才發現一個再熟悉不過的小吃味道竟讓我們談論了老半天。新聞說，台灣的小吃要集體登陸上海。我不知道這樣後我對家鄉的記憶會不會減少？

台灣美麗而優異的條件已漸漸被遺忘，慢慢只變成政客爭奪的舞台，一個會變成空無一物的舞台．我們這些來大陸尋找生存的人只是變成了他們眼中「台灣的叛徒」。時間在推進，我們卻老往後退。我沒有特別的政治立場，只希望能安身立命的活下去而已。

寄件者：J．C，香港
主　旨：我清楚了
日　期：二〇〇三年七月二十五日

龍應台博士：

眞的很感謝您那麼精闢的文章！在沒有拜讀您文章之前，我的確曾經爲我自己內心台灣人／中國人的矛盾困擾過很久，就像您所說的分裂症一樣！

不過現在清楚了！我其實可以不必要刻意抹去我所知道的中國文化、語言！我反而應該爲我們今天台灣能保存這麼多精彩的文化感到驕傲！並持續這樣的工作！

因爲我們是大陸的燈塔，在他們越專制的時候，我們就要更以我們的民主、自由照亮他們！

您的文章爲我們台灣帶來了不少反省，同時也帶來了更多的自信及方向！希望陳水扁及執政黨能多花些時間思考您所提出的論點，這會幫助很大……

再次地謝謝您！

寄件者：Shan，中國
主　旨：統獨有什麼區別呢？
日　期：二〇〇三年八月二十五日

您好：

最近接連讀了您的兩篇文字，〈五十年來家國〉和〈爲雲門三十年而作〉，倍覺感慨——這是迄今爲止我所讀過的最具說服力的表述「台灣意識」的文字。

作爲大陸人，可能永遠無法對台灣人的悲情與自立的願望感同身受。但問題是，如果不能被大陸接受，「自立」就會變的模糊、具危險。

面對兩岸政府在政治上的歇斯底里，有時候會暗暗好笑：把什麼都推給美國，但如果兩岸願意統一，美國會阻攔嗎？日本應該會，至少不樂見，但美國相對應該樂觀一些。同樣，陳總統水扁先生及其支持者也沒搞清楚：大陸政府不怕你「獨立」，他可以理直氣壯的打過來，他怕的是台灣高喊著「統一中國」，以統一爲己任，在政治上與他競爭、爭奪民心。

但不管你要怎樣，給個說法先，讓夾在中間的「人民」理性的作出判斷。這一點，獨裁的大陸做不到，民主的台灣也沒有做到。歸根結柢，兩岸的政客們都在營營於利，眞正胸懷天下的領導人在民主制度下的中國人中能產生嗎？

以上皆是隨意而生的感慨，讓您見笑。

其實，我的願望很簡單：兩岸人民能安居樂業、和睦相處——本來我們

也無仇無恨，不應成爲政治角力的夾心餅啊。——至於統一還是獨立，有什麼區別呢？

寄件者：D．Z，台灣
主　旨：學美國文化更方便
日　期：二〇〇三年十月一日

龍應台您好：

針對您的文章〈面對大海的時候〉，個人有幾點感想與意見：

一、在這些種種的討論之中，個人認爲民族主義佔了相當重要的角色，如果不是扭曲了的，變成霸權的民族主義，中共不會有干涉新疆、西藏，乃至台灣自主的行動，相對而言，現在的台灣也不會因爲政治力的需要去建構以閩南族群爲中心的文化本位心態，並以國民黨過去的手段還治其人之身，更不會就已受國民黨反共教育而窄化的文化視野進行在各方面去中國化的行爲。

二、要開放心胸本身需要學習的時間，尤其對於急於向世界各國證明台灣文化特殊性、政治獨立性的激進分子來說，利用自己與中國人民同文同種的資源無異於自我毀滅，因此您的文章雖然大力鼓吹中國文化的吸收對於台灣海洋文化的培養以及自身內涵的開闊具有無限的好處，但是對於此刻的本土化堅信者而言，恐怕難以體會此一良法美意。

三、因此如果要開放心胸學習的話，向美國文化學習恐怕會較中國文化方便而快速，但以目前情形觀之，除了滿地的星巴克、麥當勞、7-11之外，眞正透徹了解並身體力行的人不多（即便如此恐怕仍較願學習中國文化的人爲多），如果再說下去又會牽涉到全球化和本土化的問題。我們不是美國

人，也跟西方社會的性質不同，要證明自己的特色仍以先熟習台灣及中國的文化為主，然而，文革後的中國社會也正呈現出摸索的狀態，我們可以在實務上與其溝通，然而在文化上，想要眞正的接觸中國文化的精粹處，究竟有沒有除了向傳統尋根以外的其他辦法？

所以，去中國化幾乎等於一併去除了傳統台灣文化中最菁華的部分，然而，在現今的中國文化斷層，對西方文化仍待學習的階段中，以及台灣受限於狹隘民族主義和過去威權統治的不良影響下，想要廣納各地文化並且眞正建立有別於中國文化的海洋文化仍然需要條件與時間，中文既是包袱也是資源，如何去蕪存菁就有待有識之士的努力了。以上是個人的一點感想和意見，謝謝！

寄件者：S．Z，台灣
主　旨：媽媽，我是台灣人還是中國人？
日　期：二〇〇三年九月二十九日

龍前局長您好：

拜讀了您在《中國時報》的大作〈面對大海的時候〉之後，內心眞是有如海浪般的澎湃不已，今天台灣人民要面對的不是中共的打壓，而是自己有沒有辦法繼續立足在這塊土地上，有沒有辦法再在國際上生存的問題。但是目前的領導團隊卻沒有這樣的體悟，只是一味的爲自己的意識形態吶喊，爲鞏固自己的領導權而不擇手段，這樣的領導將會把二千三百萬的台灣人民帶向何處？

更可怕的是以教育殘害我們的下一代！有一天上小四的女兒在飯桌上問我，「社會老師問我們，我們是台灣人還是中國人？」，這個問題讓我頭皮一陣發麻，爲什麼政治上的角力要延伸到下一代的教育，我該如何回答她呢？是台灣人就不可以是中國人嗎？或是中國人就不是台灣人了？我想任何一個答案都不對，也會引起孩子的疑義，這是所有現在生活在台灣人民最大的悲哀。

如果您的孩子問起「媽媽，我是台灣人還是中國人？」請告訴我正確的答案吧！

大陸讀者的論辯

二〇〇三年七月，龍應台發表〈五十年來家國〉系列文字，透過網路流傳，引起全世界華人的關注，其中大陸知名的天涯社區網站裡的「關天茶舍」對〈五十年來家國〉（被改名爲〈被綁架的人民〉）留言討論特別熱烈。編輯部側寫記錄部分留言，以呈現大陸讀者的思維見解。

署名一幟的讀者以一篇長文〈請走出虛幻的恐懼〉強烈批判龍應台：

——把「去中國化」潮流的氾濫歸咎於中共大陸，無疑是沒有依據和極不負責任的。在她眼中，台獨也好、去中國化也好，都是由於中共不民主、中共的蠻橫與霸道造成的，這樣的邏輯推理我想如果不是出於某種政治利益就是不尊重事實。她看不到中共在一直推動兩岸中華文化共同發展不遺餘力，看不到在上海有幾十萬台商寧願生活在「蠻橫與霸道」的大陸，看不到一個有著開放心態，不斷繁榮發展的中國在東方崛起，看不到中華文化在大陸的不斷進步的帶動下不斷得到國際社會的認可和尊重，看不到香港、澳門回歸的成功歷史經驗。以一種典型的島國文化心理——封閉的恐懼替對現實理性的思考。

對於龍應台說「台灣是中國文化的暗夜燈塔」，一幟相當不滿：「我不知道台灣文化又如何能成為中國文化的暗夜燈塔？哪一位文化大師可稱為燈塔？哪一部文化作品可稱為燈塔？哪一種文

化沉澱可以成為燈塔？中國文化又何以成為暗夜？

文末一幟更對龍應台提出警告：「龍女士割裂民族與文化的聯繫，顯然是一種變相台獨。什麼叫可以拒絕中國，不可以拒絕中國文化？民族與文化是皮毛的關係，皮之不存，毛之焉附？脫離民族，談何民族文化？如果台灣脫離中國了，誰會認為台灣文化是中國文化。台獨政客會允許台灣文化是中國文化？」……

一幟的發言引起相當共鳴，卻也招來反對的聲音：

——龍應台敢理直氣壯地說：「台北不同於新加坡香港、北京、上海，它沒有不能出版的書，不能唱的歌，不能展出的畫，不能發表的言論，不能演奏的音樂。它是華語世界中創作最自由的城市。」

您老人家（一幟）沒有「虛幻的恐懼」，請告訴我偌大個中國，有哪個地方是「沒有不能出版的書，不能唱的歌，不能展出的畫，不能發表的言論，不能演奏的音樂」的？如果您老人家在內地九千多萬平方公里的土地上，找不出這麼一個讓人「自由呼吸」的地方……，別不腰疼告訴我說這種「恐懼」是「虛幻」的！

也有人認同龍應台「暗夜燈塔」的說法：

——暗夜燈塔，較之文化大革命時期，我看暗夜燈塔這四個字，實在沒有半點虛言。

——從現在中國傳統文化在大陸的表現，以及全民對傳統文化的接受或者說是瞭解來說，我覺得台灣的傳統文化延續得比較好，甚至覺得有資格做大陸的老師。

一幟的文章指責龍應台對中國政權不信任，許多讀者卻認為龍應台有理由不信任中國：

——其實她所說的「暗夜明燈」，還有「拒絕中國」，都是指一定政治體制下的「文化」而言的。無非是說台灣的政治體制相對民主一些，文化也就自由多元一些，而大陸政治體制相對集權一些，對文化的管制嚴一些，文化也就相對不那麼自由，比較單一。

——她對中共的不滿是對多元文化的壓制。

——有一種似乎是「遺傳」的「政治敏感」，一批評大陸的體制文化，馬上會聯想到「台獨」。請理解她說的「中國文化是台灣的珍貴遺產」的含義，龍女士是文化人，她為什麼要棄政從文？她是熱愛中國文化的，她是希望中國的文化能立足於世界的文化之林的，這樣的人會與「台獨」有什麼瓜葛嗎？請三思。

究竟是大陸「妖魔化」台灣還是台灣「妖魔化」大陸而造成目前兩岸人民的互不信任，成為辯論的焦點之一。一位網友頗為氣憤地說：

——這十來年，大陸和台灣誰更有統一的善意？是哪方在社會、經濟的各個方面設立各種障礙？某位大陸官員說了句「誰理你們」，就是天大的罪過。台灣成天把大陸罵成「土匪」、「流氓」、「素質低下」算怎麼回事？大陸的漁民到台灣漁船上打工，是唯一不准上岸的人，甚至連颱風期間也不准（前幾年甚至不准入港避風），你們的同情心又是哪裡去了？

另一位網友指出台灣人對大陸人的歧視：

——半個世紀來，台灣前三十年在國際上自居正統，後二十年又以經濟和政治自傲。大家說

實話，你們見過的台灣人，有幾個是以平等的態度對待大陸人的？這還是在大陸，在台灣，對大陸人的各種限制和歧視更是有過之而不及。

許多人對「妖魔化」的問題卻持相反看法：

——想當年我們妖魔化了美國幾十年，可改革一開放就有成群結隊的人跑去了「水深火熱」中的美國。更何況現在的資訊時代？如果大陸再不反思自己的政策和方針而把現在歸咎於什麼「妖魔化」的話，恐怕兩岸的溝壑只會越來越深！

——我們的對台的官員現在應該好好反思了！兩岸需要的是相互理解和尊重。

——真的不要再出「誰理你們」之類的事了。（我覺得那個官員必須撤職槍斃！這話讓所有的大陸政府數年的善意釋放毀於一旦！）

——台灣起碼可以自由觀看中央電視台，你能觀看台灣的嗎？要坐牢的！況且台灣有自由媒體，可以相對地拒絕政府對大陸的妖魔化，在中國大陸你卻別無選擇！搞妖魔化，民主政府從來就不是極權政府的對手！

——大陸需要被妖魔化嗎？如果本身就是個妖魔，照妖鏡都不用，只需拿普通鏡子一照，腦子正常的人都知道是個妖魔。

對於兩岸的未來，網友的討論也極熱烈，有人堅持「台灣的未來也是中國的未來，世界上能代表中國的，爲國際社會承認的就是中華人民共和國，這一點上是不容質疑的。台灣問題解決得好，中國的未來也好。」這樣的立場遭到相當多人質疑：

——你要參與決定台灣的命運，卻不允許台灣人參與決定大陸的命運，這是什麼邏輯？

——由GCD解放TW是歷史的倒退！想想吧，我們哪一方面比人家TW強？是經濟、文化還是民主進程？唯一說得過去的就是軍事，這還只是建立在單方面輿論宣傳上的認識。只會以大欺小，什麼玩意兒！

——不希望所有人都必須吊在一顆樹上，不希望所有人都捆在一起，——現在已經不再是封建君權時代，皇帝的家財越大越多越好……

——希望給每個地區、每一些人自我管理和生活的自由……

對於龍應台的文章，讀者有許多抽絲剝繭的思索和推敲：「龍應台明明白白地說要以台北為根據地來弘揚中國文化，我實在看不出她怎麼就反對統一了。最多是反客為主，讓自認為正統的某些大陸人士感到不舒服了。」「應該說龍女士這篇文章主旨並不是台獨，甚至是保護中華傳統文化。但是處於某種因素，文章中是帶有台獨含義的。」「我只是很明白龍文章拒絕的那個『中國』是什麼？我認為龍的意思是拒絕『中共的自我中心大中國思想』」。

「大陸是進步了很多，可很多本質性的東西沒有改變，只不過你是一隻在開水裏被慢慢煮熟了的青蛙，感覺不到而已；而（龍應台）能感覺到。」「龍女士常被台獨指為統派，現在在大陸又被指為台獨張目，這不僅僅是她個人的悲哀，更是兩岸共同的悲哀！」

（因篇幅及主題所限，完整討論請見「關天茶舍」http://www.tianyaclub.com。時報出版編輯部／整理）

新人間叢書906

面對大海的時候

編　著—龍應台
主　編—葉美瑤
編　輯—黃嬿羽
董事長—孫思照
發行人
總經理—莫昭平
總編輯—林馨琴
出版者—時報文化出版企業股份有限公司
108台北市和平西路三段二四〇號三樓
發行專線—(〇二)二三〇六～六八四二
讀者服務專線—〇八〇〇—二三一—七〇五・(〇二)二三〇四—七一〇三
讀者服務傳眞—(〇二)二三〇四—六八五八
郵撥—〇一〇三八五四〇時報出版公司
信箱—台北郵政七九～九九信箱
時報悅讀網—http://www.readingtimes.com.tw
電子郵件信箱—liter@readingtimes.com.tw
校　對—許常風、黃嬿羽、龍應台
印刷——盈昌印刷有限公司
初版一刷—二〇〇三年十二月二十二日
初版六刷—二〇〇四年二月五日
定　價—新台幣二〇〇元
⊙行政院新聞局局版北市業字第八〇號

版權所有　翻印必究
（缺頁或破損的書，請寄回更換）

國家圖書館出版品預行編目資料

面對大海的時候／龍應台編著. -- 初版. 臺北
市：時報文化, 2003〔民92〕
面：　　公分. --（新人間叢書；906）

ISBN 957-13-4007-3（平裝）

1. 論叢與雜著

078　　　　92019398

ISBN 957-13-4007-3
Printed in Taiwan

W9-BKF-944
PORTLAND, OR 97229
(503) 644-0043
WITHDRAWN
CEDAR MILL LIBRARY